流淌的人文情怀

——近现代名人墨记

李勇　闫巍　著

中国出版集团
東方出版中心

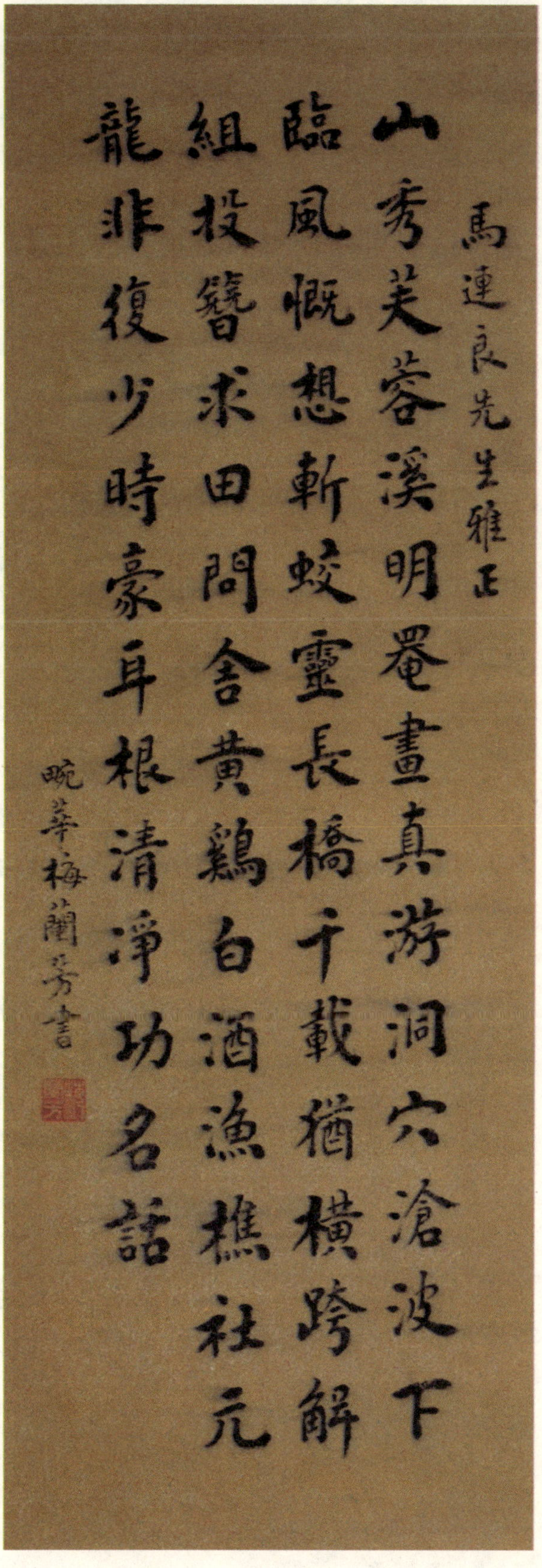

梅兰芳致马连良手书条幅
（109cm × 39cm）

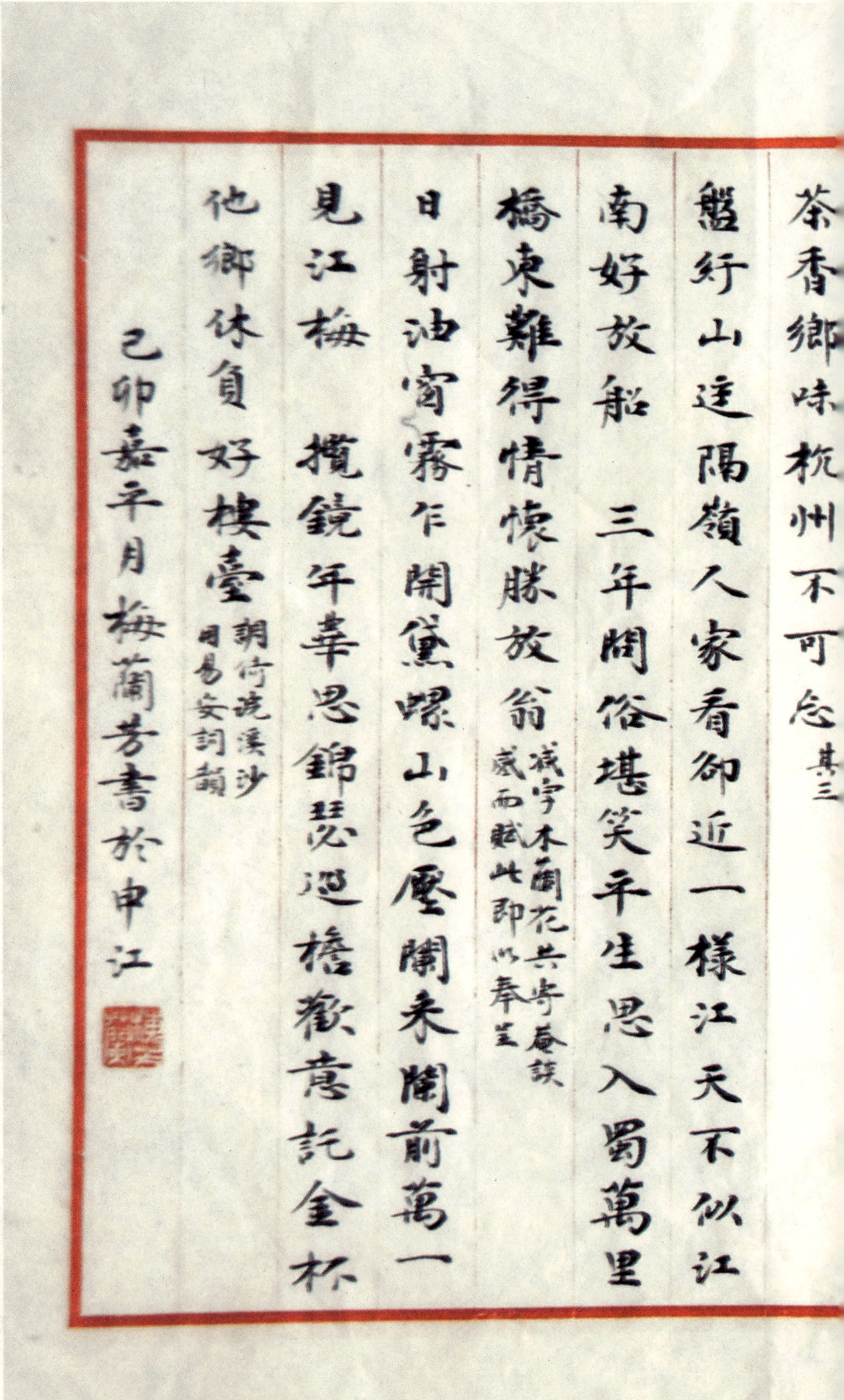

茶香鄉味杭州不可忘 其三

盤紆山逕隔嶺人家看卻近一樣江天不似江南好放船 三年閱俗堪笑平生思入蜀萬里橋東難得情懷勝放翁 戲字木蘭花共寄春誤歲而賦此即以奉呈

日射油窗霧乍開黛螺山色壓闌來闌前萬一見江梅 攬鏡年華思錦瑟遐檐歡意託金杯他鄉休負好樓臺 調倚浣溪沙用易安詞韻

己卯嘉平月梅蘭芳書於申江

梅兰芳词札（31cm×26.5cm）

中年易過檢點從来真少可無盡無休来者堪

追底用憂　平生志業不負當前風与月奠問

兒曹足與吾流未易遭其一

獨醪清醴風味平生應視此不患不夷人物前

頭食蛤蜊　翰林風月各有千秋何用說能者

得之一笑相看盡我師其二

巴山夜雨做盡愁聲仍解止葉底殘紅明日晴

来未要風　瀘州白酒半琖一盃時在手争比

植芸山莊主人製

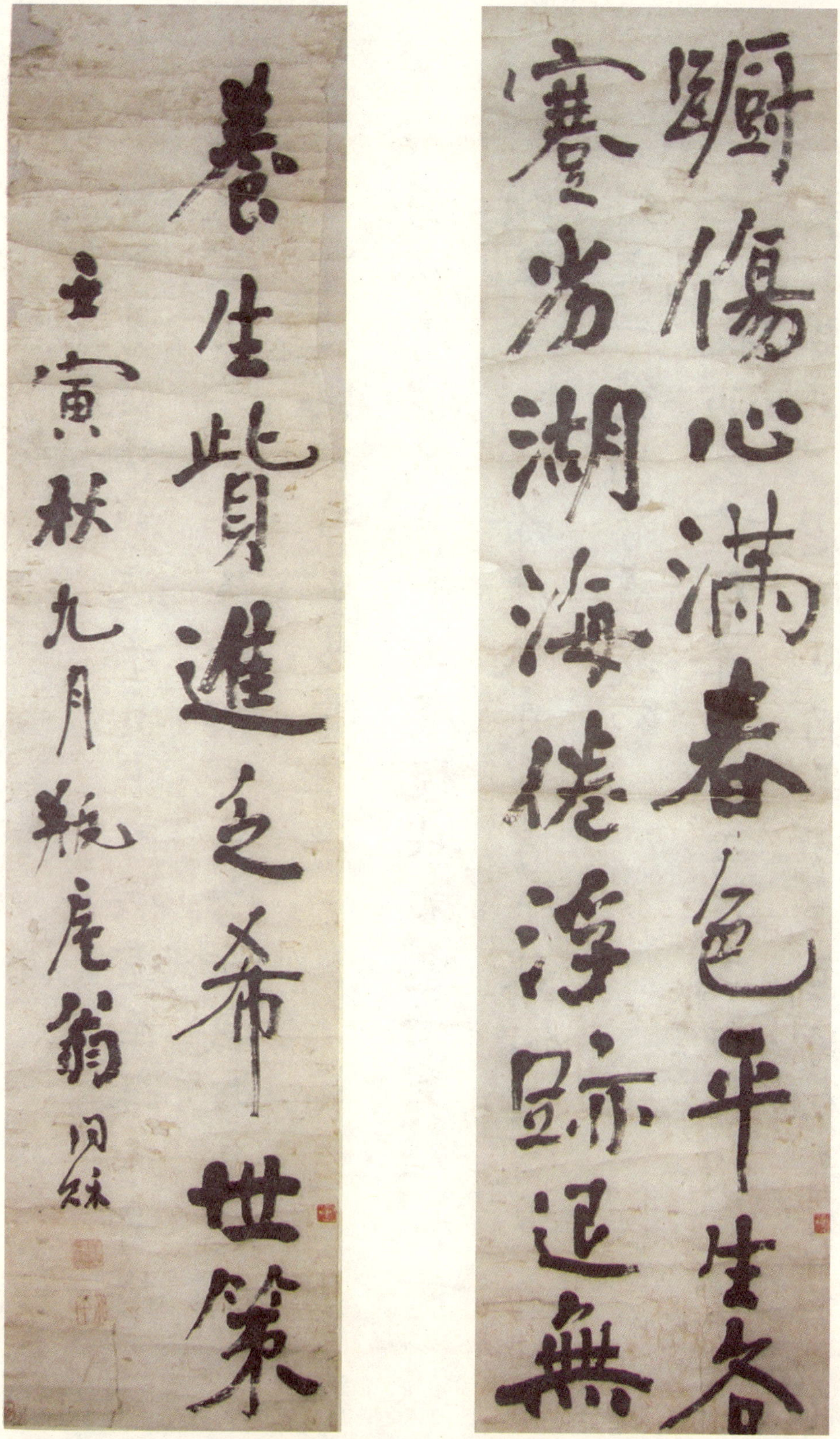

翁同龢手书四条屏
（141cm×33cm×4）

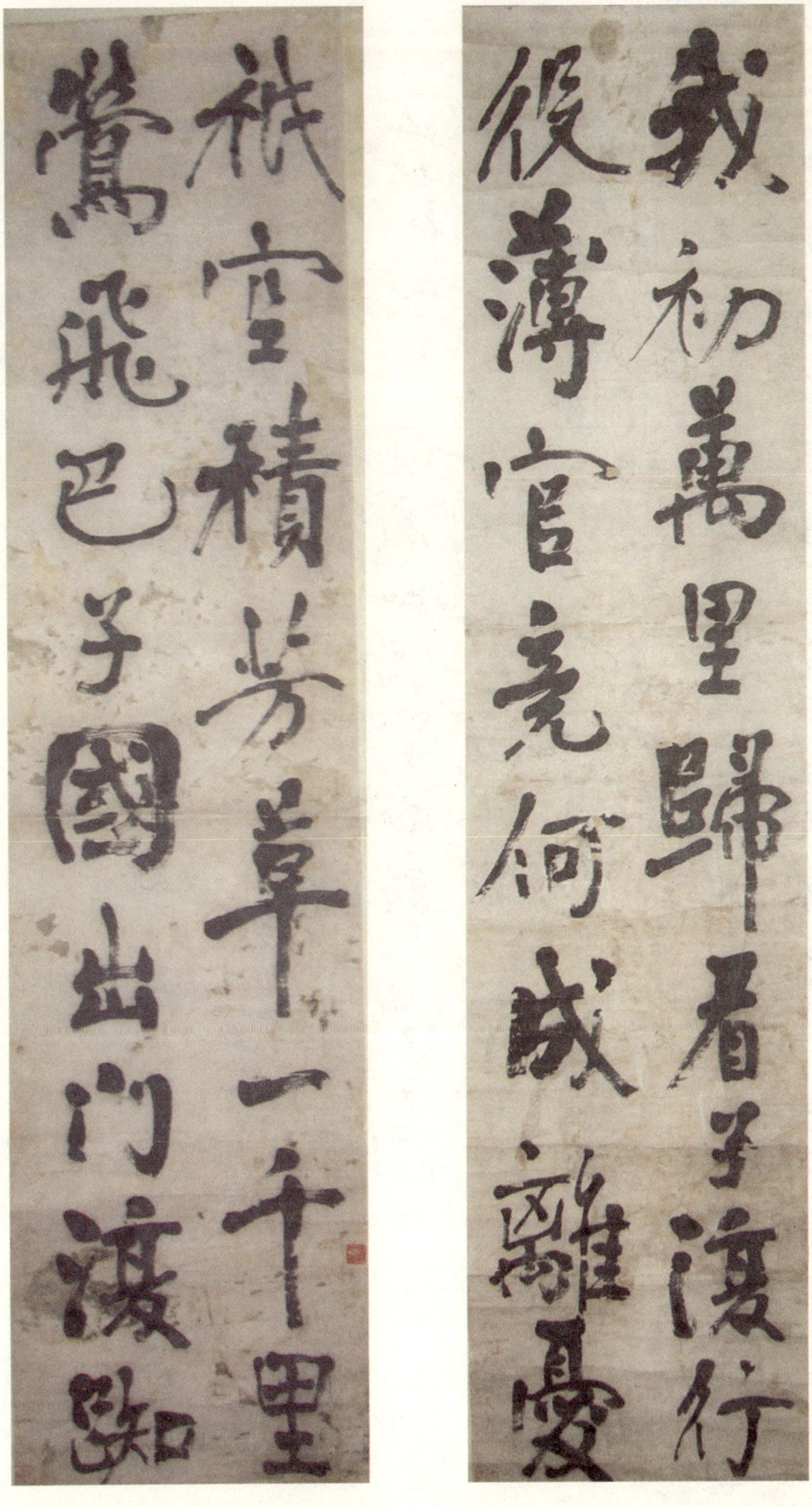

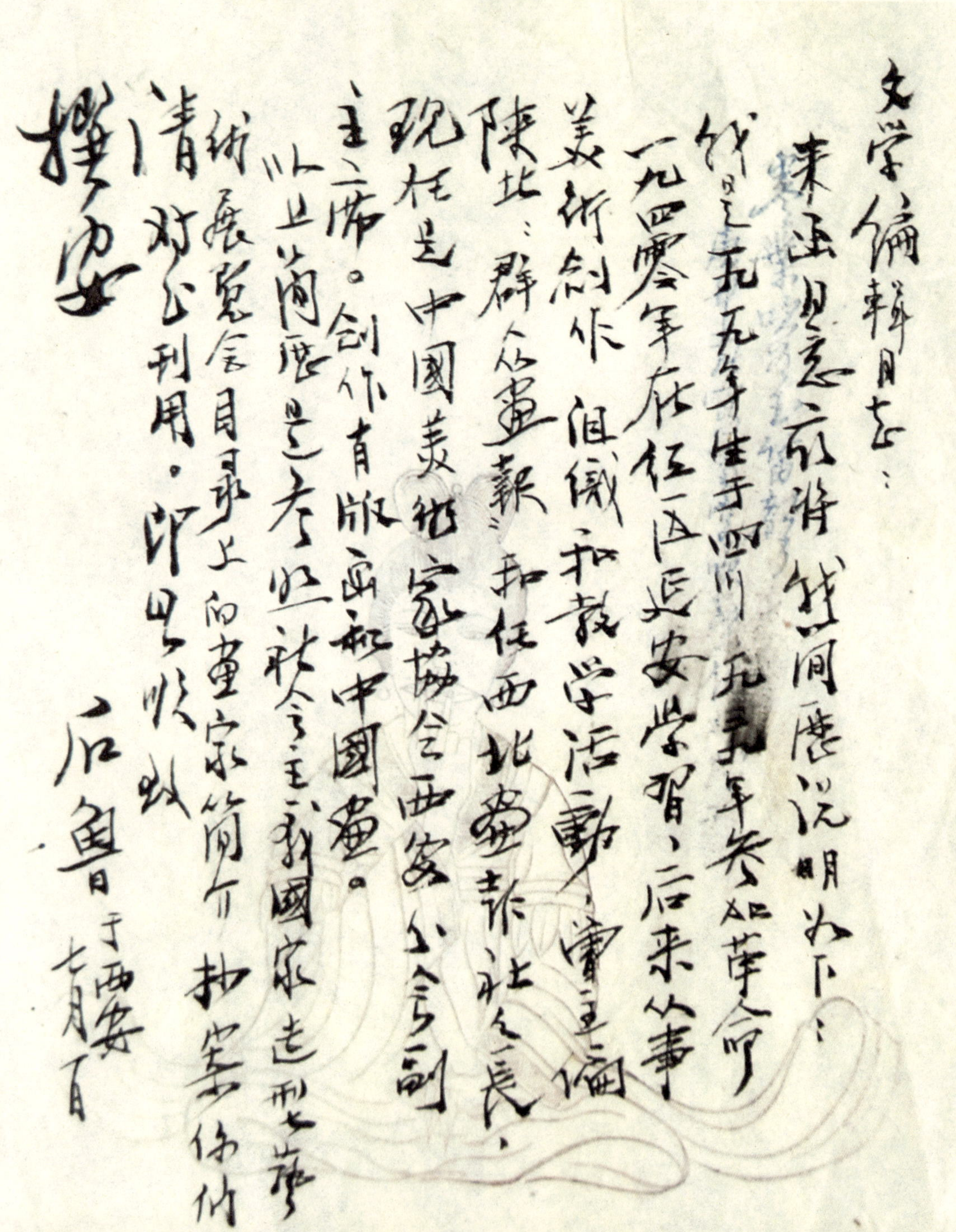

文学编辑同志：

来函悉，兹将我的简历说明如下：

我是一九一九年生于四川，一九三八年参加革命，一九四零年在边区延安学习，后来从事美术创作，组织和教学活动，曾主编陕北群众画报，和任西北画报社社长，现任是中国美术家协会西安分会副主席。创作有版画和中国画。

以上简历是去年秋全国国家造型艺术展览会目录上的画家简介，抄寄你们，如对你们利用，即照收此致

撰安

石鲁 于西安

七月 日

石鲁致文学编辑简历（23.1cm×15.1cm）

成多禄手书对联
（167cm × 39.5cm × 2）

夫六書者造字之本根敷詞之津筏不諭六書安得節解羣名疏通眾恉遂使識字者日寡民智壅塞德業冥昒斯有以夫清季大興學校爰及於茲橫舍林立而諸生申紙展筆書輒戾正甚以市井俗文如又土為聖（說文解字曰汝潁之間謂致力於地曰圣從土又讀若兔窟今俗書聖字作圣體同義別）尺二為盡塡布滿幅攷其恉誼十不一對方周之童比漢之史儻其遠矣余少而好弄弱冠以後讀書多窒神明斯悟乃治六書粗知義例博稽先民幸多合轍遂箸其說名曰六書解例施之小學或有三隅之反問諸通人甯無一得之愚若乃據例釋名俾之昭晰箸在別褎（余別箸說文解字六書疏證）杭縣馬敘倫記並寫定

马叙伦手书《六书解例题辞》（37.5cm × 27.1cm）

六書解例題辭

周礼八歲入小學保氏教之六書蓋童而習之漢律亦著其法曰
太史試學童能諷籀書九千字以上乃得為史吏民上書字或不正
輒舉劾然自隸草興而字體乖乃謂兩人交一從中出為水土力於
乙為地四合共一者為日屈中挾一而起者為史又如馬頭人為長人持十為
斗所謂嚮壁虛造不可知之字許君慨之乃隱栝六書為說文解字
十四篇蓋遵修文異乎妄作者也然自保氏之教不復許書肆者亦
稀字體益以詭變至於楷書魚鳥昧其象形父母不合指事奉春同
頭無黑並足此則雖有智慧不能達詁者矣清代治文字之業者無
慮百十家而六書紛紜說無定論故學人視為專門絕業瞿於攷究

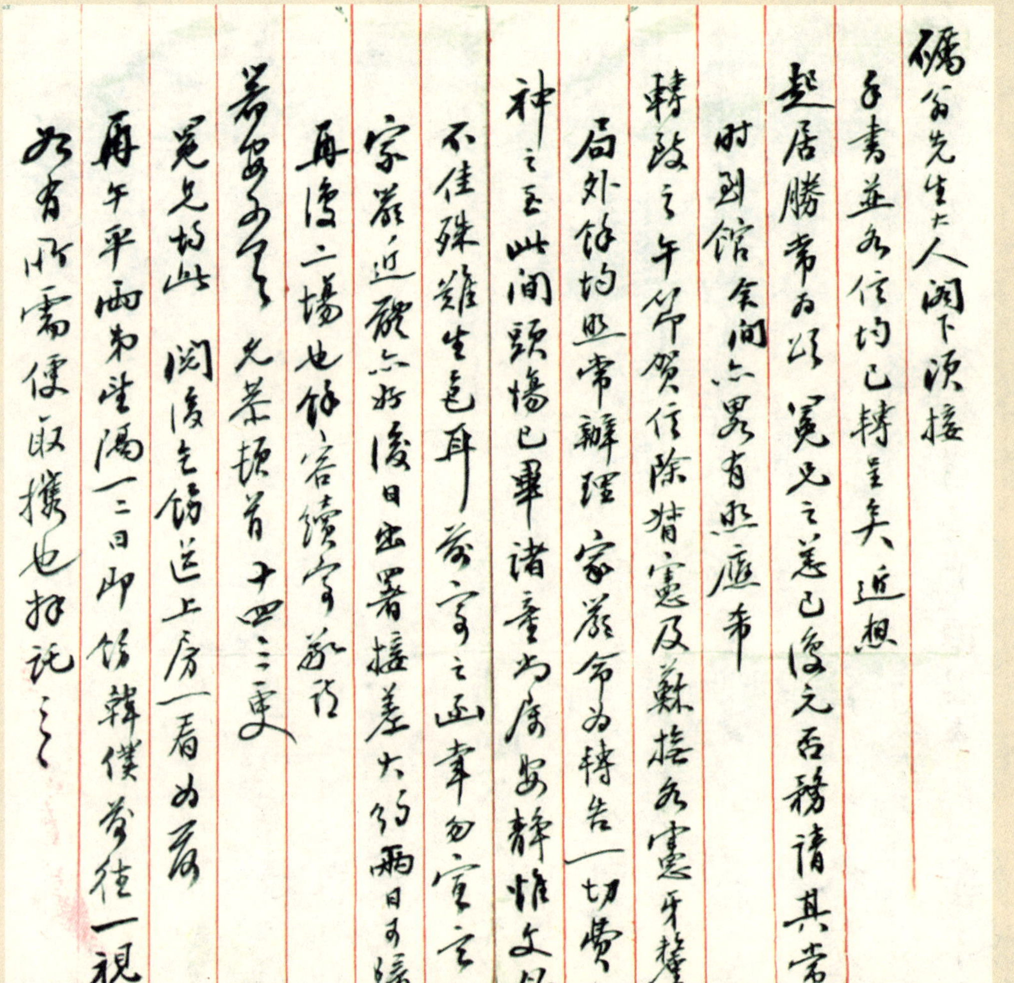
儒翁先生大人阁下顷接
手书并各信均已转呈矣近想
起居胜常为颂 寃兄之恙已渐见否务请其常
时到馆 余间亦畧有照应希
精致之午节贺信除猎宪及苏抚各宪早登
局外余均照常办理 家严命为转告一切费
神之至此间头场已毕诸童均属安静惟文风
不佳殊难出色耳 前寄之函幸勿宣之
家严近体亦好后日出署看接差大约两日可归
再陈二场也余容续寄 敬请
著安 允恭顿首 十四三更
寃兄均此 阅后乞饬送上房一看为荷
再午平两弟暨隅一二日即饬韩仆前往一视
如有所需便取携也拜托之之

魏允恭致陈伯陶信札（22.3cm×10.6cm×2）

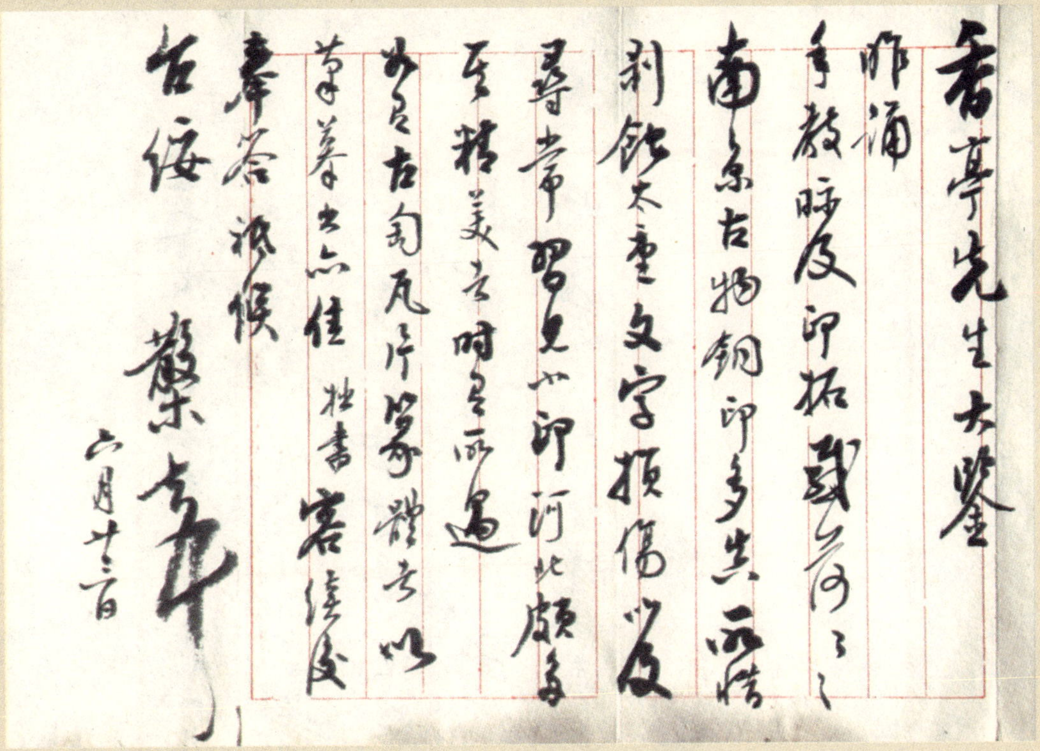

邓散木致郑香亭信札（36.7cm × 16.5cm）

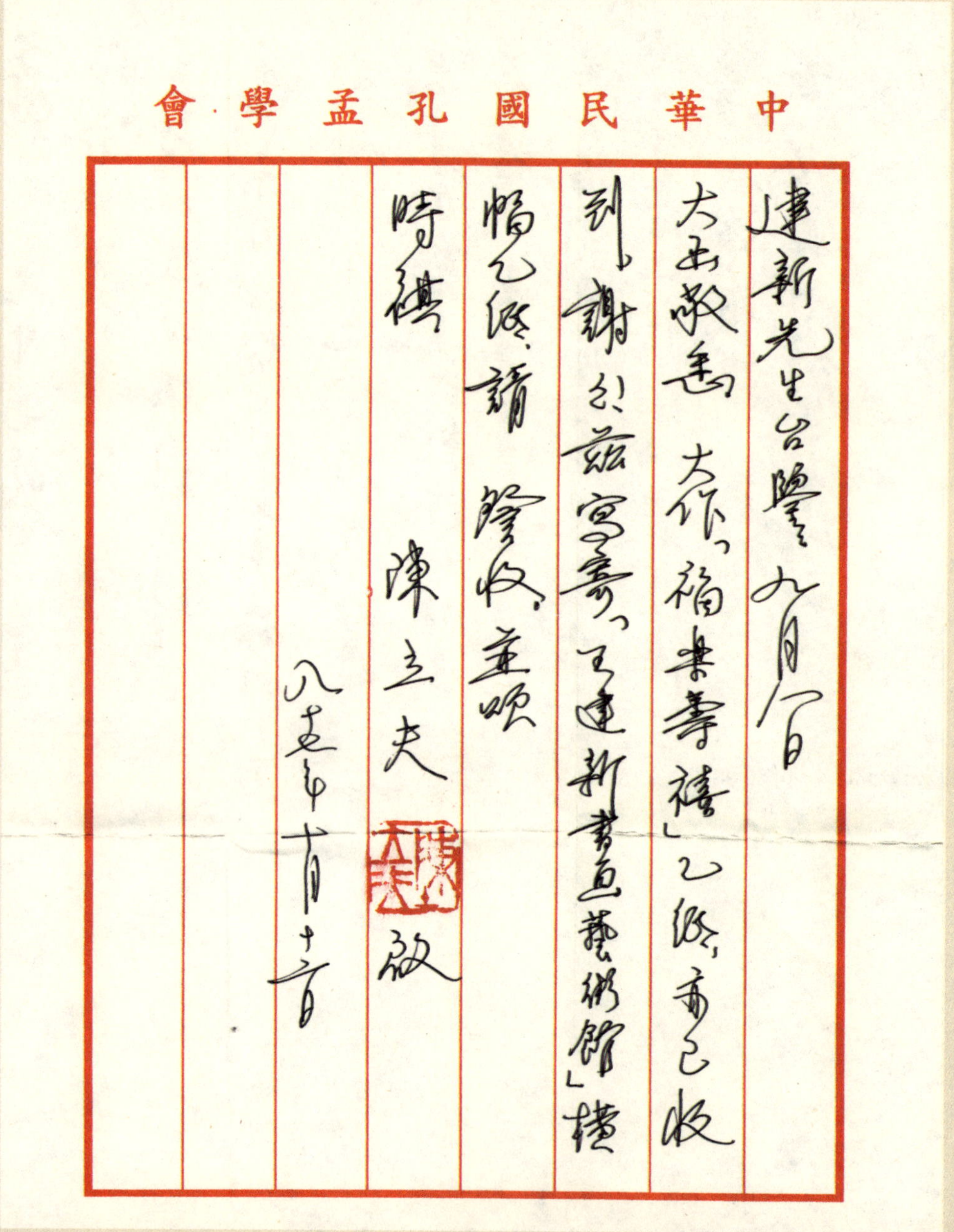

中華民國孔孟學會

建新先生台鑒：九月一日
大函敬悉，大作「福樂壽禧」乙紙，亦已收
到，謝謝。茲寄贈「王建新書畫藝術館」横
幅乙紙，請 賢收，並頌
時祺
陳立夫 敬
八十七年十月十一日

陈立夫致王建新信札（26.4cm × 19.1cm）

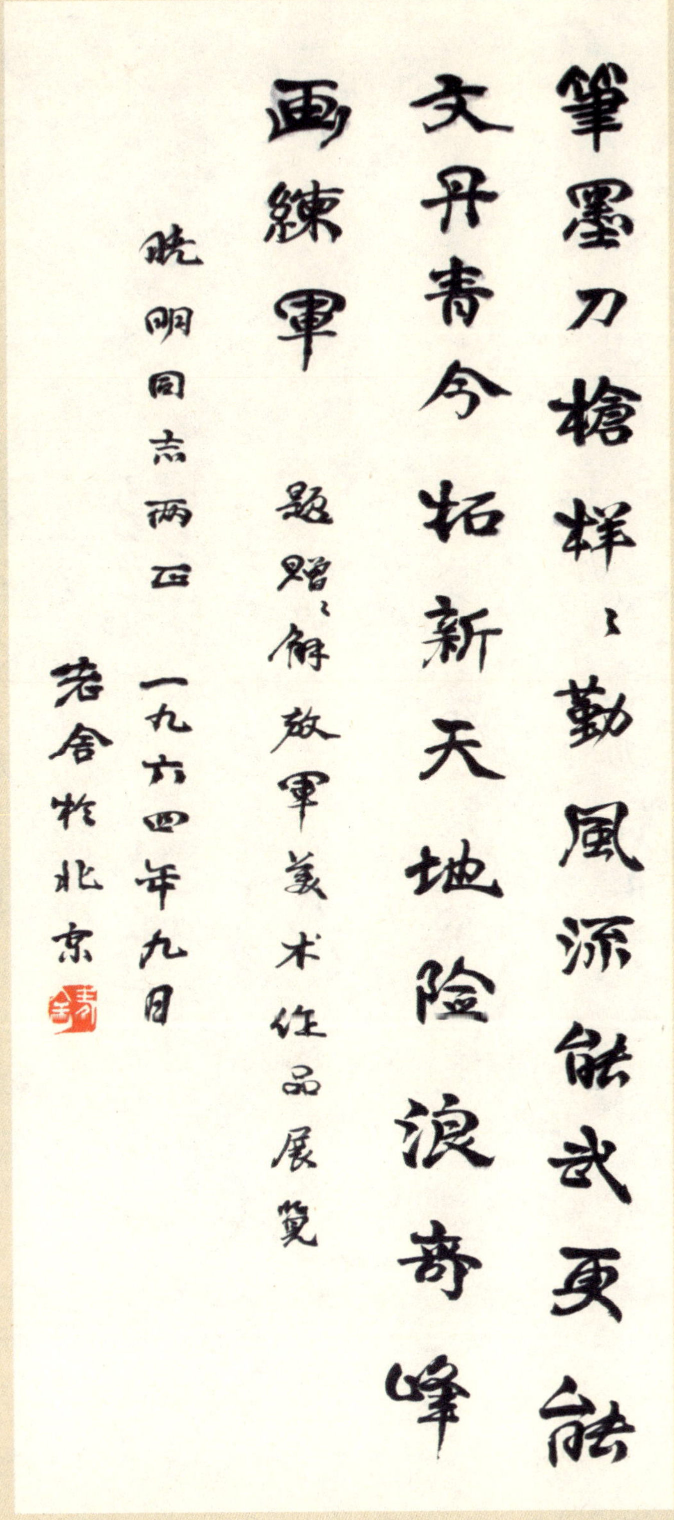

老舍书法条幅
（70cm×27.5cm）

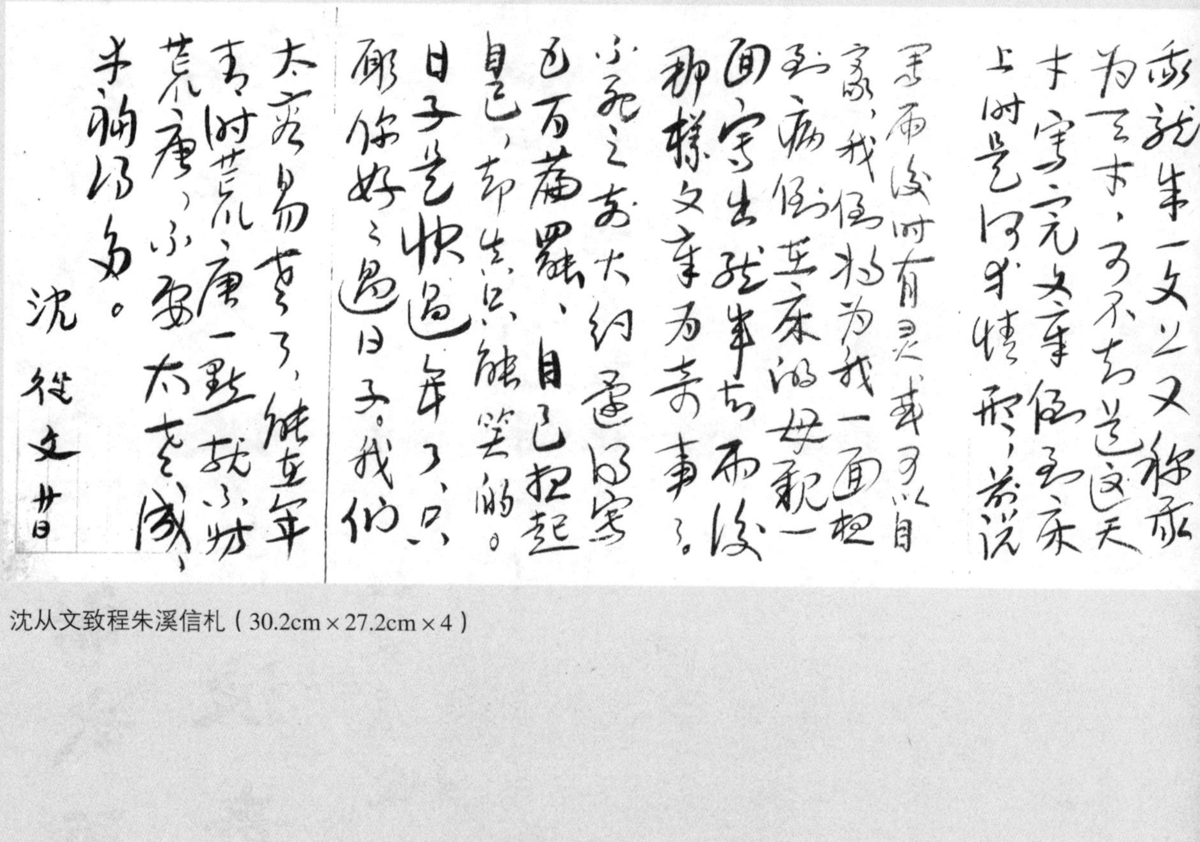

沈从文致程朱溪信札（30.2cm × 27.2cm × 4）

生活々你々你來，反之不忘
妙家的話。自己只是中
年無用人了，除去六年餘，
所得生活就剩餘無多
了，追求大致是下策了
川，只想去安慰撫女
兒是寫來也全無意思的
就以手支頭文章以外
還應將也一點要他了
情，但自只只除了這
樣寫寫一塊去一手字的
小說以外，就是生到家
中發自己的理想，或
者出點上也應更這種
人點綴，所以其法與
命運爭持了。
其餘不好只只想用些
平生，可是還不去要
為什么時候就可以走

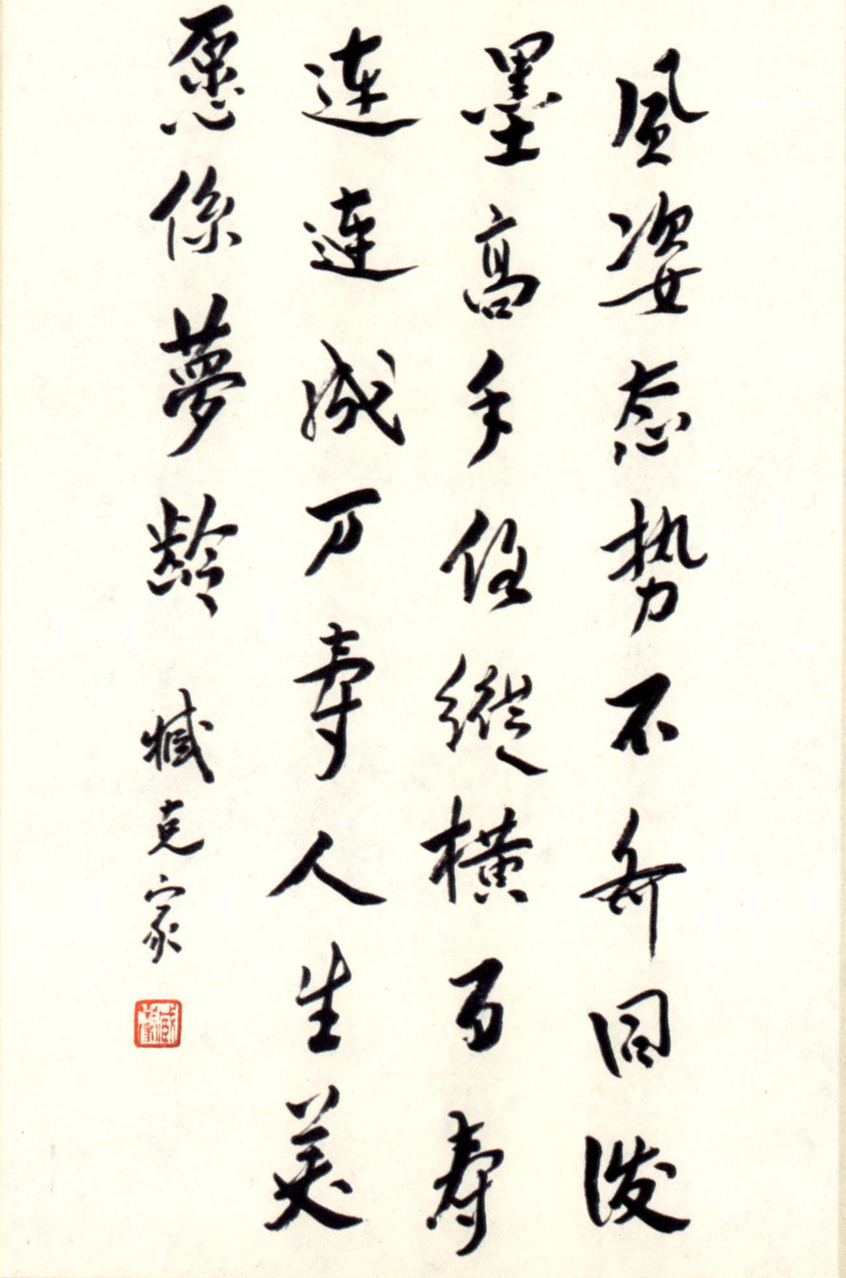

臧克家书法中堂（88cm × 46cm）

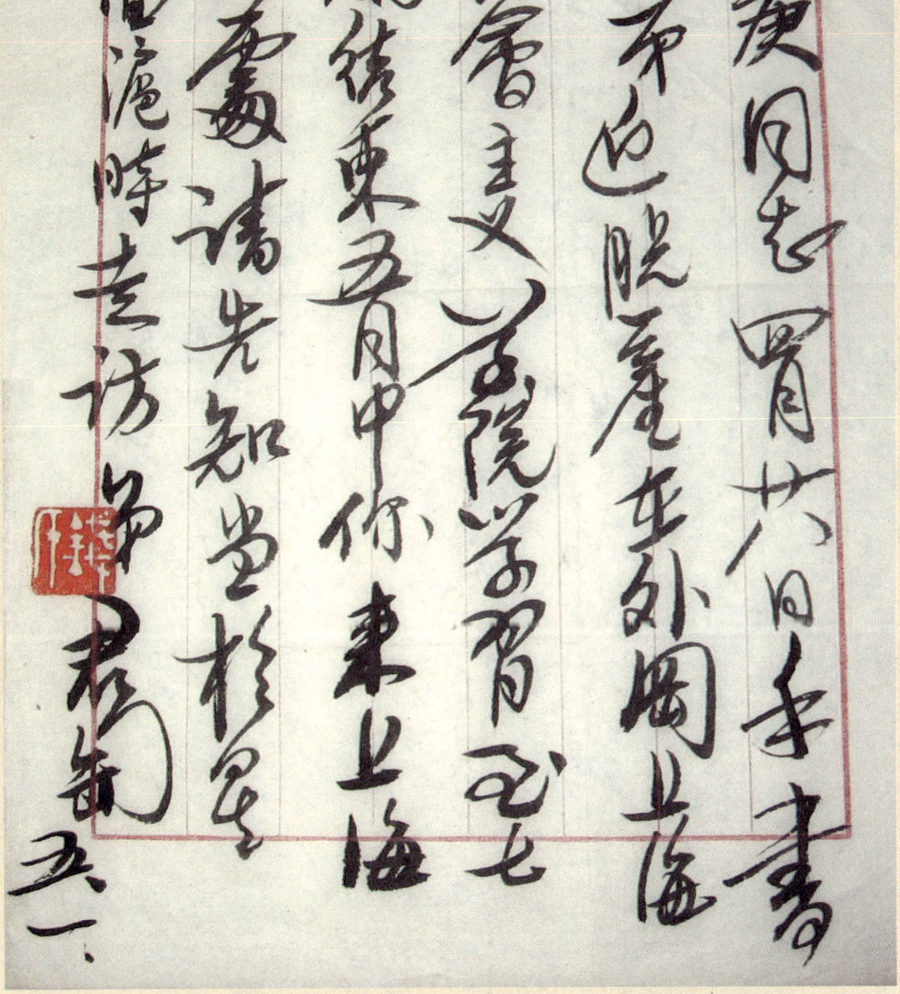

钱君匋致李庚信札（28.5cm × 19cm）

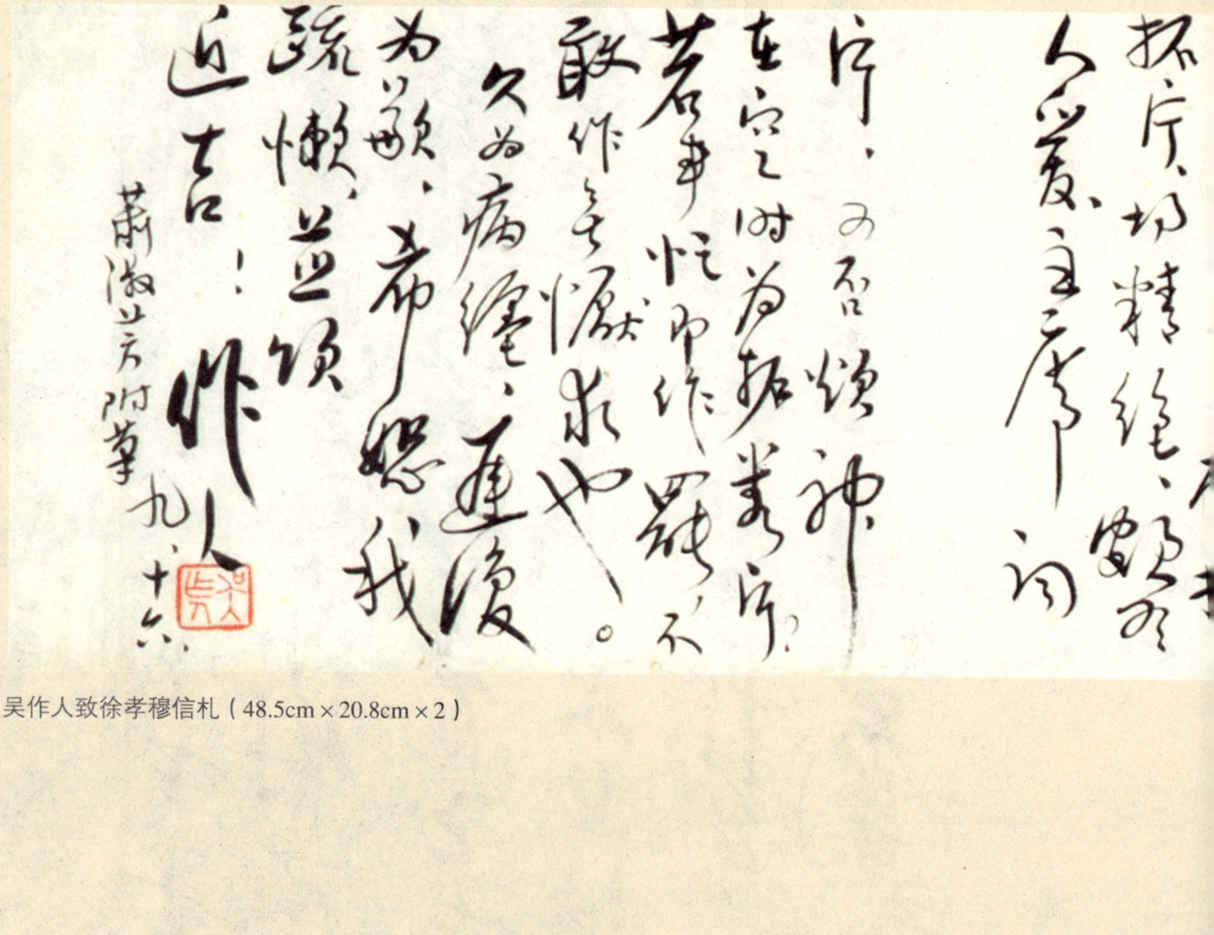

吴作人致徐孝穆信札（48.5cm × 20.8cm × 2）

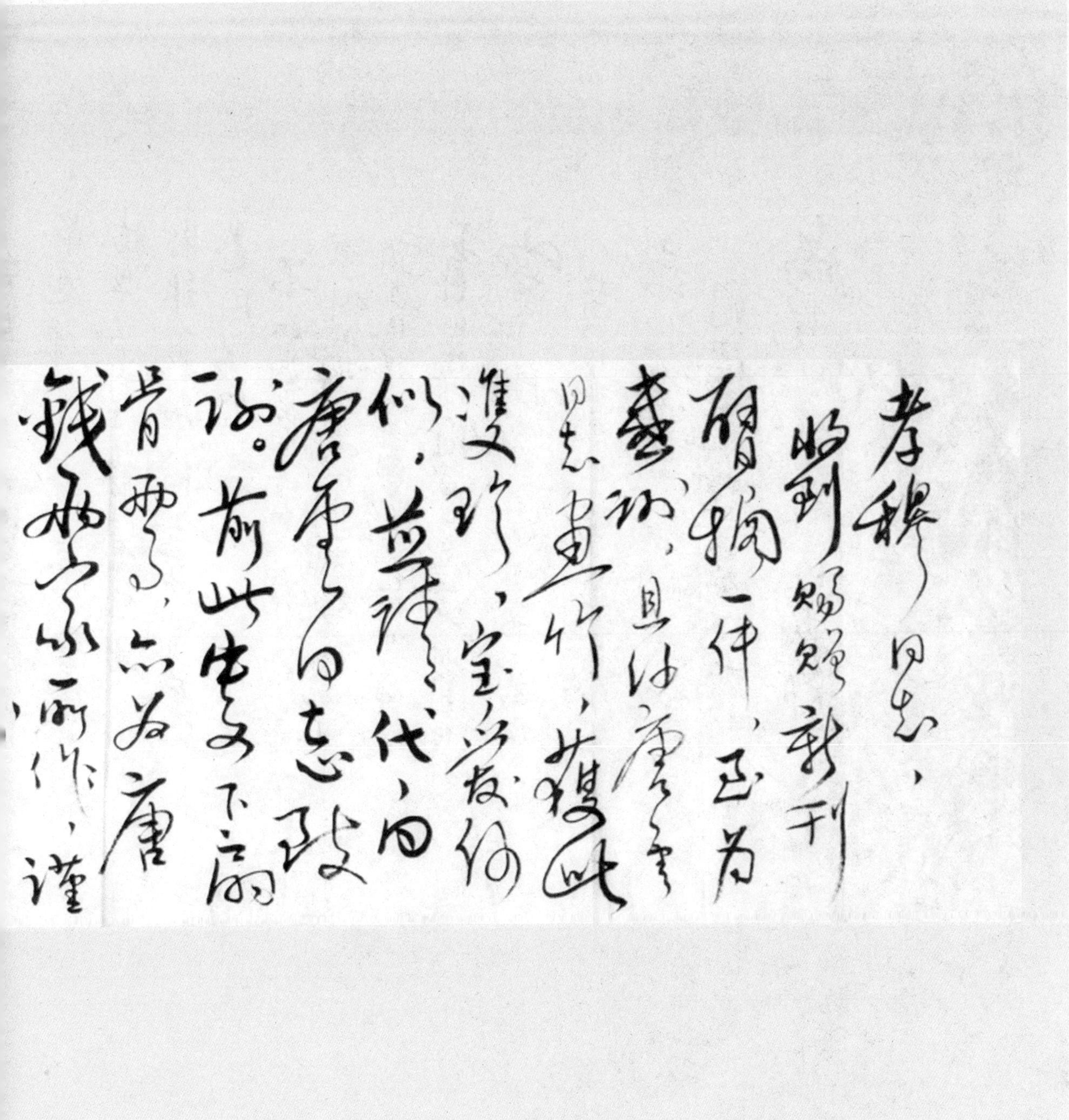

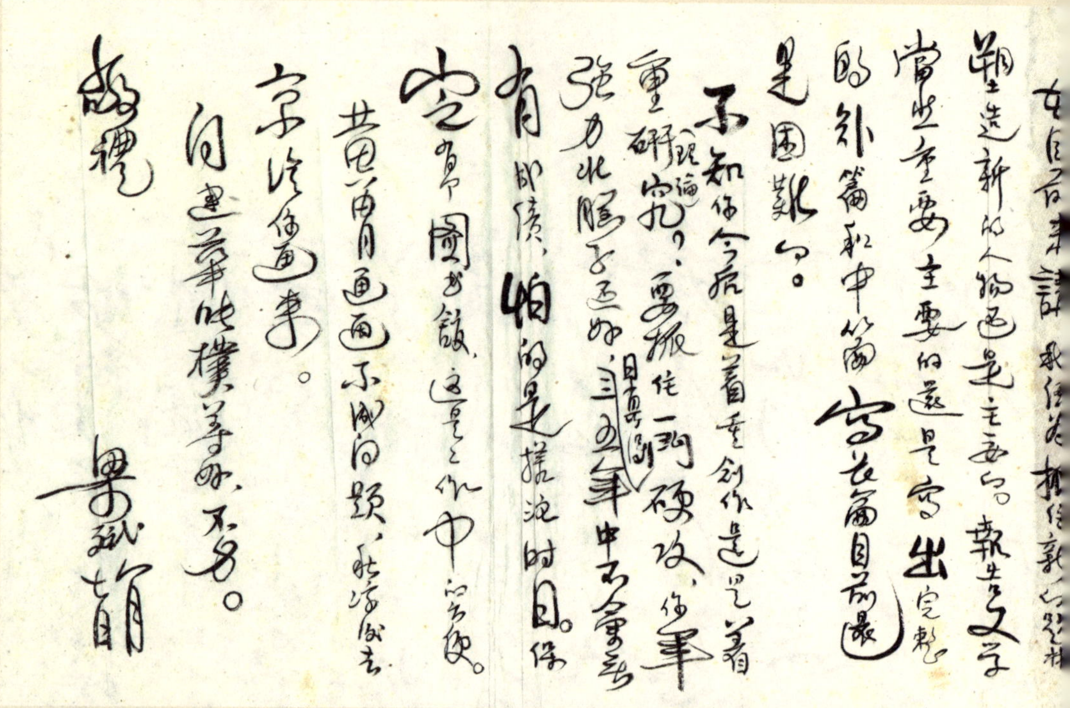

梁斌致牛汀信札（46cm×26cm×2）

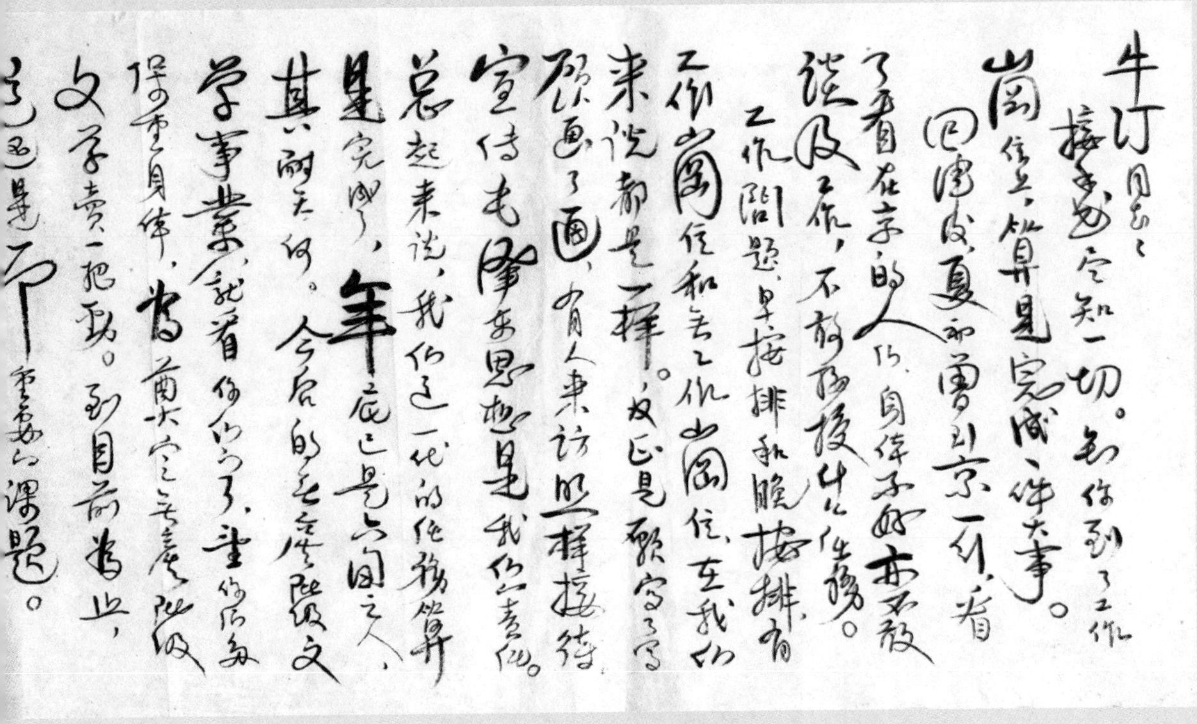
牛汀同志：
接来函，已知一切。知你到了工作
岗位上，算是完成一件大事。
回津后，夏和曾到京一行，看
了看在京的人们，自律不好，不敢
谈及工作，不敢接什么任务。
工作问题，早安排和晚安排，有
工作岗位和无工作岗位，在我们
来说都是一样。反正是顾写了写，
顾画了画，有人来访照样接待。
宣传也罢思想也是我们应尽的。
总起来说，我们这一代的任务算
是完成了，年底已是六旬之人，
甚耐天命。今后的文学事业，就看你们了。望你们务
保重身体，当前大家都要阶级
文字责一把劲。到目前为止，
还是个课题。

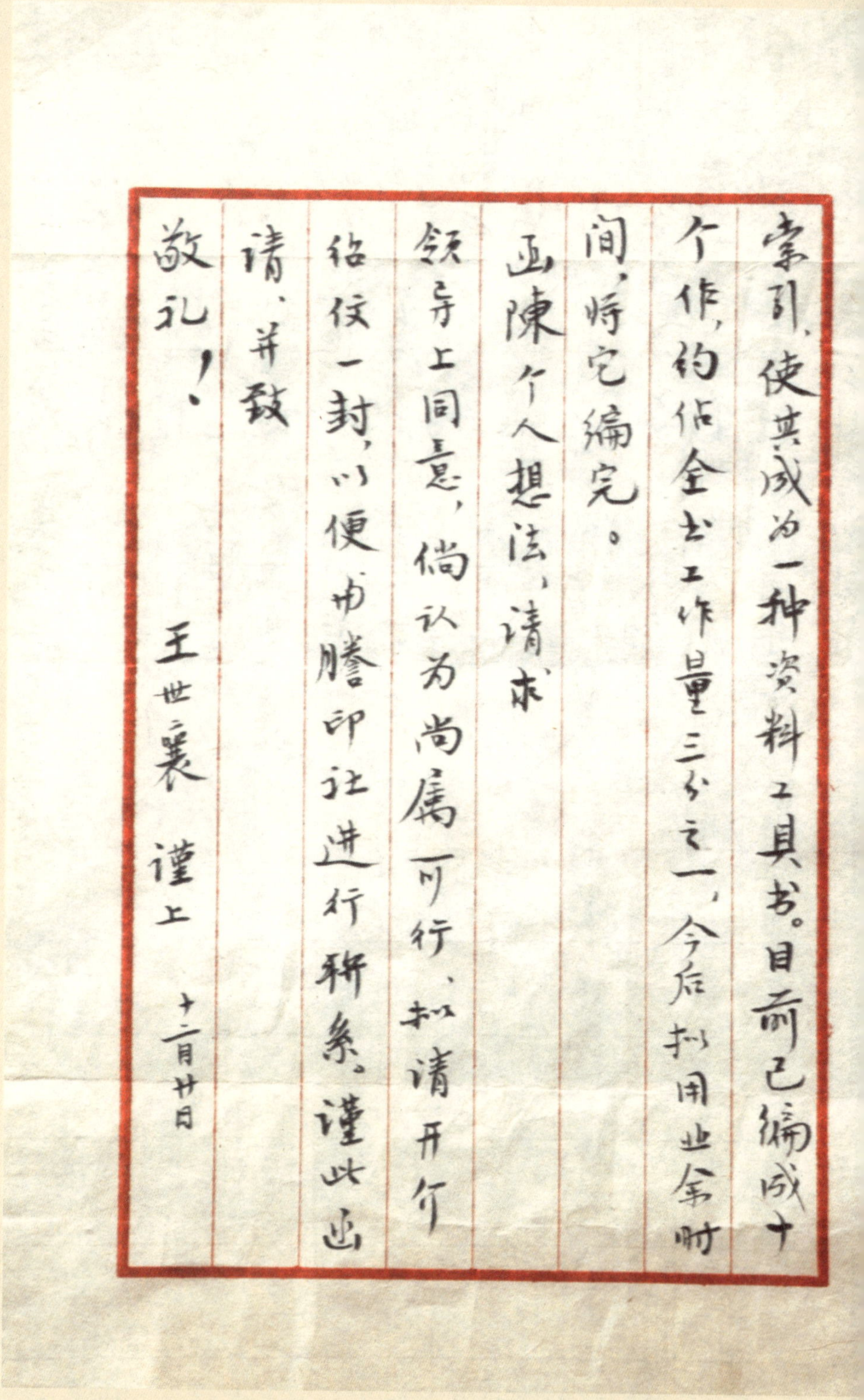

索引，使其成为一种资料工具书。目前已编成十
个作，约估全书工作量三分之一，今后拟用业余时
间，将它编完。
函陈个人想法，请求
领导上同意，倘认为尚属可行，拟请开介
绍信一封，以便向誊印社进行联系。谨此函
请，并致
敬礼！
王世襄 谨上
十二月廿日

王世襄致姜佩文、
王振铎、王辉信札
（26.3cm × 17.3cm × 2）

王　輝
姜佩文　三位所長：
王振鐸

近两年来世襄曾着手彙编清代工匠則例。这批材料大约散見在七十多种則例中，范围涉及建築及工艺美术等方面，共计有四十个匠作，约二百万字，书名暂定为「清代匠作則例彙编」。编辑的办法是将同作的材料彙集编排，逐条编号，每作前有簡略的说明。待全书编成，卷首加一篇总说明及采用則例提要，卷末附总

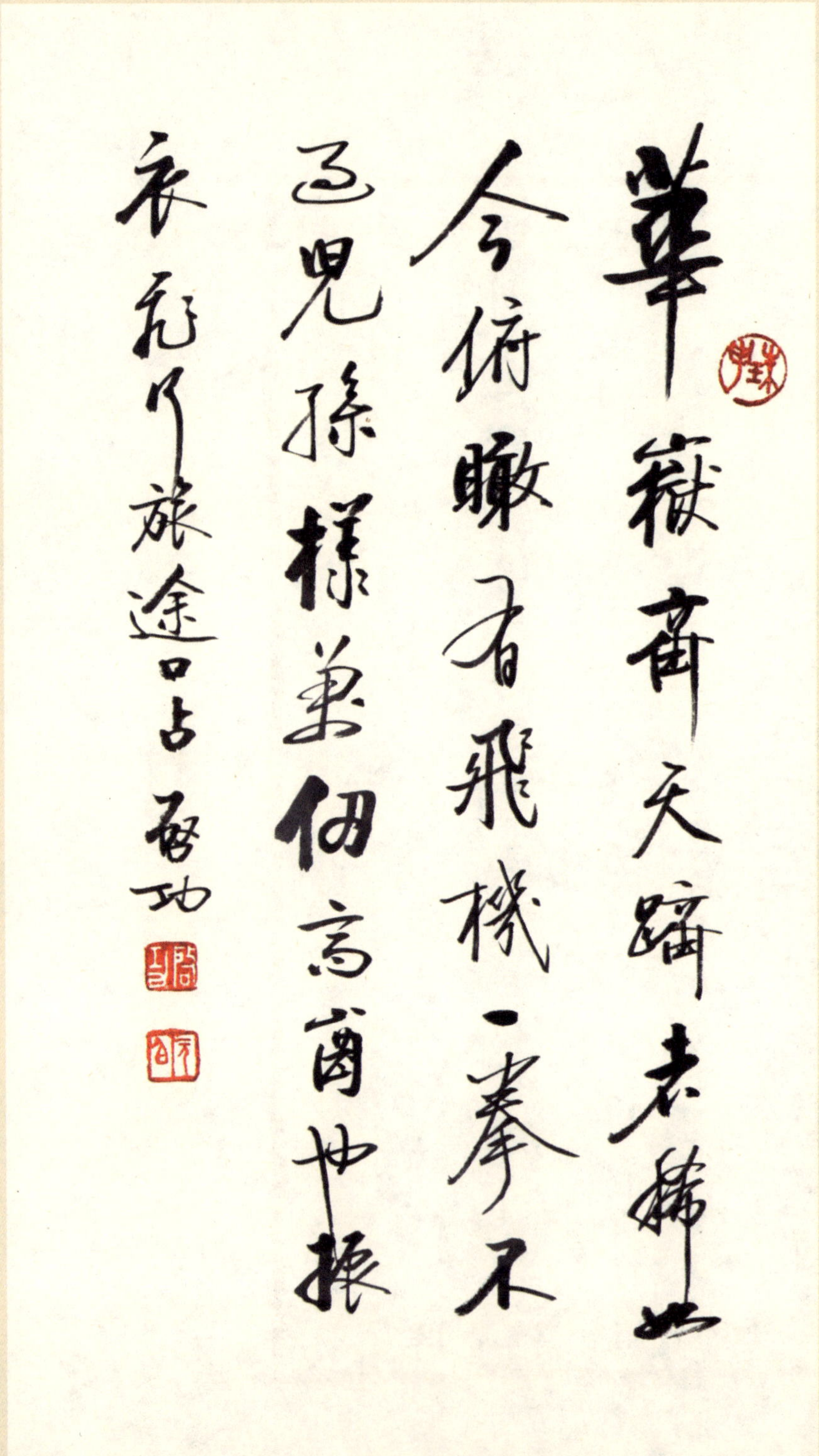

启功手书自作诗条幅（ 24cm × 45cm ）

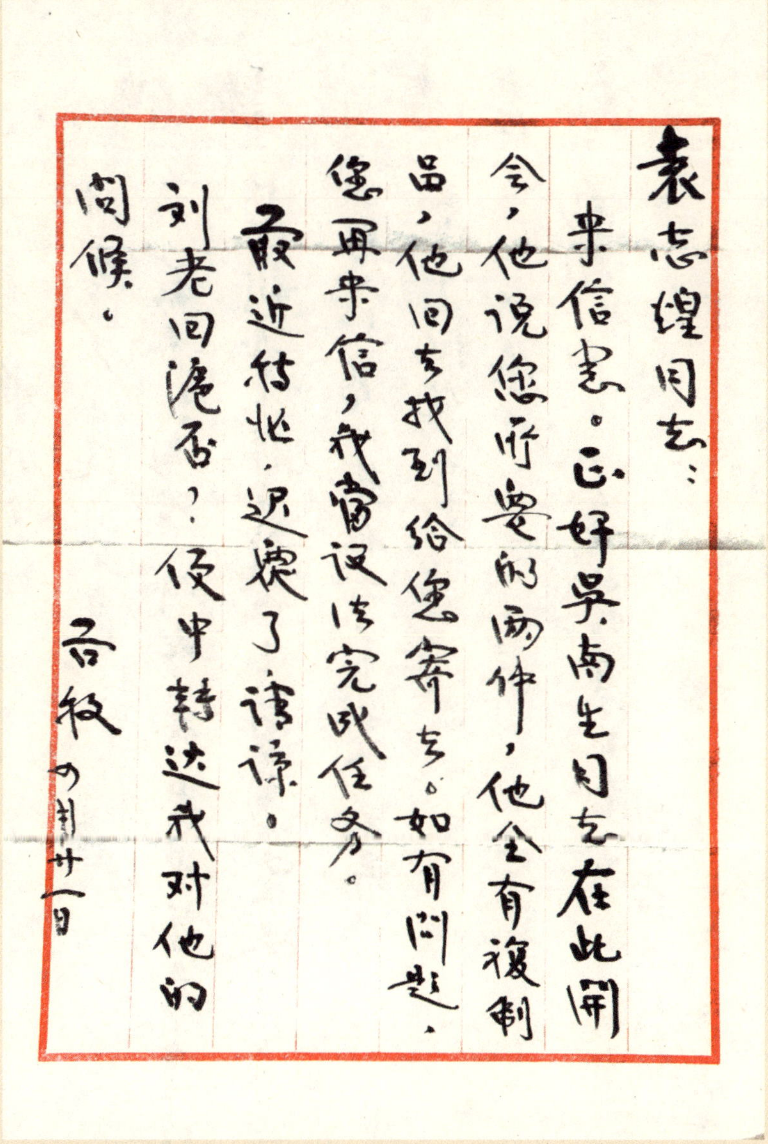

袁志煌同志：

来信悉。正好吴南生同志在此開会，他说您所要的两件，他全有複制品，他回去找到给您寄去。如有问题，您再来信，我当设法完成任务。

最近特忙，迟覆了，请谅。

刘老回沪否？便中请达我对他的问候。

谷牧

四月廿一日

谷牧致袁志煌信札（28.5cm × 19.8cm）

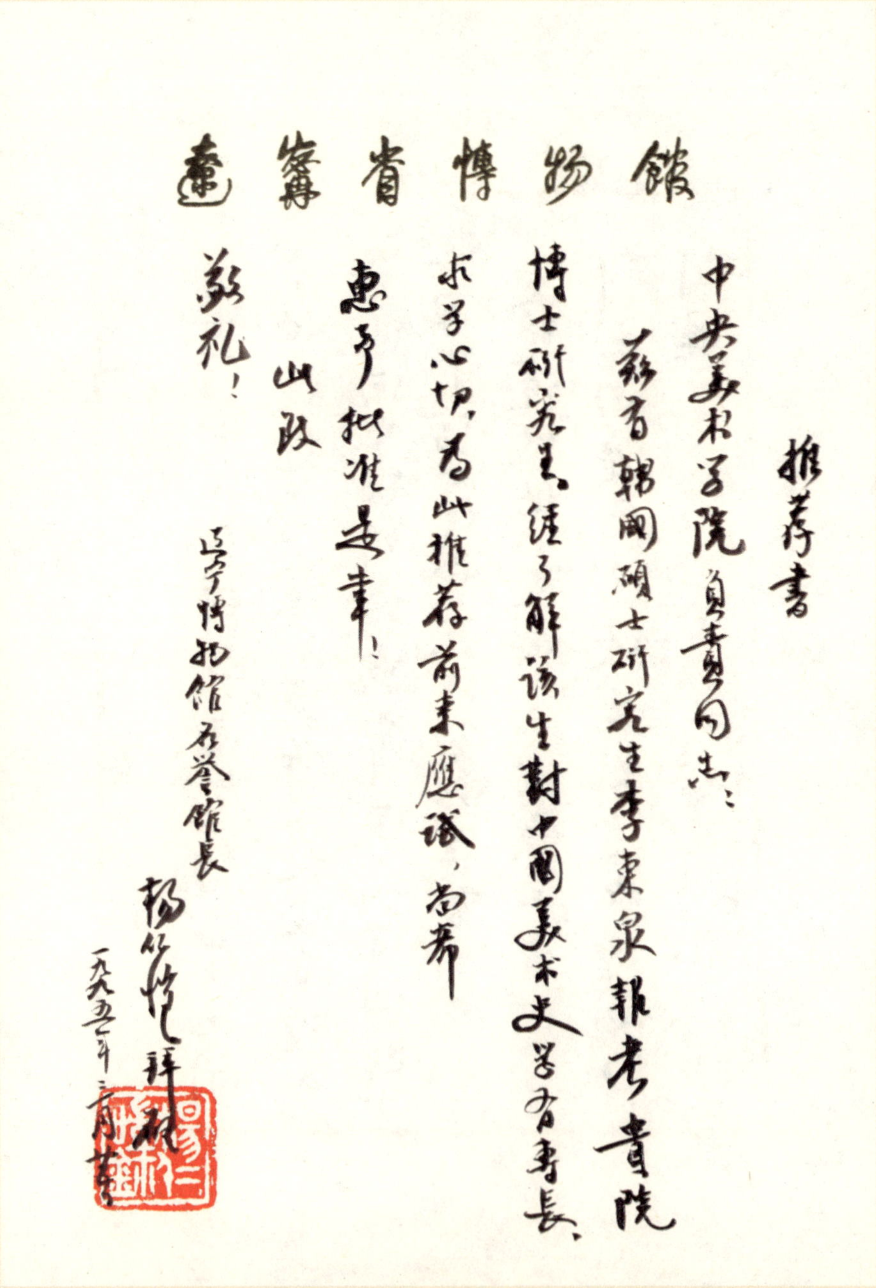

遼寧省博物館

推薦書

中央美術學院負責同志：

兹有韓國碩士研究生李東泉報考貴院博士研究生，經了解該生對中國美術史學有專長，求學心切，爲此推薦前來應試，尚希

惠予批准是幸！

此致

敬禮！

遼寧博物館名譽館長

楊仁愷拜[illegible]

一九九五年三月[illegible]

杨仁恺致中央美术学院的推荐信（26.3cm × 18.8cm）

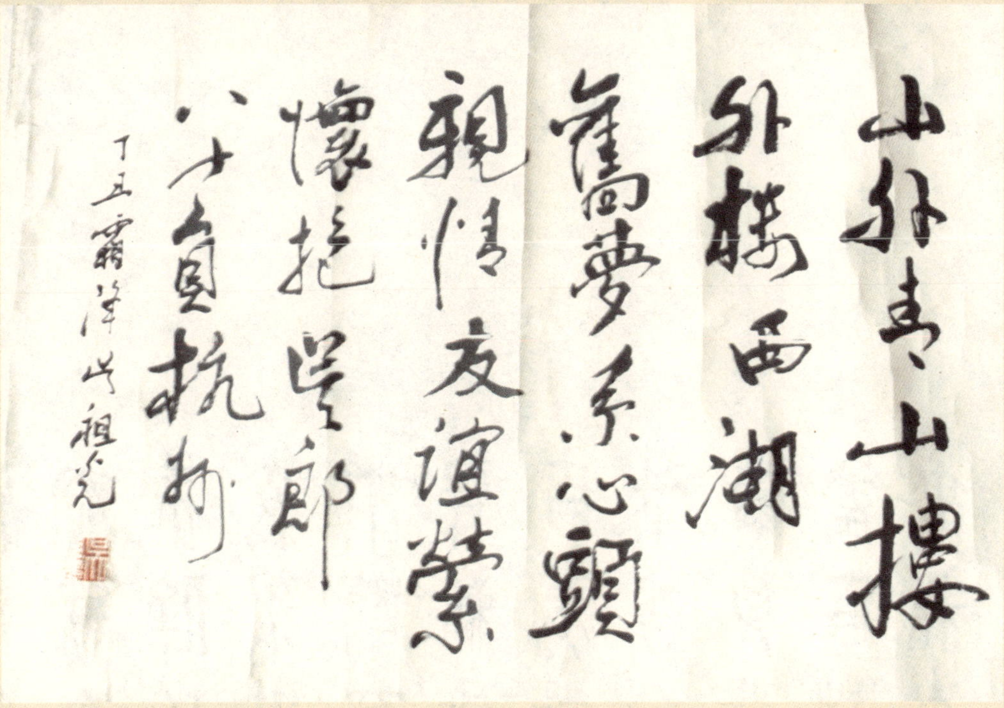

吴祖光手书自作诗横幅（48cm × 38cm）

张仃巨幅篆书《说文篆法皕韵歌》（ 363cm × 144cm ）

黄胄致袁志煌信札（34.4cm × 34cm）

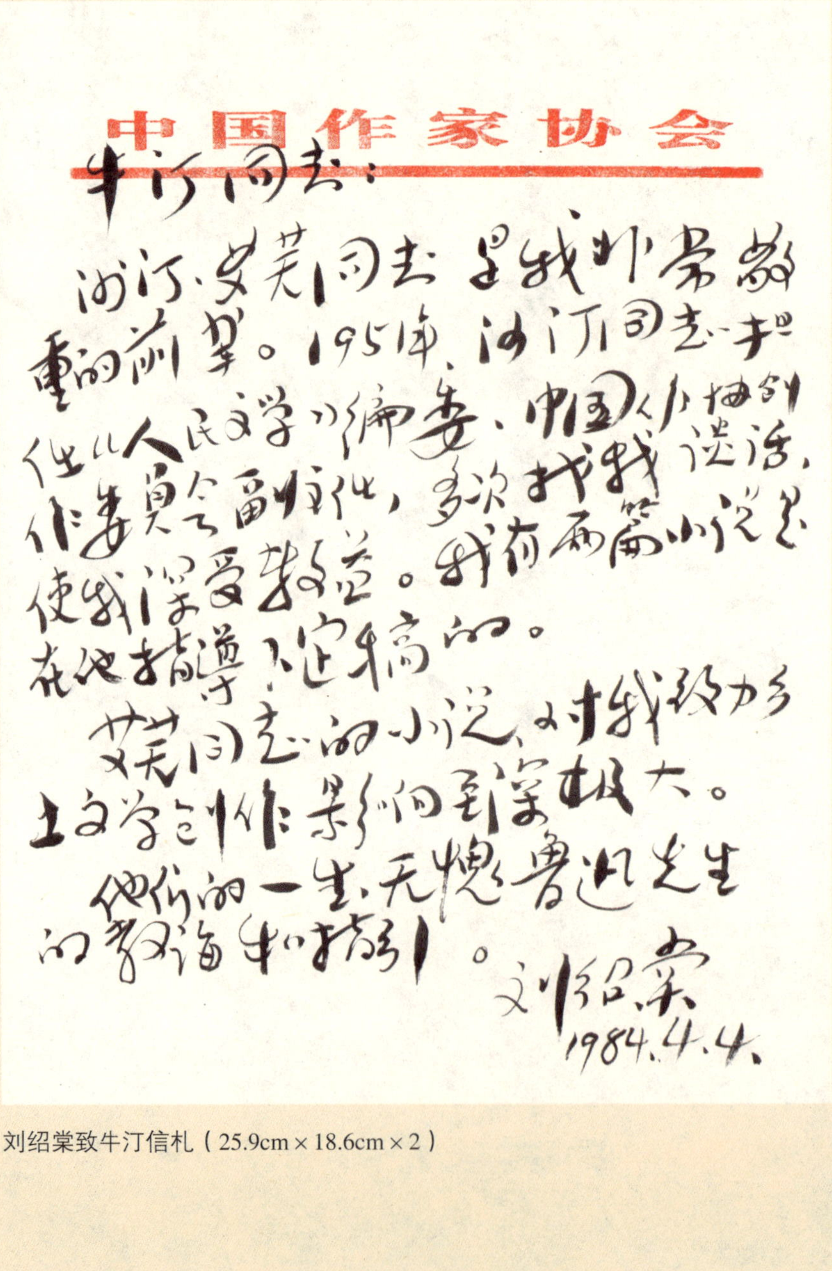

中国作家协会

牛汀同志：

沙汀、艾芜同志是我非常敬重的前辈。195年，沙汀同志担任《人民文学》编委、中国作协创作委员会副主任，多次找我谈话，使我深受教益。我有两篇小说是在他指导下定稿的。

艾芜同志的小说，对我致力乡土文学创作影响到深极大。

他们的一生，无愧鲁迅先生的教诲和指引。

刘绍棠
1984.4.4.

刘绍棠致牛汀信札（25.9cm × 18.6cm × 2）

目 录

序一

传播文化的精彩和魅力

舒　乙

李勇、闫巍联合编著的这本书，以多年精心收集的近现代六十多位名人的手札、书法、绘画、稿本等墨迹为依托，着重介绍这些名人的业绩，是一部相当别致的书。

我觉得这是一本不俗的书，比较有水平。原因有三：

一是选人、选材不错。选的人全是赫赫有名的人，属于大文人一类的居多，本身就有很大的吸引力，典故多，故事性较强，写出来既有意义，又有趣。选材也不错，有的还很有价值，比如巴金先生写给萧乾先生的信，非常精彩，真是难得，有永恒的价值。其他如胡乔木的信、聂绀弩的信等等，也都感人，而且有惊人之语，如聂先生写道："胡风特别懂新诗，所以伟大。"

二是介绍文字写得有水平。所谓有水平，首先是准确，无误，不云山雾罩，文风很正。其次是切中要害，抓重点，找主要的说，言之有物，对读者会有帮助、有启发、有用处，属于开卷有益的一类。

三是以文化为主导，以人为重点。着重谈智慧、谈修养、谈品德，一句话，以文化为主脉，传播文化的精彩和魅力。

有了以上三条，我相信，这是一部有品、有情、有趣的书，是一部可读、可赏、可藏的书。

我推荐它。

2011年 于北京

序二

人文精神的追寻与守望

徐恩存

“观乎人文，以化成天下。”

《流淌的人文情怀——近现代名人墨记》的编撰者李勇、闫巍必定是有学养、有见识、有品位的有识之士，他们以别具慧心与苦苦求索的胸襟、情怀，为我们呈示了不可多得的近现代名家墨迹；我们从中不独领略了先贤的心路历程和卓然才情，也感受到中国文化的厚重与深邃，如若不然，如何能孕育出这一批书写中国近现代历史的巨人呢？透过本书，我们感受到的正是这些。

墨迹非立论著述，却能在某一点上，见出人格的光辉和心灵的高蹈，本书所辑墨迹、手札，虽多属不经意之作，却在不经意间见出底蕴，其清高、狷介、平和、淡泊均在字里行间显现；儒家仁爱之心、佛禅平常之心，入世之热烈、出世之意远，均以意兴融入笔端，他们或静观人生，或愤世嫉俗，或悠悠意远，或寻常举止，都在随意之中成为我们的精神财富，虽小却巨大，虽杂却宏伟；自古以来，为文之事，无非与时相生，与道俱成，所以，不论拈花微笑，悠然静观，还是危言论事，寄慨古今，其字字都是心迹，都是生命感言。

诸多名家的墨迹、手札，连缀起来，便成为充实而又完整的近现代史，给我们整体理解那一代人和那一代事的联想或确证，曾一度困扰我们了解那一代人文化境遇的问题，从这里是可以寻到一点追寻线索的。

编撰者的初衷绝不是“怀旧”，而是史家风度与诗家情怀，寄寓着一种人文精神的追寻与守望，让本书成为一种肯定，让美好的精神价值和情感价值，成为今人的共同财富。

2011 年 于北京

翁同龢

（1830 – 1904）

两朝帝师，一代书家

在晚清的官僚中，有一位状元出身，子承父业，先后担任同治、光绪两朝皇帝的师傅，曾执掌朝廷多部大权，两次担任军机大臣，并一手促成“维新变法”的重臣，他就是翁同龢。

翁同龢生于北京，年幼时随父母回老家江苏常熟居住。1839 年，他以优异成绩考入常熟县学游文书院。也就是在这一年，其父翁心存为孝养祖母辞官归乡，受聘担任游文书院的掌院，翁同龢实际上是在父亲的指导下读书的。

1845 年，翁同龢考中秀才，入苏州府紫阳书院学习，在此学习的两年，是翁同龢经世思想形成的重要阶段。1848 年，翁同龢随父亲回京参加拔贡考试，“得选第一”，1852 年，参加顺天乡试，考中举人，1856 年，应会试考中状元。随后被授为翰林院修撰，实录馆协修。从此跻身政坛。

1865 年，翁同龢被任命为弘德殿行走，授读同治帝。同治帝驾崩后，翁同龢因拟旨支持慈禧择立其亲妹妹所生、醇亲王奕譞之子载湉为光绪帝，并与东太后一起临朝听政而深得慈禧宠眷，被任命为毓庆宫行走，授读光绪帝。这样，翁同龢就成为两朝皇帝的师傅。

翁同龢在担任帝师的同时，还被委以朝廷要职，直接参与了中法战争、中日甲午战争的决策，并力主对外强开战。在担任刑部右侍郎期间，以参与为杨乃武与小白菜翻案而为后人所传扬。

翁同龢在授读光绪帝期间，从经世思想出发积极引导光绪帝关心现实政治，留心中外大事，学会独立思考，启发、诱导光绪帝关心洋务新政和海防建设。启蒙了光绪帝的改革思想，并力劝光绪帝变法，光绪帝“每事必问同龢，眷倚尤重”。1898 年，翁同龢起草了《国是诏》和开办大学堂的折稿，由光绪帝颁布，从此宣布了维新变法运动的开始。因此，康有为盛赞翁同龢为“中国维新第一导师”。由于翁同龢授读同治帝的方法与慈禧太后希望翁同龢把光绪帝培养成绝对顺从她的儿皇帝、政治傀儡的想法大相径庭，所以“戊戌政变”发生后，慈禧迁怒翁同龢，于 1898 年 10 月 21 日下了道懿旨，将翁同龢革职，永不叙用，并交地方严加管束。这便是“两朝帝师”的政治悲剧。

翁同龢在京四十多年，办事细致、为官严谨、治学不辍。图 1 是翁同龢的手札，可以佐证：

弟：八九两卷刻样烦细校，今将底本两册（一厚一薄）并送，即捡入墓铭拓本两分，并致调卿贤甥。

制龢　顿首

初五日

墓志，前所书极不惬意，今捡去断，未可入石。又尽。

翁同龢在京为官期间曾两次告假回籍修墓，此札是否是在家乡修墓时写给族人的手札？我们无从考证。但从字里行间，可以感受到翁同龢严谨的做事风格和帝师的书法特色。

翁同龢的书法源自欧、褚、颜、柳、赵，而颜书的功底最深。早在游文书院读书时，他就常去曾担任过内阁学士的钱泳府上讨教工书的道理和门径，钱泳的书法曾得到过成亲王永瑆的亲授。钱泳的指教对翁同龢日后书法的造诣影响较大。而游文书院的同学中还有后来成为大书法家的杨沂孙等人。在苏州紫阳书院学习时，翁同龢还结识了吴大澂、陆润庠、俞樾等一大批后来的书法大家，临帖研碑，讨论交流书道是自然的。翁同龢 30 岁以后，在朝廷中的地位益重，接触的书家、真迹、碑帖越来越多，对书法的兴趣也越来越浓。尤专攻颜体，取其厚重，又兼学苏轼、米芾，是清朝学颜体最成功的一位书法大家。

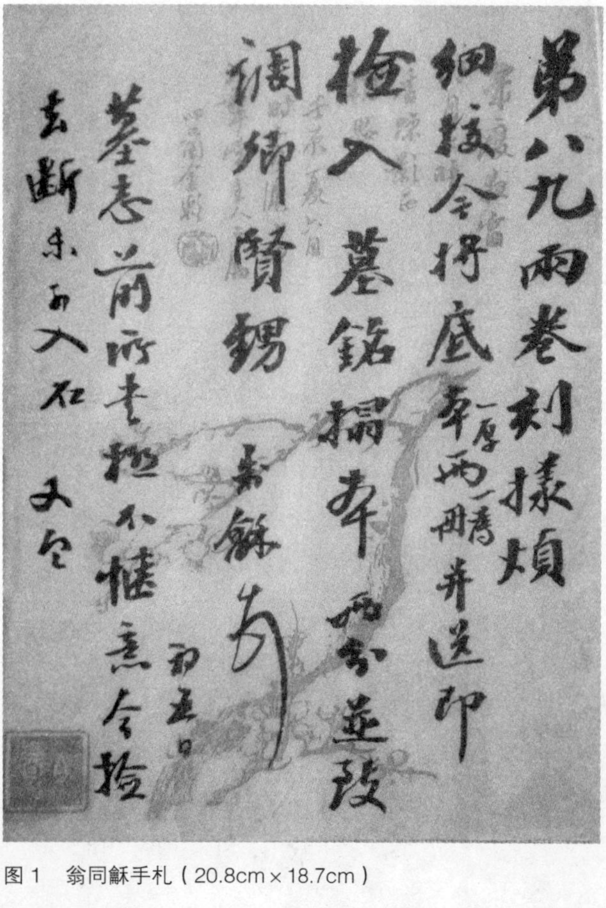
图 1　翁同龢手札（20.8cm × 18.7cm）

1898 年，翁同龢被罢官返乡后，借诗书排忧，“日临汉碑数十字，寒暑不辍”。他对前辈书家何绍基特别推崇，专心研究，还吸收刘墉、钱沣、赵子昂和董其昌的流畅、柔和风格，在晚年形成了独特的“帖底碑味”的“翁体”书法，被称为“乾嘉后一人”、“同光间天下第一”。图 2 是翁同龢书于 1902 年的自作诗四条屏，充分体现了“翁体”的书法风格：

我初万里归，　看子复行役。
薄官竟何成，　离忧只空积。
芳草一千里，　莺飞巴子国。

出门复踟蹰，伤心满春色。

平生各蹇劣，湖海倦浮迹。

退无养生赀，进乏希世策。

壬寅秋九月 瓶庐翁同龢

翁同龢返乡后，在亲朋、侄辈的资助下，在虞山西麓鹁鸽峰祖坟丙舍旁构筑“瓶庐”而居。手书这首五言诗时翁同龢已是72岁的老人。翁同龢晚年，一再说自己写字作画“皆无章法”，“以意行，不守法度”，其实，翁同龢始终在以不拘一格的书学观和宽博的人格修养寻求其书风能得以超越和升华。可以说，这幅四条屏就是他的行书在经历了长期笔札生涯的磨炼后，于晚年达到炉火纯青、人书俱老的精品。

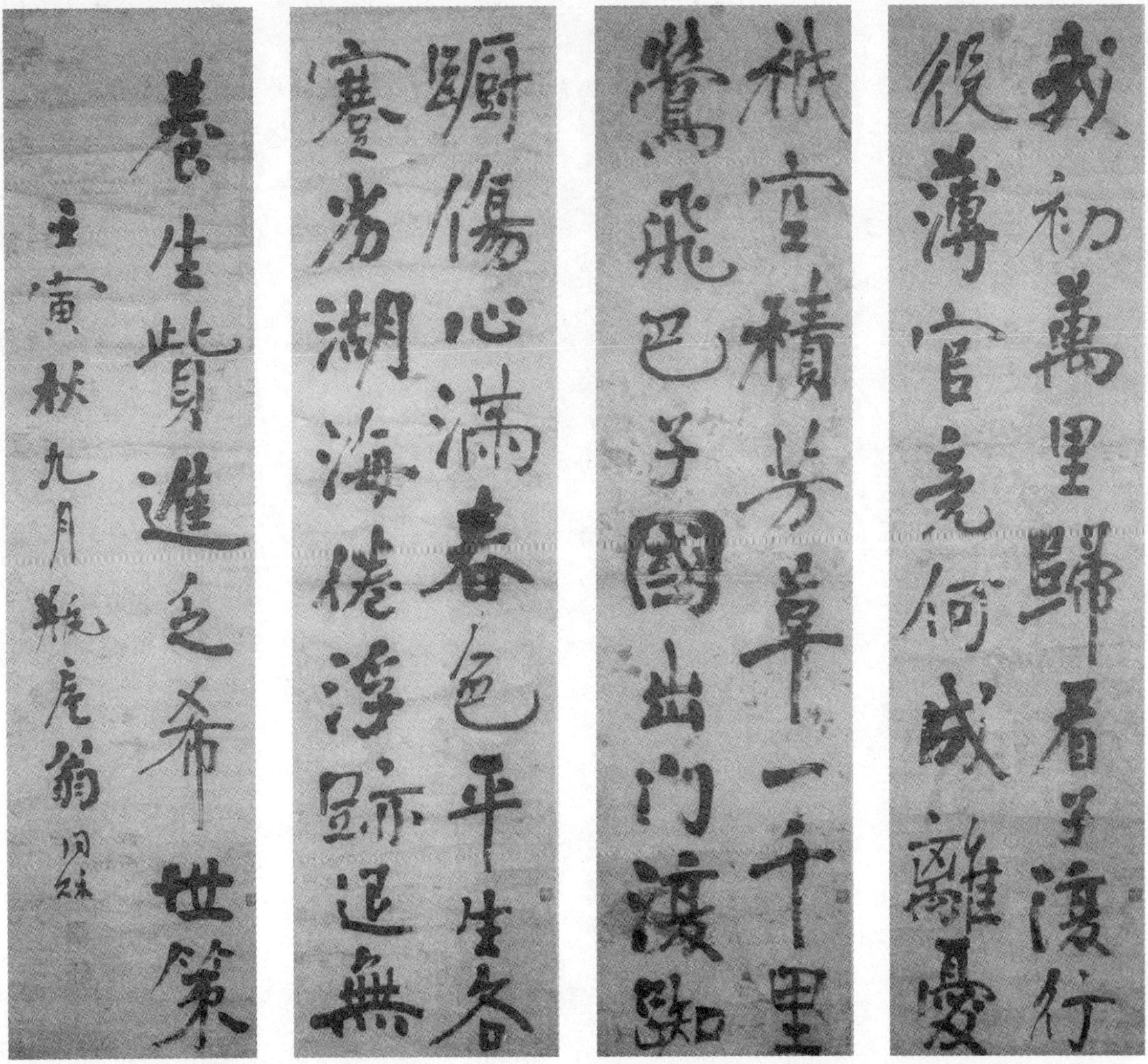

图2 翁同龢手书四条屏（141cm×33cm×4）

翁同龢的晚年由于政治失意、精神紧张、生活清苦，健康每况愈下，抑郁中于 1904 年 7 月 4 日逝世。终年 74 岁。

难能可贵的是，在腐败的晚清政府中，翁同龢廉洁自爱，是位清廉的高官。被革职返乡后，因断了经济来源，生活异常拮据，除了亲友、门生接济外，为了应付日常开支，翁同龢只好变卖收藏的部分字画来维持生计，逝世后丧仪也极其简朴，后辈将这位两朝帝师安葬于其父翁心存的墓旁。

宣统元年（1909），诏复原官。追谥“文恭”。

翁同龢（1830—1904），清朝大学士，同治皇帝师傅翁心存的幼子。字声甫，一字均斋，号叔平，又号瓶笙，晚号松禅、瓶庐居士。江苏常熟人。清朝同治、光绪皇帝的老师。先后担任户部侍郎，都察院左都御史，刑部、工部、户部尚书，总理衙门大臣等，两次入清朝的最高决策机构军机处。“戊戌政变”后，被慈禧太后革职回乡。

成多禄

（1864 — 1928）

“吉林三杰”君为首

历史上，成多禄、宋小濂、徐鼐霖被称为“吉林三杰”，三人在吉林乃至中国北方有着极高的历史地位。然而，由于吉林偏居中国东北一隅，“吉林三杰”的文学艺术成就和他们在维护祖国疆土完整、不做伪满洲国汉奸的气节却鲜为人知。近年，由于中国书法界对成多禄的书法成就给予了充分肯定，所以对“吉林三杰”的认知也开始升温。

长春市曾是清朝末代皇帝溥仪于 1932 年在日本侵略者扶植下建立的伪满洲国的首都，史称“新京”。1945 年，日本投降后，溥仪企图潜逃，随之同行的一些宫中书画珍宝散失民间。“文革”中，著名收藏大家张伯驹被下放到吉林省博物馆，其间就曾关注流失在吉林民间的古字画收集，并颇有所获。苏东坡《洞庭春色赋》、《中山松醪赋》等传世精品就是在长春流失后于 20 世纪 80 年代初在吉林市被发现，后被吉林省博物馆收藏的。近几年，许多人把注意力转向这座城市，并常有一些惊人的发现。

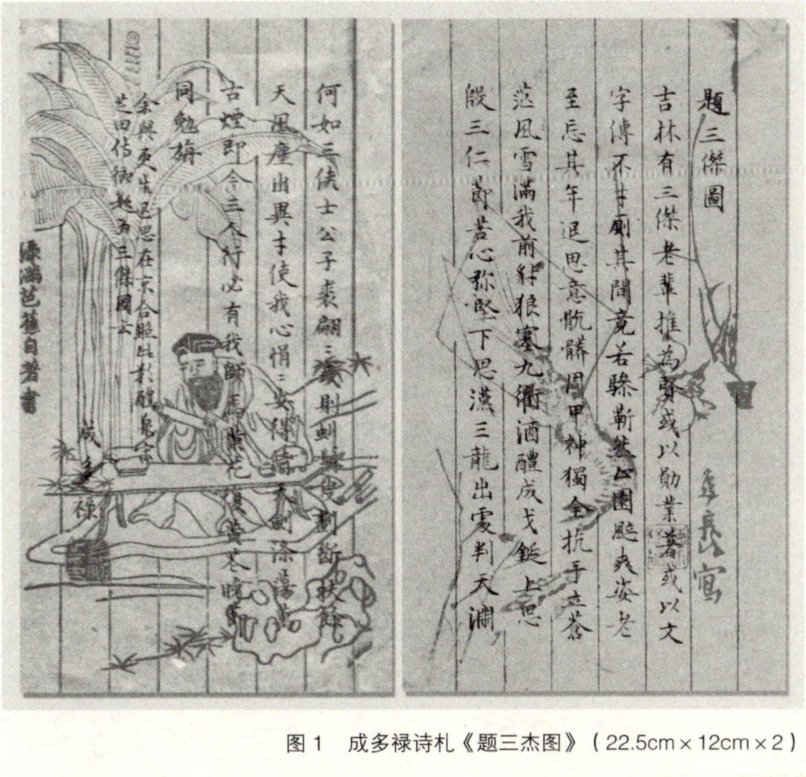

图 1　成多禄诗札《题三杰图》（22.5cm × 12cm × 2）

图 1 是成多禄的《题三杰图》诗札，据说得自于距长春市 60 多公里的成多禄老家九台市其塔木乡的成家

后人，可谓流传有绪。《题三杰图》写在两页八格诗笺并被装裱在可以对折的宣纸册页上，两页诗笺一页为粉色花鸟笺，一页是浅红色隐士芭蕉笺，全诗以“馆阁体”书之，结尾有跋两行，落款钤白文“多禄之印”：

题三杰图

吉林有三杰，　老辈推为贤，①
或以勋业著，　或以文字传。
不才厕其间，　竟若骖靳然；②
止园飒爽姿，　老至忘其年；
退思意肮脏，③ 周甲神独全。
抗手立苍茫，　风雪满我前；
豺狼塞九衢，　酒醴成戈铤。
上思殷三仁，④ 节苦心弥坚；
下思汉三龙，⑤ 出处判天渊；⑥
何如三侠士，⑦ 公子裘翩翩；
或则虬髯叟，⑧ 划断扶余天。
风尘出异才，⑨ 使我心悁悁，⑩
安得倚天剑，　涤荡万古烟。
即今三人行，　必有我师焉；
黄花复黄花，⑪ 晚节同勉旃。

余与更生、退思在京合照此影，醴泉宋芝田侍御题为“三杰图”云。

诗中：①老辈：指曾任内阁中书的张朝墉，他的诗作曾有“吉林三人杰”之句。

②骖靳：骖，驾在车辕两旁的马；靳，指居中的马。喻前后相随。

③肮脏：同“抗脏”。指性格刚直倔犟。

④殷三仁：指商末的微子、箕子、比干。

⑤汉三龙：指张良、萧何、韩信，亦称为“汉初三杰”。《史记·高祖本纪》中刘邦曾赞之：“此三者，皆人杰也，吾能用之，此吾所以取天下也。”

⑥天渊：指出身微末，这里指萧、韩二人。

⑦三侠士：即戏曲《风尘三侠》中的三个主要人物：红拂女、李靖、虬髯客。

⑧虬髯叟：传说中率海船千艘到扶余国杀死国王自立为国君者。

⑨风尘：喻乱世。异才：指乱世“英豪”。

⑩悁悁：心情抑郁。

⑪黄花：即菊花，傲霜而开，常比喻人的晚节高尚。

综览全诗，共30句，150言，诗风高古，上溯“殷三仁”；下思“汉三龙”；横及“三侠士”。对老辈张朝墉推自己为“吉林三杰”之一，谦逊有加：“不才厕其间，竟若骖靳然”，说自己只是与宋、徐前后相随。而对“止园”的主人宋小濂大加赞扬：“止园飒爽姿，老至忘其年。”对徐鼐霖刚直倔强的性格深表钦佩：“退思意肮脏，周甲神独全。”诗的最后以“即今三人行，必有我师焉”和“黄花复黄花，晚节同勉旃”与宋、徐共勉，提出要保持如菊花一样的无暇晚节。日后三人不做伪满洲国汉奸的事实证明“吉林三杰”保持住了晚节。

图2是成多禄的手书对联：

香稻熟时秋菜嫩，杜鹃花发鹧鸪啼。

图2 成多禄手书对联（167cm×39.5cm×2）

成多禄曾任黑龙江绥化知府，被誉为“清廉太守”。光绪三十四年（1908），因厌恶官场昏庸，毅然辞官。宋小濂官至黑龙江都督及北洋政府总统顾问，曾为争回被沙俄强占的国土作出过贡献，67岁病卒，政府明令优恤。小濂起家寒素，著有《晚学斋诗草》。徐鼐霖，1919年被张作霖任命为吉林省省长，对整顿吉林省金融税收有所贡献，后任徐世昌大总统顾问，晚年在北京结社写书，其间为家乡吉林修纂《永吉县志》，该志被称为是“吉林省旧志中最完备的佳志”。九一八事变后，伪满洲国成立，徐鼐霖拒绝“出山”当汉奸，表现了很高的民族气节。

成多禄与宋小濂、徐鼐霖早在吉林崇文书院共同受业于咸丰举人顾肇熙时，就成为同窗好友，后又同在黑龙江省共事多年，三人志同道合，且酷爱诗词歌赋，无论从政、治学，均颇有建树。成多禄寓居北京期间，与宋小濂等人组建诗社“九九社”。在诗词造诣方面，成

图3　“吉林三杰”照（右起：成多禄、宋小濂、徐鼐霖）

氏的成就最高，有《澹堪诗草》等刊行。20世纪90年代出版的长白丛书《成多禄集》又整理了《澹堪诗草》卷一、卷二、卷三、卷四和辑佚诗等，共一千余首。徐鼐霖曾书赠成多禄对联：“吉林三杰君为首，京师八载诗最多”。1924年，成、宋、徐三人在北京宋氏“止园”留影（见图3）。曾向光绪皇帝屡次上书，请求“废除八股、推行新政”的“关学会”核心人物，山西醴泉人宋伯鲁（号芝田）将这帧三人合影题名为“三杰图”。《题三杰图》则是成多禄为此照题写的一首诗。

成多禄的书法取法欧、柳、褚、颜、苏、翁各体，汇而为一。图1所示，成多禄书写的《题三杰图》是其存世不多的“馆阁体”手迹。成氏是典型的“士大夫”，且长期从事幕府的文案工作，“馆阁体”书法当是他的擅长。

所谓“馆阁体”，是宋朝时延用唐朝的体制而在朝中设昭文馆、史馆、集贤院三馆，又另增设秘阁、龙图阁和天籁阁，分掌图书经籍和编修国史等事，通称“馆阁”。清朝沿用了这一体制。馆阁里的人员在写文章时，其文体、书体皆力求典重、工到，世称“馆阁体”。成多禄的《题三杰图》采用“馆阁”书体，大概是当时出于对宋伯鲁、宋小濂、徐鼐霖的尊重。对后人来说，这无疑是珍贵的墨宝。

成多禄（1864—1928），字竹山，晚号澹堪，吉林其塔木人。吏员荣泰子。早年参加科举考试，因病晕场，从此绝意功名。后就读于吉林崇文书院。1898年入盛京将军依克唐阿幕府，主持文案工作。后入齐齐哈尔副都统程德全幕府，主持文案。1905年以候选同知擢升黑龙江绥化知府，再随调任江苏巡抚的程德全去江苏主持文案。辛亥革命后辞职返乡。民国初年，当选吉林省参议员、中东铁路理事，后又被选为国民参议院议员。晚年寓居北京，曾任教育部审核处处长兼北京图书馆副馆长。

魏允恭

（1867 — 1914）

江南制造局总办

说起魏允恭，恐知者甚少，而说起江南制造局，则稍有近代史知识的人都会有所了解。魏允恭就曾是赫赫有名的江南制造局总办，相当于今天的行政总管。

魏允恭是 1904 年被“派充江南制造局总办驻扎上海”的，从此他与中国的洋务运动和近代工业结下了不解之缘，但他从骨子里还是个传统的文人。下图是一通魏允恭致曾任翰林院编修的陈伯陶（砺翁）的信札，从中可以感受到他浓郁的文人气息：

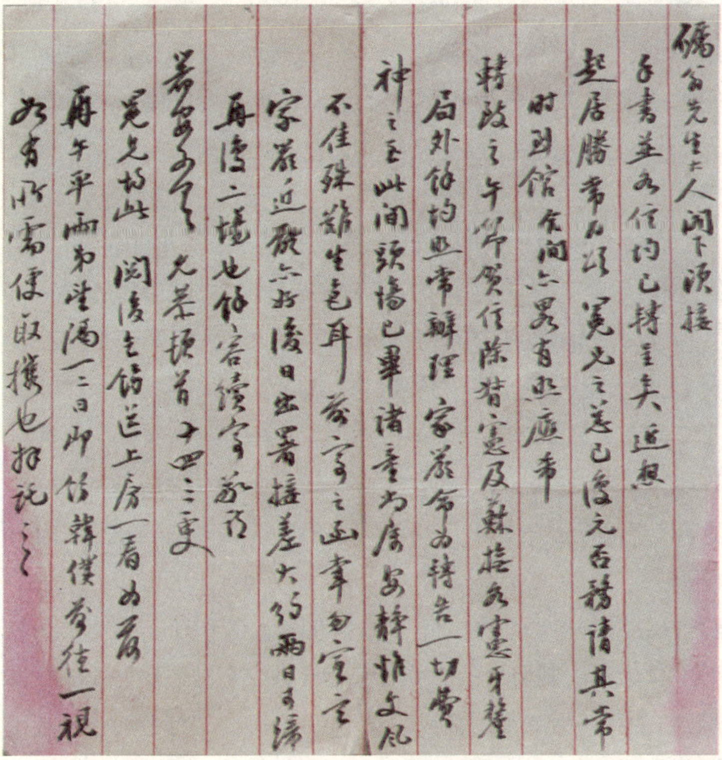

魏允恭致陈伯陶信札（22.3cm × 10.6cm × 2）

砺翁先生大人阁下：

顷接手书并各信均已转呈矣。近想起居胜常为颂。冕兄之恙已复元否？务请其常时到馆，舍间亦略有照应，希转致之。午节贺信，除×宪及苏抚各宪，牙厘局外，余均照常办理，家严命为转告，一切费神之至，此间头伤已毕，诸童尚属安静，惟文风不佳，殊难生色耳。

前寄之函，幸勿宣言，家严近体亦好，后日出署接差，大约两日可归，再复二场也。余容续写。

敬请

暑安

可具 允恭顿首

十四三更

冕兄均此 阅后乞饬送上房一看为荷

再午、平两弟望隔一二日即饬韩仆前往一视，如有所需，便取携也，拜托拜托。

这虽是一封处理家事的信札，但魏允恭却写得甚为恭谨，不仅格式严密，而且书法精到。隽美的行书尽显碑帖之气，有“二王”遗风，堪称书札佳品。

魏允恭这通信札的收信人“砺翁先生大人阁下”，是光绪十八年（1892）的探花陈伯陶，字子励，号象华，曾任翰林院编修，国史馆总纂、文渊阁校理、武英殿纂修。1895年任云南、贵州、山东乡试副考官。1905年入直南书房。在南京创办方言学堂，暨南学堂。1908年任江宁（今南京）布政使。据有关史料记载：1904年，魏允恭为江南制造局总办，四月因江宁省城银元局规模未备，请上海制造局（即江南制造局）鼓铸铜元。可见，魏允恭与陈伯陶任职的江宁府关系密切。

江南制造局于1865年由两江总督李鸿章禀报朝廷成立。他在奏折中说：“正名办物，一绝洋人觊觎。”李鸿章命人在上海买下美商的旗记铁厂机械厂房和船坞，又将上海和苏州两个洋炮厂合并，加上曾国藩委托容闳在美国购买的100台机器，全部安装在江南制造局。江南制造局由南、北洋大臣和江苏巡抚共管，李鸿章、曾国藩、左宗棠、张之洞都曾担任过江南制造局的督办，苏淞太道丁日昌为第一任总办。江南制造局又称上海机器局，下属机器厂、铸铜厂、铸铁厂、炼钢厂、轮船厂、枪炮厂、火药厂、公务厅等，职工3000多人。中国第一支前膛步枪、中国第一艘明轮蒸汽军舰“恬吉号”都出自江南制造局。它是中国最大的洋务企业，也是中国最大的近代军工企业。

魏允恭能被委以江南制造局总办，除了他受北洋大臣和江苏巡抚信任外，其自身能力也是一个重要的因素。作为江南制造局的总办，魏允恭为江南制造局的发展作出了一定的贡献。1904年，他到任后归并各厂为7个，裁汰冗员，1905年，又将造船设备划出，另建船厂，称江南船坞，经营方针向商业转变，使江南制造局获得了一定发展，每年均有盈余。但是，由于中国人搞现代企业，技术等仍受制于洋人，后来江南制造局的管理大权就落入英人毛根之手。魏允恭的另一贡献是，他于 1905 年主编了十卷本的《江南制造局记》，这是近代中国一部价值很高的企业史，是迄今为止研究江南制造局和中国洋务运动的重要史料。

此外，值得一提的是，魏允恭还是“戊戌四君子”中谭嗣同、刘光第、杨锐三人被捕的目击者。据《汪康年师友手札》第三册第 3116 页载：初八日（1898 年 9 月 23 日）寄寓在北京南半截胡同工部李寓的魏允恭目睹了与其寓居相隔不远的北半截胡同浏阳会馆的谭、杨、刘三人被捕的情况。魏允恭在写给上海汪康年的信中说：“南海系奉太后密旨拿问，密旨中有：‘结党营私，紊乱朝政’八字。适隔晚赴津，闻有获住之说。博（康广仁）已交刑部审讯。今早五更又奉密旨拿杨锐、刘光第、谭嗣同、林旭四人。弟亲见步军统领监送登车，想已发刑部。惟林旭尚未寻着，闻避往他处。此新政中至新者，其余外间传说纷纷不一……”这一记述，为袁世凯告密后清政府镇压“戊戌变法”领袖人物的史实提供了直接证据。这也是文人魏允恭写信给上海的汪康年时没有想到的“日后之事”。

魏允恭（1867 — 1914），字蕃室，号让吾，湖南邵阳人。清光绪举人，官内阁中书。1896 年梁启超、汪康年在上海创办《时务报》时，曾一度充任该报英文译事曾广铨之笔述。戊戌维新后期，被两江总督刘坤一保荐经济特科，抵京时正值新旧斗争尖锐、政治风云变幻莫测之际。他受《时务报》之托，多方打探朝局变化的消息，及时电告或函告上海报馆，充当了《时务报》耳目的角色。曾是湖北试用道员，1904 年任江南制造局总办。著有《江南制造局记》。

马叙伦

（1885 — 1970）

首任教育部长，一代书法大家

1949 年 10 月 1 日，64 岁的中国民主促进会主要领导人马叙伦成为刚刚成立的中华人民共和国的首任教育部长。

马叙伦学识渊博，在文字学、训诂学、金石学、哲学和诗词方面造诣很深，尤其是对中国语言文字学研究贡献最大。有《庄子札记》、《老子校诂》、《说文解字研究法》、《中国文字之构造法》、《六书解例》、《说文解字六书疏证》、《马叙伦学术论文集》等多部

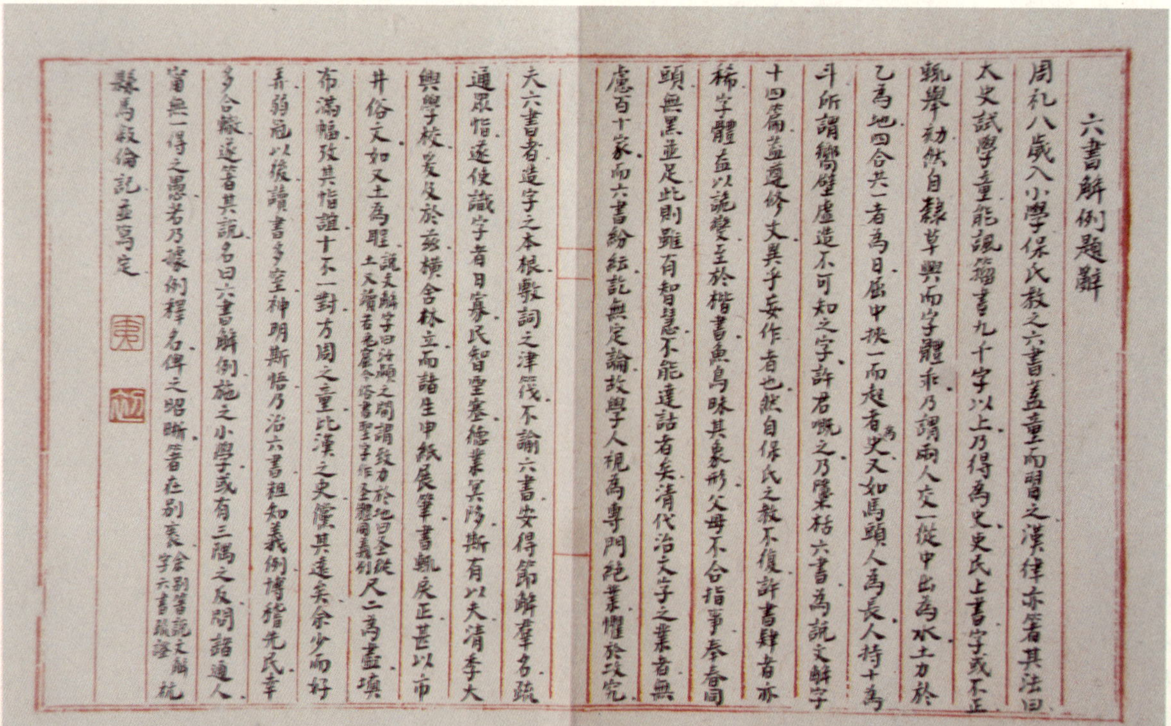

六書解例題辭

周礼八歲入小學保氏教之六書蓋童而習之漢律亦著其法曰太史試學童能諷籀書九千字以上乃得為史吏民上書字或不正輒舉劾然自隸草興而字體乖乃謂兩人交一從中出為水土力於乙為地四合共一者為日屈中挾一而起者為史又如馬頭人為長人持十為斗所謂鄉壁虛造不可知之字許君慨之乃隱栝六書為說文解字十四篇蓋遵修文其乎妄作者也然自保氏之教不復許書肆者亦稀字體益以詭變至於楷書魚鳥昧其象形父母不合指事奉春同頭無黑並足此則雖有智慧不能達詁者矣清代治文字之業者無慮百十家而六書紛紜訖無定論故學人視為專門絕業憚於攻究夫六書者造字之本根數詞之津筏不諭六書安得節解羣名疏通眾恉遂使識字者日寡民智壅塞德業冥陊斯有以夫清季大興學校爰及於茲横舍林立而諸生申紙展筆書輒戾正甚以市井俗文如又土為聖（說文解字曰汝潁之間謂致力於地曰圣從土又讀若兔窟今俗書聖字作圣體同義別）尺二為盡填布滿幅致其指謔十不一對方周之童比漢之史懼其違矣余少而好弄弱冠以後讀書多窒神明斯悟乃治六書粗知義例博稽先民幸多合驗遂著其說名曰六書解例施之小學或有三隅之反閒諸通人當無一得之愚若乃纂例釋名俾之昭晰著在別裹（余別著說文解字六書疏證）杭縣馬敘倫記并寫定

马叙伦手书《六书解例题辞》（37.5cm×27.1cm）

著作出版。他还是书法大家，有《马叙伦墨迹选集》等出版。他的书法尤以蝇头小楷最为精美，早在1931年上海商务印书馆出版他的著作《六书解例》时，就是用他的手稿影印的。上图就是马叙伦手录的这部书的导言《六书解例题辞》。

六书解例题辞

《周礼》："八岁入小学，保氏教之六书。"盖童而习之。汉律亦著其法曰："太史试学童，能讽籀书九千字以上，乃得为吏。吏民上书，字或不正，辄举劾。"然自隶草兴而字体乖，乃谓：两人交一从中出为水，土力于乙为地，四合共一者为日，屈中挟一而起者为吏；又如马头人为长，人持十为斗。所谓向壁虚造不可知之字，许君慨之，乃檃栝"六书"，为《说文解字》十四篇，盖遵修文，异乎妄作者也。然自保氏之教不复，许书肄者亦稀，字体益以诡变。至于楷书，鱼鸟昧其象形，父母不合指事，奉春同头，無黑并足，此则虽有智慧，不能达诂者矣。清代治文字之业者，无虑百十家，而"六书"纷纭，讫无定论。故学人视为专门绝业，惧于攻究。夫"六书"者，造字之本根，敷词之津筏。不谕"六书"，安得节解群名，疏通众旨？遂使识字者日寡，民智堙塞，德业冥陊，斯有以夫！清季大兴学校，爰及于兹，横舍林立，而诸生申纸展笔，书辄戾正，甚以市井俗文，如又土为圣（《说文解字》曰汝颍之间谓致力于地曰圣，从土，又读若兔窟，今俗书聖字作圣，体同义别），尺二为尽，填布满幅，考其旨谊，十不一对。方周之童比汉之吏，侊其远矣。余少而好弄，弱冠以后，读书多窒，神明斯悟，乃治"六书"，粗知义例，博稽先民，幸多合辙，遂著其说，名曰《六书解例》，施之小学，或有三隅之反，问诸通人，宁无一得之愚。若乃据例释名，俾之昭晰，著在别帙（余别著《说文解字六书疏证》）。杭县马叙伦记并写定

这幅题辞500余言，洋洋洒洒，写在一页对开的丝栏格宣纸上，仔细读来，其点画精到，自然妍美，可发现欧阳询、褚遂良的精华所在，也能找寻出上溯北魏诸碑的影子，可谓一笔不苟，笔笔有交代。无论是起笔、行笔还是收笔，都体现了马叙伦在书写时的认真和从容，反映了其平静、悠闲的心态。没有逼人的气势，没有夸张的点画，而是中规入矩，不越雷池半步，且善于在规整的点画中追求变化，下笔或轻或重，行笔或疾或缓，收笔或圆或方，可谓字字有法度，笔笔有韵致，达到了一种点画多姿而又和谐统一的艺术效果。在结体上，结构平正，开合有度，点画之间联系紧密，相互呼应。在章法上，好像在书写前就进行了设计，形式完美，前后统一，疏密一致，不浮不躁，落款收敛、所钤阴阳印章搭配得当，浑然一体，深得唐人写经的精髓，给人以美妙绝伦的艺术享受。马叙伦自己曾说："见余书者皆谓似唐人写经，其实得其法耳。"他在书法上下过很大的工夫，一生精研翰墨、临池无间，深得书法艺术的奥妙，逐步形成了大家风格。

关于"六书"理论，深不可测，史上研究者甚伙、建树颇多，但大多抽象。然而，马叙伦在《六书解例题辞》中给出的定义却十分明晰："夫六书者，造字之本根。"言简意赅，足见他对"六书"研究的精透。

马叙伦还是在书法成就方面最为自负的一个人，以"大科"即书法状元自居。他曾对书法名家沈尹默、王福厂的书法颇有微词，而对毛泽东的书法崇拜备至。他从来没有在毛泽东面前炫耀过自己的书法成就，反而一再向毛泽东求字，马叙伦先生创办的《人民教育》杂志、《学文化》半月刊，均请毛泽东题写刊名。

马叙伦是中国共产党的老朋友。早在中共建党初期，他在得到军阀政府要逮捕中国共产党创始人之一陈独秀的消息后，就打电话给住在陈独秀附近的沈士远教授说：告前文科学长（陈独秀曾任北京大学文科学长）速离叔雅所。陈独秀得此消息后与中国共产党另一位创始人李大钊化装后乘骡车离开了北京。1924 年，在教育部任次长的马叙伦得到一份"共产党首领李寿常在各校活动，兹请教育部马上查办"的密件，他马上意识到"寿常"是"守常"（李大钊的字）的谐音，便把此件压下不办，并立即通知李大钊迅速转移，李大钊遂得以脱险。1927 年大革命失败后，马叙伦又帮助共产党营救了许多被捕的党员。而当"下关惨案"发生，在场的大批警察宪兵都一直袖手旁观的时候，是正在南京谈判的中共代表团团长周恩来组织人将马叙伦和其他伤员送往医院。当 1947 年国民党白色恐怖最为猖獗的时候，又是中共上海地下党将他及一批民主人士送上一艘德国货轮送往香港避难。他与中共领导人毛泽东、周恩来等友谊深厚，他的许多意见和建议被中共中央采纳，其中，最著名的是他建议将《义勇军进行曲》作为中华人民共和国国歌。

马叙伦就任新中国首任教育部长后，致力于改革旧中国教育体制，建设新中国教育事业。他提出了新教育即民族的、科学的、大众的教育。他还亲自抓学生的健康问题。当他发现学生健康水平下降的情况后，三次写信给毛泽东主席提出增加经费、采取行政步骤解决等措施，并亲自组织实施，如规定学生自习时间、睡眠时间、体育文娱活动时间、减轻学生负担、改进学校伙食、卫生等工作，使学生在德、智、体等方面得到全面发展，这些在今天看来仍不落后，可见马叙伦对教育的精通。

马叙伦在新中国教育主权、教育政策的制定和实施上旗帜鲜明，立场坚定，他将辅仁大学等 20 多所接受外国津贴的高等学校收回，改为公办或中国人民自办。他还积极倡导创办新型的综合大学——中国人民大学和以吸收工农干部以及优秀产业工人的工农速成中学，为新中国培养了急需的建设和管理人才。

马叙伦还主持了新中国的学制改革和院系调整。建立了以理工科为重点的高等学校体系，从根本上改变了旧中国大学设置混乱，系科重叠，教学脱离实际的状况。

马叙伦还十分重视少数民族教育，对少数民族教育的方针、内容及建立民族教育行政机构等提出了一系列的政策和措施。他还极为重视师范教育，提出了改善教师待遇和尊敬人民教师的思想，无愧为杰出的教育家。

马叙伦（1885—1970），字彝初，更字夷初，号石翁，寒香，晚号石屋老人，浙江余杭人。早年在杭州养正书塾就读，因参加学潮被校方除名，从此靠自学成才。1902年去上海等地办报、教书，后加入柳亚子发起的南社。1911年赴日本留学，并加入同盟会。辛亥革命后，协助章太炎在上海创办《大共和日报》，任主笔。1913年任北京医学专门学校教员并在北京大学兼课，后为反对袁世凯复辟而辞职返沪。1917年，被北京大学校长蔡元培聘为北大哲学系教授。五四运动中，被推为北大教职员会书记、联合会主席，参加反帝反封建斗争。1921年起任浙江省立第一师范学校校长、浙江省教育厅长、北洋政府和国民党政府教育部次长。1929年辞职，不久回北大任教。1936年发起组织北平文化界救国会，拒绝汪伪政府许以北大校长等职的利诱，绝不当汉奸。抗战期间蛰居上海，虽贫困交加，但仍化名邹华孙专事著述。1945年在上海发起组织中国民主促进会。1946年代表上海各界去南京进行反内战请愿途中，在下关火车站被特务殴伤，即震惊中外的“下关惨案”。新中国成立后，先后担任教育部长和高教部部长等。

李四光

（1889 – 1971）

地质力学的创建者

1945 年，李四光发表了《地质力学的基础与方法》，系统地阐述了地质力学是力学与地质学相结合的边缘学科，即用力学原理研究地壳结构和地壳运动及其起因的科学。这一著述表明他创建了一门新的学科——地质力学。为推进这一新兴学科的发展，1956 年，在他的主持下成立了地质部地质力学研究室，后改成研究所，由他兼任所长。图 1 是一通李四光致苏联地质专家梁布兴教授的信札，其中便谈到了地质力学的研究情况：

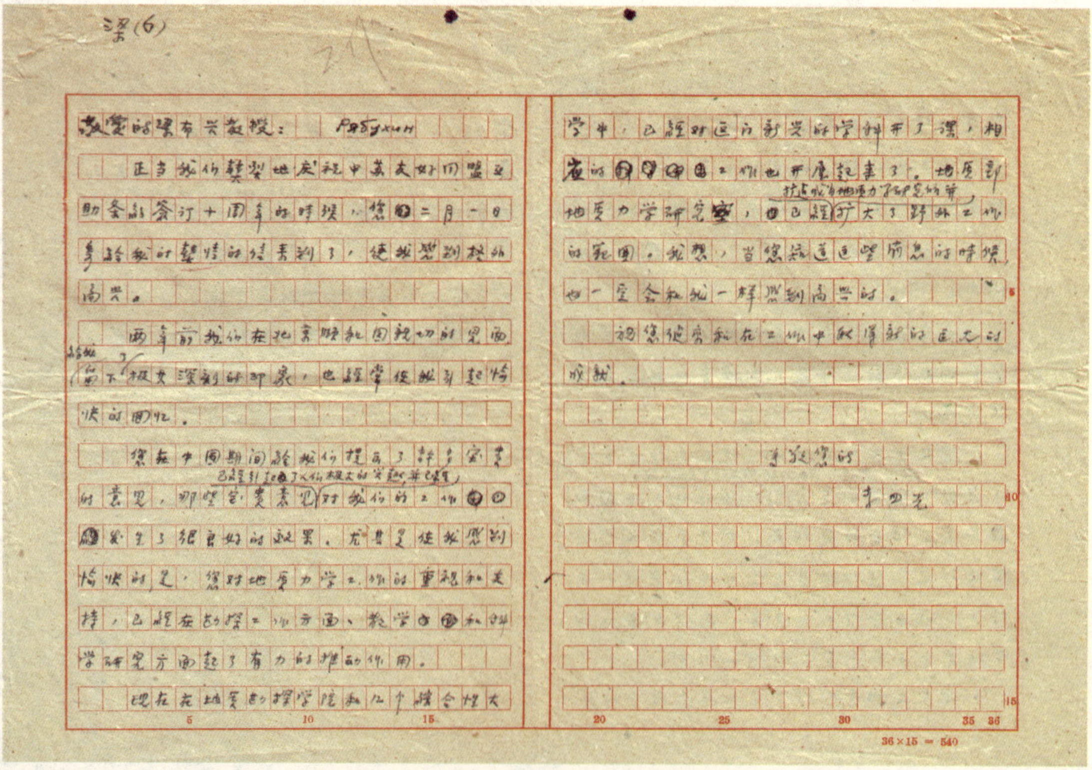
梁(6)

敬爱的梁布兴教授：　Рябухин

正当我们热烈地庆祝中苏友好同盟互助条约签订十周年的时候，您二月一日寄给我的热情的信来到了，使我感到格外高兴。

两年前我们在北京跟您亲切的会面给我留下了极其深刻的印象，也经常使我引起愉快的回忆。

您在中国期间给我们提出了许多宝贵的意见，那些宝贵意见已经引起了人们极大的兴趣并已经对我们的工作发生了很良好的效果，尤其是使我感到愉快的是，您对地质力学工作的重视和支持，已经在勘探工作方面、教学和科学研究方面起了有力的推动作用。

现在在地质勘探学院和几个综合性大学中，已经对这门新兴的学科开了课，相应的工作也开展起来了。地质部地质力学研究室，扩建成为地质力学研究所并已经扩大了野外工作的范围。我想，当您知道这些消息的时候，也一定会和我一样感到高兴的。

祝您健康和在工作中取得新的更大的成就。

尊敬您的

李四光

图 1　李四光致梁布兴信札（35.3cm × 25.3cm）

敬爱的梁布兴教授：

正当我们热烈地庆祝中苏友好同盟互助条约签订十周年的时候，您二月一日寄给我的热情的信来到了，使我感到格外高兴。

两年前我们在北京颐和园亲切的见面，给我留下了极其深刻的印象，也经常使我引起愉快的回忆。

您在中国期间给我们提出了许多宝贵的意见，那些宝贵意见已经引起了人们极大的兴趣，并已经对我们的工作发生了很良好的效果。尤其是使我感到愉快的是，您对地质力学工作的重视和支持，已经在勘探工作方面、教学和科学研究方面起了有力的推动作用。

现在在地质勘探学院和几个综合性大学中，已经对这门新兴的学科开了课，相应的工作也开展起来了。地质部地质力学研究室，已经扩建为地质力学研究所并扩大了野外工作的范围。我想，当您知道这些消息的时候，也一定会和我一样感到高兴的。

祝您健康和在工作中取得新的巨大的成就。

尊敬您的

李四光

这帧手迹是给苏联地质专家梁布兴教授回函的中文稿，从“正当我们热烈地庆祝中苏友好同盟互助条约签订十周年的时候”一句推断，该信写于 1960 年（中苏友好同盟互助条约签订于 1950 年）。梁布兴教授是苏联石油地质专家，他从 1956 年开始来北京地质学院任教，并与我国地质学家潘钟祥合著了《石油地质学原理》一书，这本书至今仍是重要的石油地质学教科书，应该说梁布兴教授是中国地质界的老朋友。所以在信中，李四光高兴地告诉梁布兴教授地质力学在中国的发展情况。字里行间充满了真诚和喜悦，而且语言热情，此时此刻的李四光不是以一国的地质部长身份，而是以一位地质学家和朋友的口气与异国的同行进行交流和沟通，使人倍感亲切。其实，这也是他一贯的风格。

20 世纪中叶以前，中国被西方学者戴上了“贫油国”的帽子，这一论断源自 1922 年美国斯坦福大学布莱克威尔德的论断，然而，李四光经过深入的研究，于 1928 年在《中国地质学》一书中提出，“新华夏结构体系沉降带有可能揭露有重要经济价值的沉淀物”。这个沉淀物就是石油。所以新中国成立后，毛泽东主席、周恩来总理在询问李四光中国石油前景时，李四光根据他 1928 年提出的观点，做了肯定的回答。正是因为这一肯定的回答，使中央政府做出了开展石油普查的决策，陆续发现了大庆、胜利、大港等油田，从而摘掉了“中国贫油”的帽子。

李四光的另一地质学贡献是发现了中国第四纪冰川。19 世纪以来，西方学者给中国下了“不存在第四纪冰川”的结论，而李四光经实地踏查，先后在太行山、大同、庐山等地发现了大量冰川遗迹，而且提出了中国第四纪冰川主要是山谷冰川的论断，并将其划为三次冰期。1936 年，李四光在庐山建立了第一个冰川陈列馆，起名为“白石陈列馆”。然而，令他失望的是，他辛辛苦苦建立起来的陈列馆因国民党要在鄱阳湖青山水域训练海军而被炸毁。相比之下，中国共产党为了使李四光创立的地质力学理论得到进一步的发展，在毛泽东主席、周恩来总理的支持下，地质部成立了地质力学研究室，后发展成研究所，从而使这门新兴的地质学科不断进步，硕果累累，使李四光“科学救国”之志得以实现。图 2 是李四光 1964 年整

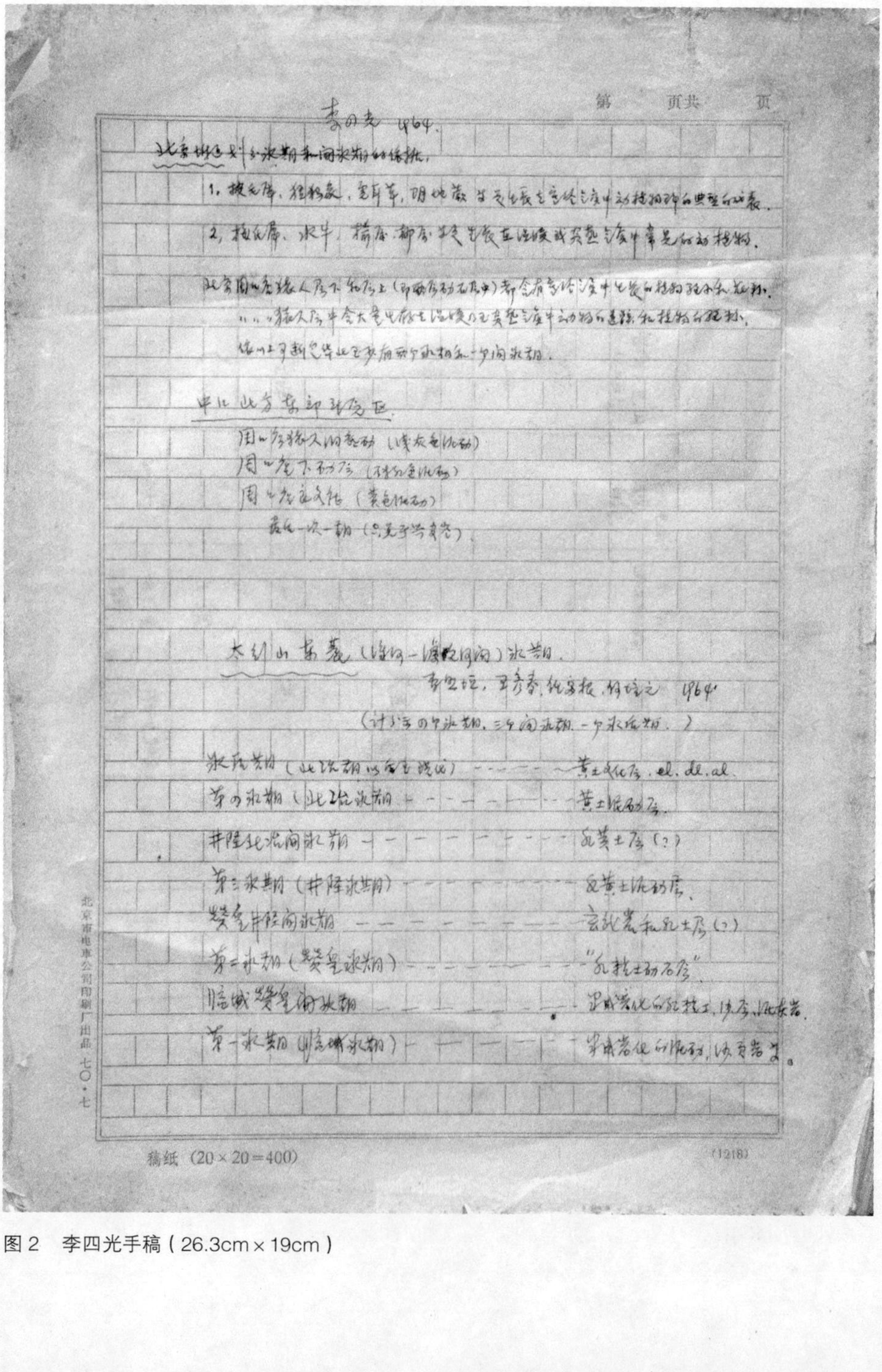
第　页共　页

北京市电车公司印刷厂出品 七〇·七

稿纸（20×20=400）

(1218)

图 2　李四光手稿（26.3cm × 19cm）

理的有关中国第四纪冰期的提纲手稿，内容涉及中国北方地区、太行山东麓、庐山、鄱阳等多个地区，蝇头小字密密麻麻写了足足5页，其中还编列了3个表格，对中国各地冰期的发现地点、特征、发现人等作了归纳，对冰期的地质年代、冰期划分、分布地区、地形地质特征进行了归类，使人们对中国第四纪冰期的基本情况和特点一目了然。整个提纲思路清晰、概括准确、论据充分，可谓对中国第四冰期情况了如指掌，也足见李四光科研的严谨和治学的精心。

李四光不仅是大地质学家，而且还是音乐修养很高的艺术家，早在1920年，他就在巴黎创作了我国的第一首小提琴曲《行路难》，在我国近现代音乐史上占有重要地位，只是他的科学成就太卓著了，因而掩盖了他的音乐天赋。

李四光（1889－1971），原名李仲揆，字仲拱，蒙古族，湖北黄冈人。1904年赴日本东京留学，并加入同盟会，是同盟会最小的会员。后入大阪高等工业学校学习，毕业后于1911年回国任湖北中等工业学校教师、湖北军政府理财部参事、事业司司长。1913年赴英国伯明翰大学采矿、地质学系留学，毕业后获硕士学位。1920年回国后任北京大学地质系教授、中央研究院地质研究所所长，后赴英国。1950年他毅然从英国返回祖国，先后任中国科学院副院长、东北地质专科学校校长、地质部部长、国务院科教组组长等。

竺可桢

（1890 — 1974）

珍视友谊的大科学家

竺可桢，中国地理学和气象学的奠基人，曾任中国科学院副院长。

童第周，中国实验胚胎学研究的创始人，曾任中国科学院副院长。

竺可桢和童第周是我国顶尖科学家。两位科学家间还有着一段鲜为人知的故事，这段故事源自一通竺可桢致童第周的信札，见下图：

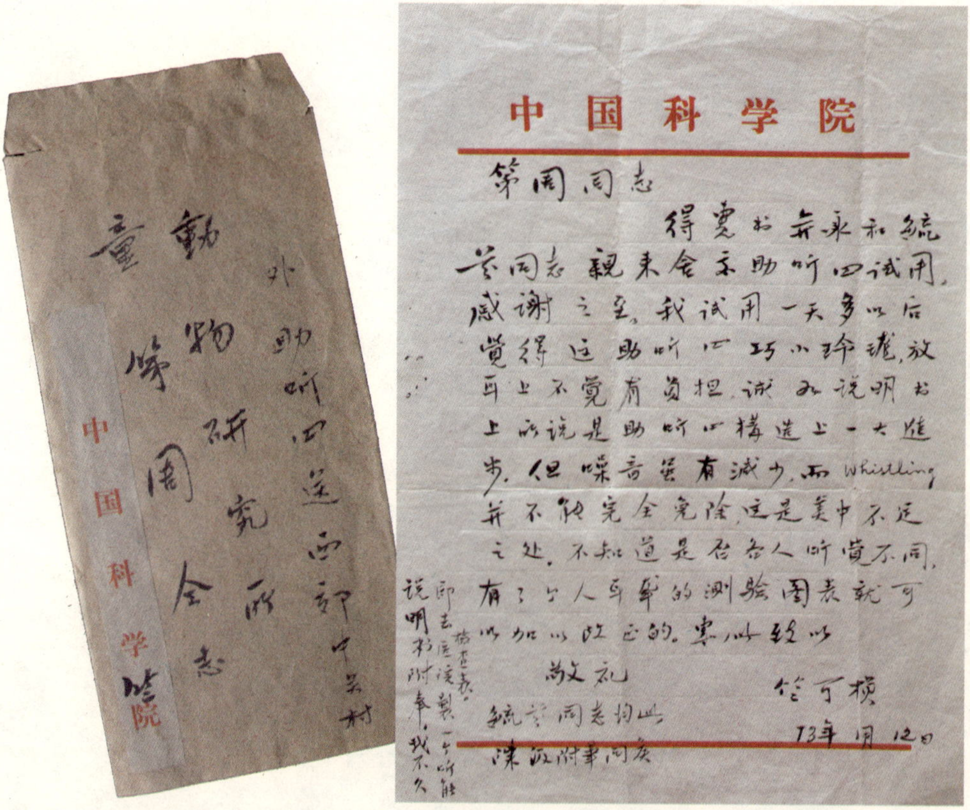

中国科学院

第周同志

得宽和奔来和毓芝同志亲来舍下赠助听器试用，感谢之至。我试用一天多以后觉得这助听器巧小玲珑，放耳上不觉有负担，诚如说明书上所说是助听器构造上一大进步。但噪音虽有减少，而whistling并不能完全免除，这是美中不足之处。不知道是否各人听觉不同，有了个人耳聋的测验图表就可以加以改正的。专此致以

敬礼

竺可桢

73年 月12日

毓芝同志均此

竺可桢致童第周信札（26cm×19cm）及送达封

第周同志：

得惠书并承和毓芬同志亲来舍交助听器试用，感谢之至。我试用一天多以后觉得这助听器巧小玲珑，放耳上不觉有负担，诚如说明书上所说是助听器构造上一大进步。但噪音虽有减少，而 whistling 并不能完全免除。这是美中不足之处，不知道是否个人听觉不同，有了个人耳聋的测验图表就可以加以改正的。

专此致以

敬礼

竺可桢

73 年 1 月 12 日

说明书附奉。我不久即去医院制一个听能检查表。

毓芬同志均此，陈汲附笔问候。

这封信是用毛笔写的，小楷字体，一笔不苟，工工整整，语言亲切，为了准确表达语意，还用了一个英文单词，严谨的态度令人起敬。信中提到的“毓芬同志”即童第周夫人叶毓芬，信末提及的陈汲，即竺可桢夫人。

竺老的这封信是在收到童第周的书和童第周夫人叶毓芬亲自到竺老家送来助听器让他试用后，写给童先生的感谢信。“得惠书并承和毓芬同志亲来舍交助听器试用，感谢之至。”信中对试用助听器的构造和效果予以肯定：“巧小玲珑”、“一大进步”，用词准确，同时，也指出了助听器的“美中不足”：“噪音虽有减少而 whistling 并不能完全免除”，whistling 即“啸（叫）声”，还提出了“改正”的办法：“有了个人耳聋的测验图表就可以加以改正”，而且在信的末尾又加了句“我不久即去医院制一个听能检查表”。字里行间，竺可桢一丝不苟的科学精神在一件小事上充分体现出来。

竺可桢当年是作为第二批利用“庚子赔款”赴美留学的 70 名公费生之一。当时美国用“庚子赔款”作为招收中国留学生的费用，实际想用中国自己的钱培植亲美势力。这些学生回国后大多经商，或投奔军阀，只有竺可桢等少数人坚持走“科学救国”的艰难道路，这条道路是 20 世纪前期中国进步知识分子追求真理和光明的道路。在这条艰辛的道路上，竺可桢饱尝弱国学子寄人篱下的羞辱，饱尝身在异国他乡的孤独和无助，使他倍感祖国和亲朋的重要。竺可桢倾心于人才的培养，早在新中国成立前就培养了张宝堃、吕炯、黄厦千、沈孝凰、胡焕庸等我国第一批气象学和地理学研究及教育人才。他担任浙江大学校长 13 年，更是桃李满天下。1949 年 4 月杭州解放前夕，竺可桢领导浙大师生积极准备迎接解放。同时电告国民党政府，坚决拒绝迁往台湾。他一个人隐居上海，闭户谢客，迎接解放。新中国成立后，竺可桢的气象研究工作得到了国家的高度重视，他也以很大精力关注国家的农业生产，想方设法利用气象学知识增加粮食产量。1964 年，完成了《论我国气候的特点及其与粮食生产的关系》

一文，文中分析了光、温度、降雨对粮食的影响，提出了发展农业生产的许多设想。毛泽东看后非常高兴，专门请竺可桢到中南海面谈，并幽默地对竺可桢说："我们两个人分工合作，就把天地都管起来了！"（引自：白夜、柏生著《卓越的科学家竺可桢》）。

童第周与竺可桢都是浙江人，又同在中科院供职，既是同乡又是同事。竺可桢长童第周12岁，又都有赴美的经历，是兄辈又是学长，而且还是不同学科的"掌门人"，可以说是同道。童第周关心竺可桢的听力，派夫人登门送上最先进的助听器；竺可桢的"感谢之至"和代夫人陈汲的"附笔问候"，体现了志同道合的朋友间不寻常的友谊。竺可桢给童第周的信，读起来平实，亲切，使人深深地感受到两位大科学家间的真挚情谊和两个家庭间的和睦友好。

竺可桢（1890－1974），又名绍荣，字藕舫，浙江绍兴人，出生于上虞。自幼好学并在私塾读书，后到上海、唐山学习。1910年考取公费留学生赴美国伊利诺斯大学学农。后转入哈佛大学地学系专攻气象学，获博士学位。他怀着"科学救国"的理想回到祖国，先后任东南大学教授、中央研究院院士、浙江大学校长。新中国成立后担任中科院副院长、中国科协副主席、中国气象学会理事长、中国地理学会理事长等职。一生致力于气象、气候、地理学研究，关注中国的人口、资源和环境问题，是"可持续发展"的先觉先行者。

顾颉刚

（1893 — 1980）

现代中国史学的奠基人

20世纪20年代，30岁的顾颉刚发表《与钱玄同先生论古史书》，提出著名的“古史是层累地造成”的学说，揭示了历史客体是在史学主体参与下“层累”地叠加演化出来的，这一学说确立了他的现代中国史学奠基人地位。

顾颉刚还是著名的民俗学家和历史地理学家。早年曾专门从事歌谣和民俗学的研究，出版有《吴歌甲集》和《写歌杂记》等，被刘半农称为“中国民俗学的第一把交椅”。顾颉刚还十分关注地方史志的研究，1935年商务印书馆出版朱士嘉的《中国地方志综录》时，顾颉刚曾为之作序。下页图是顾颉刚致人民文学出版社编辑牛汀的信札，谈及的便是《中国地方志综录》再版事宜：

牛汀先生赐鉴：

前日一函，谅览悉顷。朱士嘉先生来道及：《中国地方志综录》业已整理成十九册，另附凡例、目录、统计表、统计图等约计六七十页，双挂号寄上。余稿已完，此外题签及序文敬请即予审查。倘蒙认为合格，乞将合同寄下，一经签字即以付印。倘能于七月左右出版，于事最佳。

乞××均示为荷，匆上。

敬请

道安

顾颉刚 敬启

四、四

外附目录一纸

这通信札以行书写在两页八格纸上，用笔流畅、精到。顾颉刚作为著名的史学大家，研

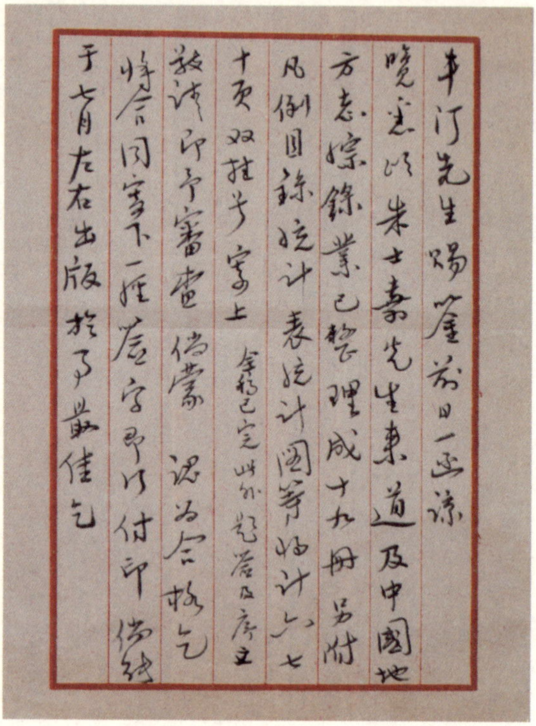

牛汀先生赐鉴：前日一函谅
晓达。此次来士嘉先生来道及中国地
方志综录业已整理成十九册，另附
凡例目录统计表、统计图等，约计六七
十万，双挂号寄上（余稿已定，此外凡例及序文）
敬请印书馆审查。倘蒙认为合格，乞
将合同寄下一阅，届时即行付印，俾得
于七月左右出版，于予最佳，乞

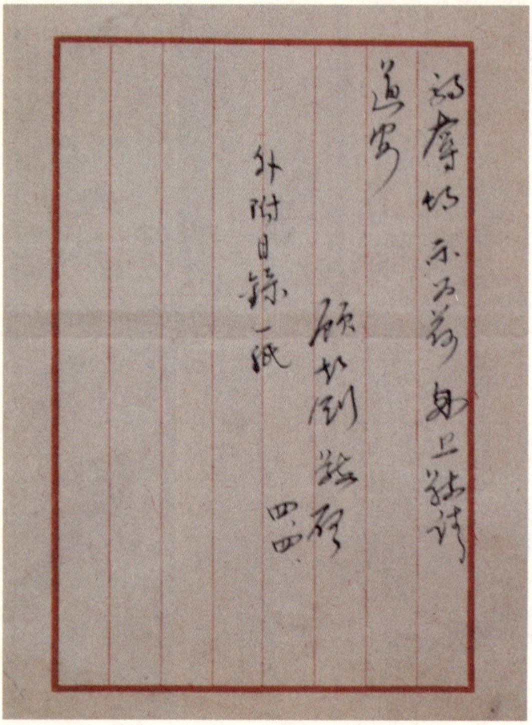

[illegible]示为荷。[illegible]敬请
道安
顾颉刚敬启　四、四
外附目录一纸

顾颉刚致牛汀信札（26.2cm×17.3cm×2）

究中国书法、收藏历代金石拓片是他的一大爱好，早在20世纪三四十年代，他就曾加入于右任、沈尹默等在重庆中央图书馆发起成立的第一个全国性书法组织——中国书法学会，只是他在史学界的名气太大，因而掩盖了其书法盛名。他的书法取法“二王”，自成一体，恣肆放逸，转折有序。他一生写了上千万的文字，但作为书法艺术品留给后人的却不多见，这通手札堪称顾先生书法的精品、珍品。

顾颉刚祖上曾被康熙帝称为“江南第一读书人家”。幼时在家乡读私塾和小学，中学时就结识叶圣陶、王伯祥等喜爱中国传统文化的文人，考入北京大学后又结识北大学子领袖傅斯年、罗家伦等，并得到老师胡适的欣赏。毕业留校在北大图书馆任职，得到钱玄同、沈兼士、马裕藻等文史大家的认同，后由沈兼士提拔进新成立的北大研究所国学系任助教。后任商务印书馆编辑，厦门大学、中山大学、燕京大学、云南大学、中央大学、复旦大学、社会教育学院、兰州大学教授、中央研究院院士，并任《燕京学报》、《禹贡》（半月刊）、《文史杂志》主编。在那个时代，日本东京、京都、帝国等大学的教授和学者大都看不起中国学者，惟对顾颉刚和陈垣则“推崇备至”。新中国成立后，顾颉刚曾担任《资治通鉴》、《二十四史》和《清史》的总校，《史记》标点。他一生著述颇丰，《古史辨》、《汉代学术史略》、《尚书通检》、《中国疆域沿革史》等是其代表作。

顾颉刚的最高学术成就是历史学，他提出的“古史是层累地造成”的学说即“层累说”，认为古代的史实记载多由神话转化而成。“时代愈后，传说中的古史期愈长”；“时代愈后，传说中的中心人物愈放大”；“我们在这上，即不能知道某一件事的真确的状况，至少可以知道某一件事在传说中的最早的状况。”他提出的这一中国古史的观点和方法，影响了一大批历史学家，如姚名达、缪风林、魏建功、容庚、白寿彝等，这些30年代史学新秀在治史的方法上或多或少地受他的影响。“层累说”的创立，使得我国史学界完成了从古典学术过渡到现代学术的结构性的转换。许冠三称“层累说”是当代史学上的绝大的卓识，余英时则认为他建立了库恩式的新典范。他在北平燕京、清华、北大等大学教书代课，又主持北平研究院史学研究所的管理工作，组织了一支由徐炳旭、吴世昌、孙海波、冯家升、常惠、孟森、顾廷龙等一大批学术精英领衔的学术团队，成为北方的一支学术营垒，顾颉刚则是这一营垒的领袖。

顾颉刚的爱才惜才也是有口皆碑的。童书业能由一名江西省图书馆附设的校印所校对员而到北平协助顾颉刚工作、后成为著名的历史学家，钱穆能由一名苏州的中学教师到北大任教、后成为国学大师，钱伟长能由一名物理低分考生而进入清华物理系学习、后成为著名的科学家，都曾得到过顾颉刚的帮助。

新中国成立后，顾颉刚的“古史辨”没有得到客观公正的评价，包括他的学生童书业在内的一些学者都对“古史辨”进行了批判，但是，顾颉刚始终坚持自己的学术观点。后来他排除了一切干扰，专心致力于《尚书》研究，校勘、注释、翻译、评论，不仅对《尚书》字词作了疏证，而且对其每篇产生的历史背景进行了细致考订，取得了可观的成绩。可惜这一工作没有完成，只留下一些依据零星的考证整理而成的单篇文章，尚未形成体系，但这也是《尚书》研究的一笔极为宝贵的遗产。1958年，顾颉刚受到一些冲击，被迫写检讨。到了1971年，经毛泽东主席批准，周恩来总理提议，顾颉刚主持标点“二十四史”工作直至1978年全书出齐。

顾颉刚去世后，他所写的《顾颉刚读书笔记》由台北联经出版事业公司出版。

顾颉刚（1893—1980），原名诵坤，字铭坚，江苏苏州人。北京大学中国哲学系毕业，留校在图书馆任职。不久在北大研究所国学系任助教。后历任厦门大学、中山大学、燕京大学、云南大学、中央大学、复旦大学、社会教育学院、兰州大学教授，并当选中央研究院院士。曾担任《燕京学报》、《禹贡》（半月刊）、《文史杂志》主编。新中国成立后，任上海文管会委员、中国科学院历史所研究员、全国政协委员和全国人大代表。

张申府

（1893 – 1986）

宁折不弯的哲学家

中国共产党的创始人之一

周恩来、朱德的入党介绍人

黄埔军校教官

清华大学哲学系教授

中国罗素研究第一人

以上五个称谓，任意拿出一个，都是一段可以书写的精彩的近代史故事，而与这每一段历史密不可分的人则是张申府。

张申府的父亲张濂是清末进士，曾任翰林院编修。张申府的弟弟是国学大师张岱年。张申府幼年受过私塾教育，后在顺天高等学堂、北京大学预科、北京大学哲学系和数学系学习，毕业后留在北京大学任助教，结识李大钊、陈独秀。1920年，陈独秀、李大钊、张申府共同建立了中国共产党的第一个基层组织——北京共产主义小组，张申府参加了中国共产党的早期创建工作。1920年末，张申府到法国留学，并担任里昂中法大学教师，在法国，他结识了周恩来，并介绍周恩来加入中国共产党，1922年，与周恩来在德国共同介绍朱德加入中国共产党。1924年，他回国参加黄埔军校的筹备工作，并担任蒋介石的德文翻译，后又被孙中山任命为黄埔军校政治部副主任，因难与蒋介石共事而辞职。1925年，在中共四大上，张申府因反对与国民党结盟的主张遭到与会者的批评而负气退党，此后以教学、翻译和著述为生，先后在暨南大学、大陆大学、大厦大学、中国大学、北京大学任教。1931年，被清华大学聘为哲学教授，与冯友兰、金岳霖、邓以蛰教授并称为“四大金刚”。九一八事变后，他投身抗日救亡运动，任华北各界救国会负责人，1936年因策划指挥北平一二九学生运动而被押。后在重庆担任国民参政员，发起组织民主同盟，并在国共谈判中斡旋。1949年，张申府因在《观察》上发表《呼吁和平》一文而遭到国、共双方的反对，陷入人生的最低谷。新中国成立后，经周恩来总理安排，张申府到北京图书馆任研究员，1957年被错划为右派，“文革”中又受到冲击。

新中国成立后的三十多年里，张申府不得发表言论，只好在北京图书馆拥书而坐，默默无闻中与旧日老友交流一些书籍、文字、金石篆刻等方面的心得，以消磨时光，颐养天年。下图是一通张申府致古籍收藏家魏广洲先生的信札，探讨的便是金石篆刻方面的问题：

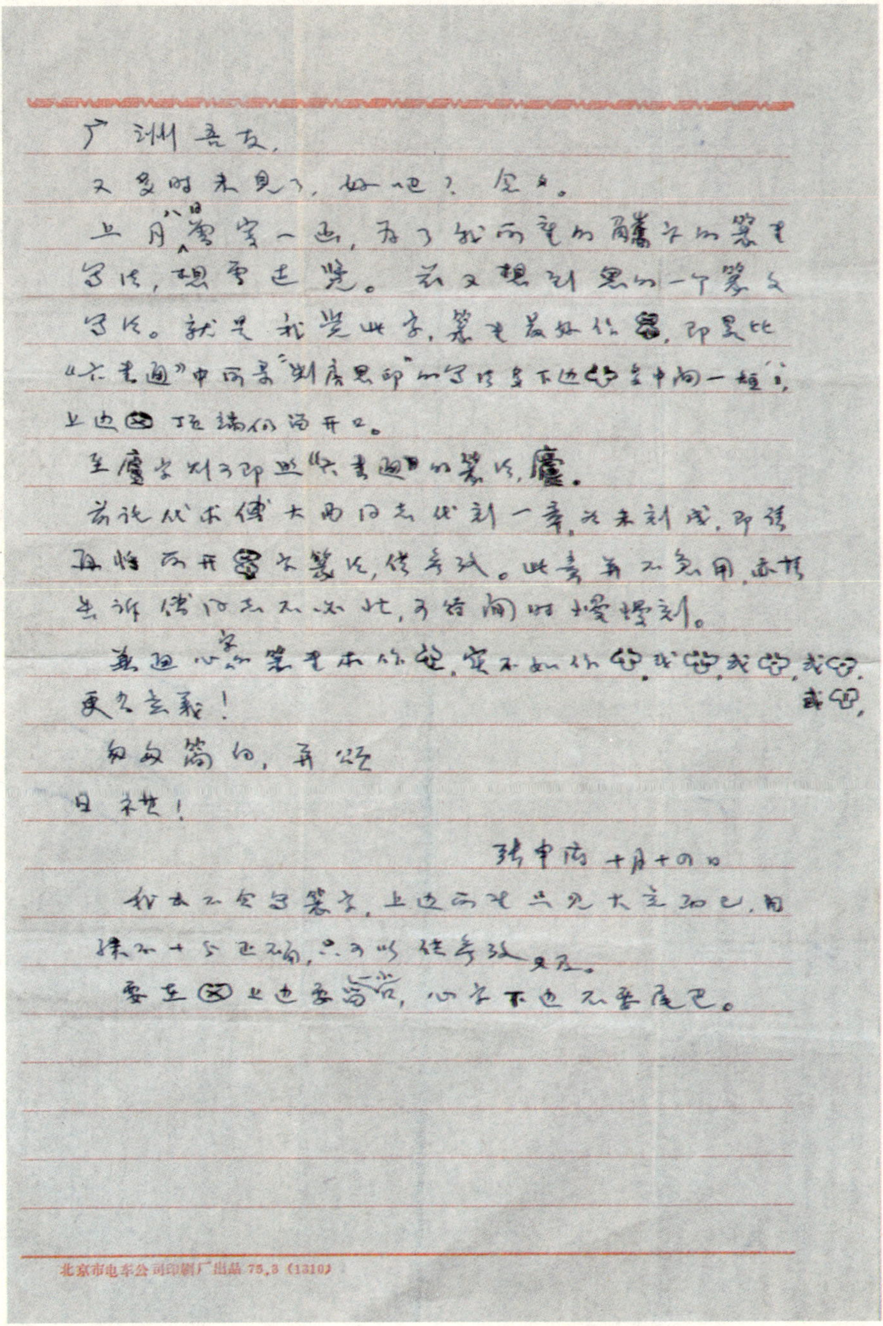

广洲吾友，

又多时未见了，好吧？念念。

上月八日寄上一函，为了我所见的[illegible]字的篆书写法，想当达览。前又想到另一个篆文写法。就是我觉此字，篆书最好作[illegible]，印集比《六书通》中所录“刘庆思印”的写法多下边[illegible]字中间一短画，上边[illegible]须开口。

至庆字则可即照《六书通》的篆法[illegible]。

前托从求傅大西同志代刻一章，尚未刻成，即请再将所开[illegible]字篆法，代寄去。此章并不急用，亦请告诉傅同志不必忙，可待闲时慢慢刻。

集通心字篆书本作[illegible]，实不如作[illegible]或[illegible]或[illegible]或[illegible]，更有意义！

匆匆写此，并颂

日祉！

张申府　十月十四日

我本不会写篆字，上边所说只是大意而已，自然不十分正确，只可以供参考罢了。

要在[illegible]上边多留空，心字下边不要尾巴。

北京市电车公司印刷厂出品 75.3（1310）

张申府致魏广洲信札（25.3cm × 17.2cm）

广洲吾友：

又多时未见了，好吧？念念。

上月八日曾寄一函，为了我所书的鷈字的篆书写法，想曾达览。兹又想到思的一个篆文写法。就是我觉此字，篆书最好作，即类比《六书通》中所录“制房思印”的写法多下边多中间一短“、”，上边顶端仍留开口。

至庐字则可即照《六书通》的篆法。

前托代求傅大卣同志代刻一章，如未刻成，即请再将所开思字篆法，供参考。此章并不急用，亦请告诉傅同志不必忙，可待闲时慢慢刻。

普通心字的篆书本作，实不如作，或、或，或、或，更有意义！

匆匆简复，并颂

日祺！

张申府

十月十四日

我本不会写篆字，上边所书只见大意而已，自殊不十分正确，只可以供参考。又及。

要在上边要留一小口，心字下边不要尾巴。

信中所及二人之一魏广洲（1901 — 2006），曾是北京琉璃厂多文阁藏书处主人，并在世界宗教研究所图书馆、《中华大藏经》编辑局帮助工作多年，是古籍收藏家。另一人傅大卣（1917 — 1994），北京琉璃厂古光阁学徒、冰社社员，曾任国家文物鉴定委员会委员、中国历史博物馆和故宫博物院的文物鉴定顾问，是篆刻家和鉴定家。

从张申府、魏广洲、傅大卣三人的生卒年和张申府此通信札所用信笺上“北京市电车公司印刷厂出品 75.3（1310）”字样上判断，此信写于 20 世纪 70 年代末至 80 年代初之间，那时，张申府的年龄在 83 岁至 93 岁之间，已是耄耋之人，但观其手札，字迹工整，字体圆润，虽是钢笔横书却有弘一大师书法遗风，超凡脱俗，为了两个字的篆书写法而引经据典，娓娓道来，并一再强调“供参考”。对托魏广洲代求傅大卣所刻印章之事强调说“不急用”、“慢慢刻”……昔日那叱咤风云的青年才俊，在经历了岁月的磨难之后，已成了一位慈祥可爱、平易近人的长者，一位淡泊宁静的哲人。

张申府 25 岁编辑《每周评论》的时候，就对西方哲学家罗素关于美好人生、关于自由平等的思想敬仰有之，然而，在中共四大上因反对共产国际要求中国共产党参加国民党并与蔡和森、张太雷等人发生争执后，张申府表示要退党，周恩来、李大钊、赵世炎等都曾劝他不要脱党，他均不为所动，他说：“赞成我多的我就干，赞成我的是少数我就滚蛋，我可以在党外帮助干。”事过 55 年后，张申府在与美国学者舒衡哲女士追述这段历史时说：我是一个宁折不弯的人。

正是这种宁折不弯的精神使他付出了沉重的人生代价，以至穷困时靠变卖书报度日，但他身上特有的中国知识分子的思想、禀性、风格乃至人品却给后人留下了许多有价值的回忆与反思。

其实，张申府还与以下称谓有关：

毛泽东在北大图书馆的领导
中国第一个推介爱因斯坦的人
民盟的创始人和领导者
中国妇女解放运动的先驱
……

这些都是有待我们去进一步揭示的张申府先生。

张申府（1893—1986），原名张崧年，河北献县人。北京大学哲学系和数学系毕业，留校任助教，并任北大图书馆代主任、《新青年》编委。1918年参与创办《每周评论》。1920年参与建立了中国共产党的第一个基层组织——北京共产主义小组。不久赴法国留学，并任里昂中法大学教师。1924年回国参加黄埔军校的筹备工作，并担任蒋介石的德文翻译，后被孙中山任命为黄埔军校政治部副主任。在1925年的中共四大上负气退党。1931年，被清华大学聘为哲学教授。九一八事变后，投身抗日救亡运动，任华北各界救国会负责人。后在重庆任国民参政员，发起组织民主同盟，并在国共谈判中斡旋。新中国成立后，任北京图书馆研究员。1957年被错划为右派。“文革”中受到冲击。1979年获平反，开始发表《中国共产党建立前后的情况回忆》、《家世与幼年生活》、《在清华大学的一段经历》等著述，出版有《所思集》、《所忆》、《张申府学术论文集》和《张申府文集》等。

梅兰芳

（1894 — 1961）

诗、书俱佳的京剧大师

梅兰芳以一出《霸王别姬》与尚小云、程砚秋、荀慧生四人并称为“四大名旦”，享誉中外。他们的表演各有特色，为弘扬国粹艺术做出了不懈的努力。他们都在艺术上有极高的造诣，而且艺德高尚，在中国京剧艺术界地位显赫。

1913 年，梅兰芳在上海演出《武家坡》、《女起解》等轰动上海滩。尔后梅兰芳又演出了《孽海波澜》、《霸王别姬》、《黛玉葬花》等新剧，从而形成了自己的流派——“梅派”，也奠定了他在京剧界“四大名旦”之首的地位。

1914 年，梅兰芳率团赴日本演出，成为民国后第一位将中国京剧带出国门的艺术家，尔后他又两赴日本演出，成为中日两国的文化使者。此外，梅兰芳还曾赴香港、美国和苏联演出，并游历欧洲。尤其是1929年的赴美演出，当时的美国总统胡佛亲自迎接，洛杉矶市波摩拿学院、南加利福尼亚大学还授予梅兰芳博士学位。《时代周刊》评价说：梅兰芳用自己的声音与优雅的艺术形象，首次将京剧推广到欧洲、美国，并使其成为一门重大的得到西方确认与迷恋的中国国粹。梅兰芳是 20 世纪成功地向世界推销中国的两位大使之一，另一位是宋美龄……

抗日战争爆发后，梅兰芳迁居上海、香港，蓄须明志，不为日伪演出，表现了宁可饿死也不失节操的凛然气节。其间，他闭门谢客，专心研诗、临帖、学画，甚至决定以卖字画为生，图 1 便是 1939 年他在上海时所作的五首词札：

减字木兰花

共寄菴谈感而赋，此即以奉呈。

其一

中年易过，

检点从来真少可。

无尽无休，

来者堪追底用忧？

平生志业，
不负当前风与月。
莫问儿曹，
足与吾流未易遭。

其二

浊醪清醴，
风味平生应视此。
不惠不夷，
人物前头食蛤蜊。

翰林风月，
各有千秋何用说。
能者得之，
一笑相看尽我师。

其三

巴山夜雨，
做尽愁声仍解止。
叶底残红，
明日晴来未要风。

泸州白酒，
半盏一杯时在手。
争比茶香，
乡味杭州不可忽。

盘行山径，
隔岭人家看却近。
一样江天，
不似江南好放船。

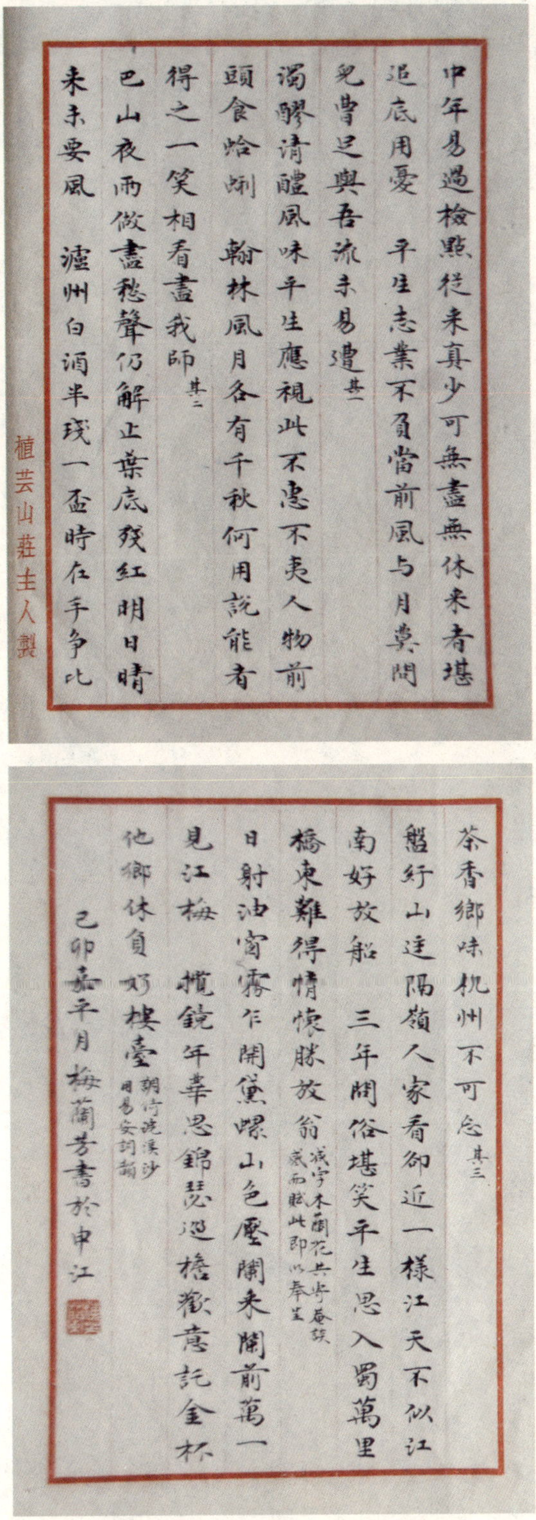
中年易過檢點從來真少可無盡無休來者堪
追底用憂　平生志業不負當前風與月莫問
兒曹足與吾流未易遭其一
濁醪清醴風味平生應視此不惠不夷人物前
頭食蛤蜊　翰林風月各有千秋何用說能者
得之一笑相看盡我師其二
巴山夜雨做盡愁聲仍解止葉底殘紅明日晴
來未要風　瀘州白酒半盞一杯時在手爭比
植芸山莊主人製

茶香鄉味杭州不可忽其三
盤紆山逕隔嶺人家看卻近一樣江天不似江
南好放船　三年閱俗堪笑平生思入蜀萬里
橋東難得情懷脉放翁 減字木蘭花共寄盦錄 感而賦此即以奉呈
日射油窗霧乍開黛螺山色壓闌來闌前萬一
見江梅　攬鏡年華思錦瑟迢橋歡意託金杯
他鄉休負好樓臺 調寄浣溪沙 用易安詞韻
己卯嘉平月梅蘭芳書於申江

图 1　梅兰芳词札（31cm × 26.5cm）

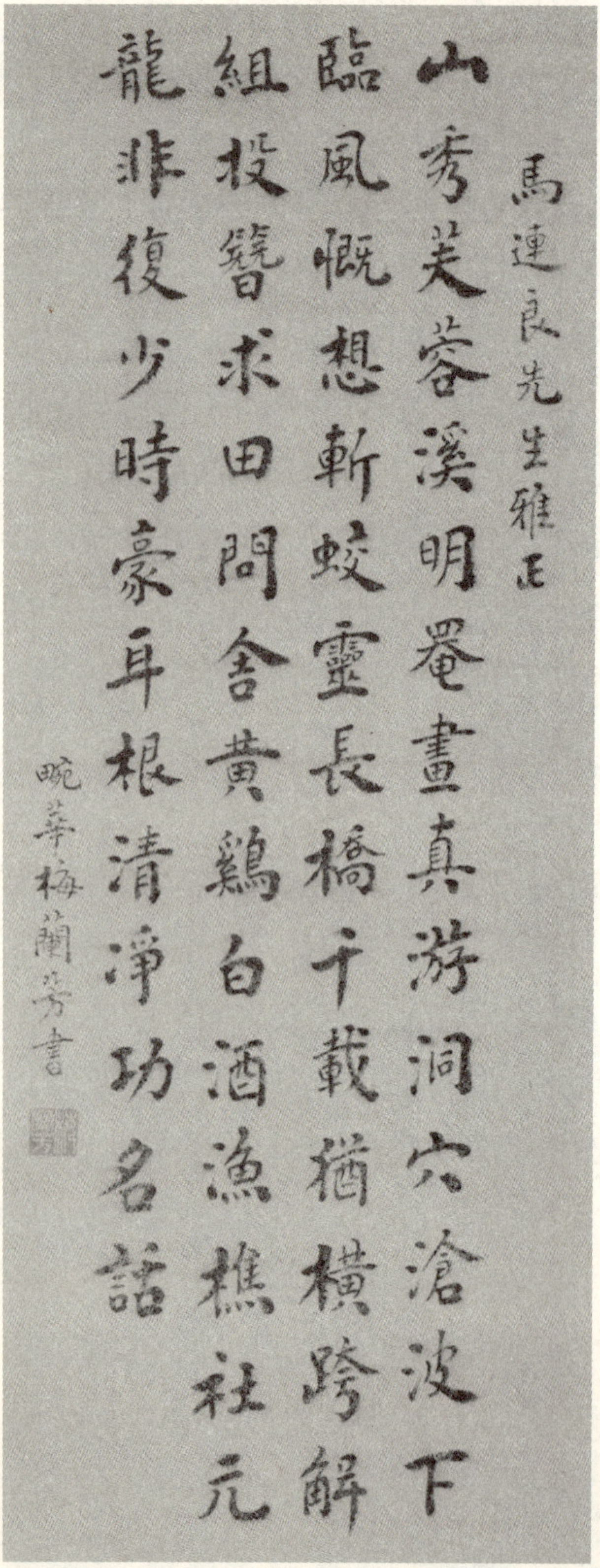

图 2　梅兰芳致马连良手书条幅（109cm×39cm）

三年问俗，
堪笑平生思入蜀。
万里桥东，
难得情怀胜放翁。

调倚浣溪沙
用易安词韵。
日射油窗雾乍开。
黛螺山色压阑来。
阑前万一见江梅。

揽镜年华思锦瑟。
巡檐欢意托金杯。
他乡休负好楼台。

己卯嘉平月　梅兰芳书于申江

梅兰芳的这五首词，前四首是《减字木兰花》，后一首是《浣溪沙》，以蝇头小楷写在特制的丝栏格宣纸上，字体工整、娴熟，诗文、书法皆精，可见一代国剧大师深厚的文学艺术修养。

梅兰芳的书法以楷书见长，小楷尤精，其书韵源自《乐毅论》、《黄庭经》、《十三行》等“二王”碑帖，并有唐人书经笔意。梅兰芳的书法像他的京剧经典剧目一样，功底扎实，清丽娟秀，风格高古，加之他艺名远扬，因此，他的书法作品也是当时名人雅士争相珍藏的尚品。梅兰芳也常以书法作品赠与友人雅赏。图 2 就是梅兰芳赠给京剧表演艺术家马连良（1901 — 1966）的北宋词坛怪杰贺铸《阳羡歌 · 山秀芙蓉》的楷书条幅：

马连良先生雅正

山秀芙蓉，溪明罨画。真游洞穴沧波下。临风慨想斩蛟灵，长桥千载犹横跨。

解组投簪，求田问舍。黄鸡白酒渔樵社。元龙非复少时豪，耳根清静功名话。

畹华梅兰芳书

马连良与梅兰芳同出于喜连成科班，是著名的京剧老生，梅兰芳曾与马连良合演过《打渔杀家》、《宝莲灯》等名剧，友谊深厚，这幅楷书写在精美的暗纹黄绢上，楷书功力深厚，笔致精到，堪称梅兰芳的书法杰作。

1950年后，梅兰芳以发表《舞台风话四十年》为标志开始著书立说，其后，又有《梅兰芳文集》、《梅兰芳舞台艺术》出版，印证了被中国戏剧理论家黄佐临确立的“梅氏戏剧体系”的存在。这一体系与斯坦尼斯拉夫斯基的“斯氏戏剧理论体系”、布莱希特的“布氏戏剧理论体系”并称为“三大戏剧理论体系”。梅兰芳于1959年3月16日加入中国共产党。

1961年8月8日，“国剧美神”梅兰芳在北京病逝，他不仅给后人留下了“梅派”京剧艺术，而且还留下了100多首精美的诗词和许多不朽的书画佳作。

梅兰芳（1894—1961），名澜，又名鹤鸣，字畹华、浣华，别署缀玉轩主人，艺名兰芳。出身京剧世家，10岁开始登台演唱，随后进入叶春善、牛子厚开办的“喜连成”搭班演出。17岁开始师从茹莱卿、陈德霖、王瑶卿等名师。是京剧“梅派”的创始人，也是京剧界“四大名旦”之首。新中国成立后，当选为全国政协常委、全国人大代表，历任中国文联副主席、中国戏剧家协会副主席、中国戏剧研究院院长、中国京剧院院长、中国戏曲学院院长。出版有《舞台风话四十年》、《梅兰芳文集》、《梅兰芳舞台艺术》，创立了“梅氏戏剧体系”。

叶圣陶

（1894 — 1988）

文坛伯乐

在近现代中国文学史上有一位被称为“文坛伯乐”的作家、教育家、出版家和社会活动家，他发现和扶植了在中国乃至世界文坛上举足轻重的人物：茅盾、巴金、丁玲和戴望舒等，这位伯乐就是叶圣陶。

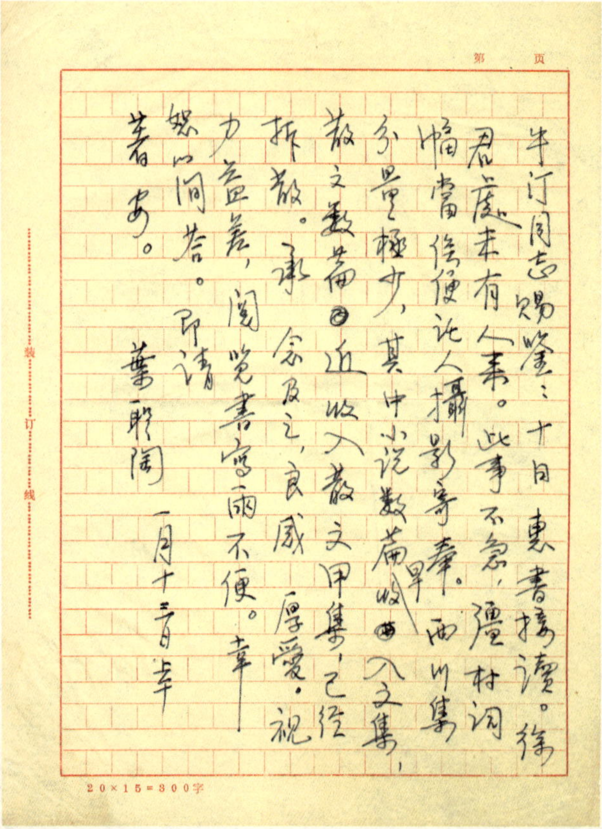

图 1　叶圣陶致牛汀信札（26cm×18.7cm）

叶圣陶一生著述丰厚，不仅有小说集《隔膜》、《火灾》，诗集《箧存集》，还有散文和诗集《我与四川》、《两川集》等。图1是一通叶圣陶致《新文学史料》主编牛汀的信札，信中就谈到了他的《两川集》：

牛汀同志赐鉴：

十日惠书接读。徐君处未有人来。此事不急，彊村词幅当俟便托人摄影寄奉。两川集分量极少，其中小说数篇早收入文集，散文数篇近收入散文甲集，已经拆散。承念及之，良感厚爱。视力益差，阅览书写两不便。幸恕简答。

即请

著安。

叶圣陶

一月十三日 上午

叶圣陶对诗词颇有研究，这帧信札的开头便提到近代词学大师朱孝臧所著的《彊村词》。从“彊村词幅当俟便托人摄影寄奉”一句，可推断牛汀曾写信给叶圣陶谈及诗词问题。而叶圣陶允诺“俟便托人摄影寄奉”，可见他的热诚和谦恭。

其实，叶圣陶平易近人的品格早为人仰止，尤其他在发现和扶植作家新人上，堪称中国现代文学史上的“文坛伯乐”。

1927 年，沈雁冰将他的第一篇小说《幻灭》交给时任《小说月刊》主编的叶圣陶，叶圣陶在收到《幻灭》手稿的第二天即对沈雁冰说：“写得好，今天就发稿。”这令沈雁冰“吃惊”。叶圣陶对这部小说字斟句酌地修改，并建议沈雁冰将笔名“矛盾”改为“茅盾”，因为“矛盾”是个哲学名词，且没有“矛”姓，沈雁冰接受了他的建议，将笔名固定为“茅盾”。而后茅盾又在《小说月刊》上发表了《动摇》、《追求》，构成了《蚀》三部曲，从此茅盾声名日隆，新中国成立后成为共和国的首任文化部长、作协主席和全国政协副主席。美国著名学者夏志清在《中国现代文学史》一书中称：“茅盾无疑仍是现代中国最伟大的共产党作家。”然而有谁知道，这位最伟大的共产党作家的处女作正是经叶圣陶之手发表的，他的笔名也是叶圣陶改的呢？

也是在 1927 年，代替郑振铎主编《小说月报》的叶圣陶在一大堆来稿中发现了一篇署名丁玲寄自北京的小说《梦珂》，他从这篇小说中读出了新意，便立即安排在《小说月报》18 卷 12 号的重要位置上刊出，引起了很大反响。随后，《小说月报》又连续发表了丁玲的《暑假中》等几篇小说，也正是在叶圣陶和《小说月报》的激励下，丁玲发表了她的成名作《莎菲女士的日记》。叶圣陶在编发了丁玲的几篇小说后，又写信给素不相识的丁玲，认为她可以出一本集子了，并说，如同意的话，他可以代为与开明书店交涉。丁玲当然求之不得，立即同意。在叶圣陶的斡旋下，1928 年，丁玲的第一部短篇小说集《在黑暗中》出版。同年，丁玲、胡也频夫妇由北京来到上海拜访叶圣陶，感谢他的奖掖，而不善言辞的叶圣陶对感激他的话一再推辞，只是对丁玲说：“继续写吧，认真地写。”也许正是在叶圣陶的鼓励下，丁玲后来写出了《太阳照在桑乾河上》，而获得了斯大林文艺奖，并成为中国作协的副主席。20 世纪 70 年代末，丁玲在经历了政治磨难返回北京后，最先探望的人就是叶圣陶，她

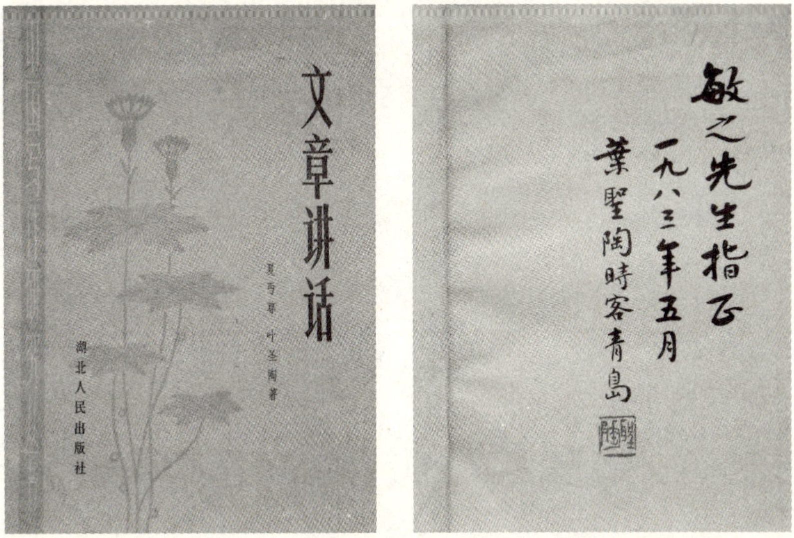

图 2 夏丏尊、叶圣陶《文章讲话》签名钤印本

感慨地对他说："要不是那时您发表我的《梦珂》和《莎菲女士的日记》，我也许不会走文学创作这条路……"

1938年，远在巴黎的巴金把他的第一部中篇小说《灭亡》抄在5本硬皮练习本上，寄给在上海开明书店工作的好友索非，希望用自己翻译高德曼《近代戏剧论》的稿酬自费印行几百册。叶圣陶在索非处看到了巴金的书稿，当即决定在《小说月报》上发表。并在《灭亡》的刊发预告上写道："这是一位青年作家的处女作；写一个蕴蓄着伟大精神的少年的活动与灭亡。""后半部写得尤为紧张。"小说《灭亡》发表后，巴金开始走上文坛，而后写出了巨著《家》、《春》、《秋》等，成为中国当代文坛的巨匠。巴金曾深情地说："倘使叶圣陶不曾发现我的作品，我可能不会走上文学的道路，做不了作家，也可能我早在贫困中死亡。"

得到叶圣陶扶植的还有诗人戴望舒、徐盈、胡绳……

1938年，叶圣陶工作的上海开明书店出版了夏丏尊、叶圣陶合著的《文章讲话》一书，甚受读者欢迎。1982年，该书经湖北人民出版社修订重新出版，同样受到写作爱好者的青睐，许多人在这本书里得到了写作上的指导和创作上的技巧。图2就是这本书的签名钤印本。

面对众人对叶圣陶乐于提携新人的称赞，叶圣陶却说："他们的名字能在读者的心里生根，是由于他们开始就认真，以后又不懈努力，怎么能归功于我呢？"

这就是"文坛伯乐"——叶圣陶的品格。

叶圣陶（1894－1988），原名叶绍钧，字圣陶，江苏苏州人。中学毕业后，因家境贫寒而去小学教书并开始文学创作。1912年发起组织"文学研究会"，并与朱自清等人创办中国新文坛上第一个诗刊《诗》。1923年出版童话集《稻草人》，是中国第一位童话作家。长期在商务印书馆从事编辑出版工作，并主编《小说月报》等杂志，发表了长篇小说《倪焕之》和许多短篇小说。1930年，转入开明书店，主办深受青年学生欢迎的《中学生》杂志。抗日战争前期，发起组织"文艺界反帝抗日大联盟"，后内迁四川担任中学、大学教师，后又继续主持开明书店编辑工作。抗战胜利后，担任中华全国文艺界协会总务部主任，主持文协的日常工作，投身爱国民主运动。新中国成立后，历任出版署副署长兼编审局局长、教育部副部长兼人民教育出版社社长、中央文史研究馆馆长、民进中央代主席，全国政协副主席等。

郑逸梅
（1895 – 1992）
补白大王

在20世纪的海上文人中，郑逸梅是大名鼎鼎的“补白大王”。有许多文人墨客向他求教历史事件真相、探寻奇闻轶事踪迹，求解恩怨情仇根源。图1是一通郑逸梅致“中国新感觉派”主要作家之一、华东师范大学教授、著名学者施蛰存的信札及实寄封，函复的是施蛰存询问的“南社”往事：

蛰兄：

一再在友好处探听我兄近况，知体已转健，日事写作，为之莫名欣慰。顷得大函，承询南社往事，兹简复如下：

南社发起人为柳亚子、陈去病、高天梅三人，高吹万乃后来参加，故第一次虎丘雅集，吹万不列席。吹万别刊国学丛选，南社丛刻首二期，不入正规，甚至有非南社社员之作品，由陈去病、高天梅、庞树柏三人编辑。当时亚子为书记又兼会计，第三集起，始分文选、诗选、词选三大类。第五集始由亚子主编。十一集，亚子当选为主任。

亚子恶遗老，遗老作宋诗，便因恶遗老而恶宋诗，鹓雏、鸳雏、野鹤、了公（即杨了公——笔者注）均作宋诗，乃有唐宋诗之争。鸳雏、野鹤较为激烈，开笔战于民国日报、中华新报上，既而野鹤退出，鸳雏孤军作战，而亚子少年气盛，即出布告驱逐鸳雏，了公、鹓雏默尔而息，亚子未迁怒及之。事后亚子殊后悔。野鹤于去冬在京逝世。

斥朱玺原文：“兹有附名本社之松江人朱玺，号鸳雏，又号孽儿者，妄肆雌黄，腥闻昭著，业已驱逐出社，咸使闻知。中华民国六年八月一日，南社主任柳弃疾白。”别有一则：“七月三十一日中华新报有署名朱鸳雏所谓论诗斥柳亚子者，词既恶俗，旨尤鄙倍。语云：蟾蜍吐粪，不啻若自其口出，玺之谓矣。陈三立、郑孝胥之门徒，

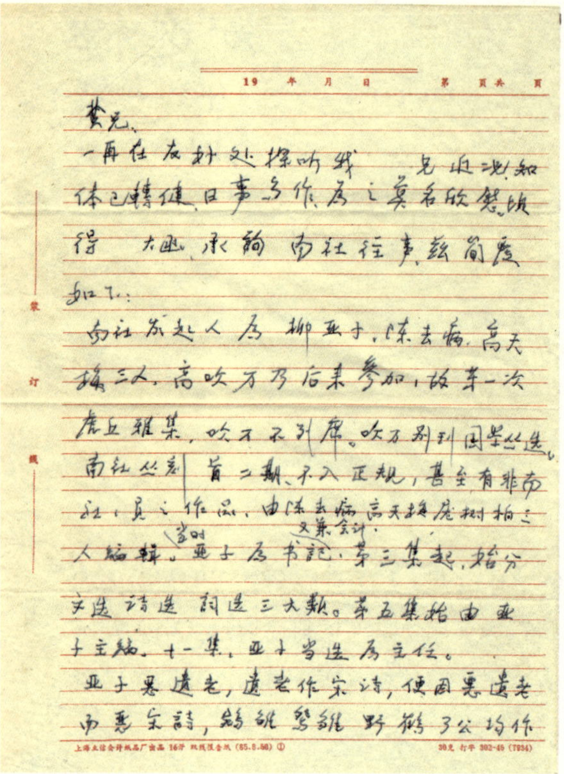

蛰兄：
一再在友朋处探听我兄近况，知
体已康健，日事著作，为之莫名欣慰。顷
得 大函，承询南社经过，兹简覆
如下：
南社发起人为柳亚子、陈去病、高天
梅三人，高吹万乃后来参加，故第一次
虎丘雅集，吹万不列席。吹万别刊国学丛选。
南社丛刻首二期，不入正规，甚至有非南
社人员之作品，由陈去病、高天梅、庞树柏三
人编辑。（当时亚子为书记、文案会计）第三集起，始分
文选、诗选、词选三大类。第五集始由亚
子主编。十一集，亚子当选为主任。
亚子恶遗老，遗老作宋诗，使因恶遗老
而恶宋诗，鹓雏、鹤雏、野鹤、了公均作

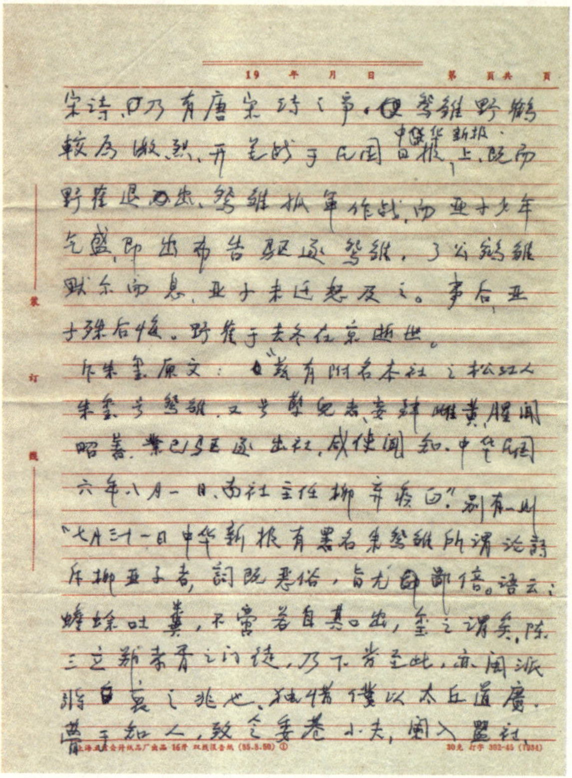

宋诗，且乃有唐宋诗之争。但鹓雏、野鹤
较为缄默，开笔战于民国日报（中华新报），上既而
野鹤退出，鹓雏孤军作战。而亚子少年
气盛，即出布告驱逐鹓雏，了公、鹤雏
默尔而息，亚子未迁怒及之。事后，亚
子殊后悔。野鹤于去冬在京逝世。
兹录原文："兹有附名本社之松江人
朱玺字鹓雏，又号擘鬼者，妄肆雌黄，腥闻
昭著，业已驱逐出社，咸使闻知。中华民国
六年八月一日，南社主任柳弃疾白。"别有一则
"七月三十一日中华新报有署名朱鹓雏所谓论诗
斥柳亚子者，词既恶俗，旨尤鄙倍。语云：
蜣螂吐粪，不害若自矣，然之谓矣。陈
三立、郑孝胥之门徒，乃不当至此，亦闽派
诗自衰之兆也。独惜仆以太丘道广，
广交匪人，致令重卷小夫，阑入墨社。

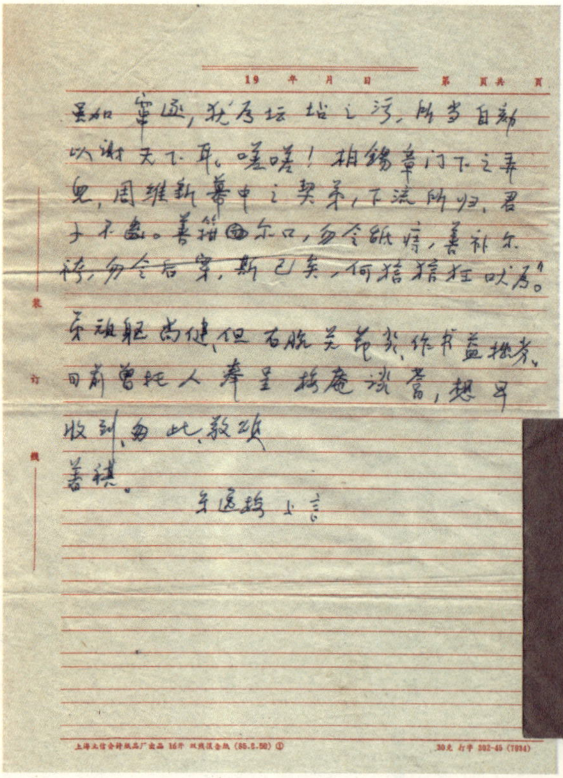

虽加窜逐，犹为坛坫之污，所当自劾
以谢天下耳。嗟嗟！柏梁章门下之弟
兄，同光新华中之契弟，下流所归，君
子不齿。善借尔口，勿令纸污；善补尔
诗，勿令吾穿。斯已矣，何猖猖狂吠为"。
弟近躯尚健，但有眼关节炎，作书益艰劳。
目前曾托人奉呈拙编诗帙，想早
收到。专此，敬颂
著祺。
弟逸梅 上言

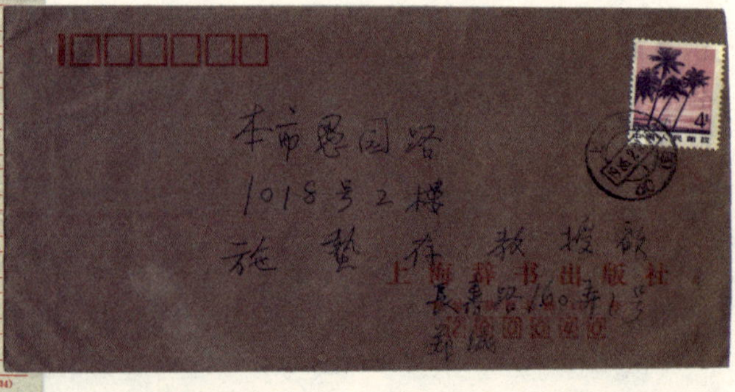

本市愚园路
1018号2楼
施蛰存教授收
上海群书出版社
郑缄

图1　郑逸梅致施蛰存信札（26.4cm×19cm×3）及实寄封

乃下劣至此，亦闽派将衰之兆也。独惜仆以太丘道广，昔于知人，致令委巷小夫，阑入盟社，虽加窜逐，犹为坛坫之污，所当自劾以谢天下耳。嗟嗟！柏锡章门下之弄儿，周维新幕中之契弟，下流所归，君子不齿。善箝尔口，勿念舐痔，善补尔袴，勿令后穿，斯已矣，何狺狺狂吠为。”

弟顽躯尚健，但右腕关节炎，作书益拙劣。日前曾托人奉呈梅庵谈荟，想早收到。

匆此，敬颂

著祺

弟 逸梅 上言

信中提到的鹓雏即姚鹓雏，鸳雏即朱鸳雏，野鹤即闻野鹤。

从郑逸梅寄此信的信封邮戳上判断，此信札写于1986年2月间，洋洋洒洒600余言写在3页红栏格纸上，钢笔行楷苍劲有力，有郑逸梅毛笔楷书神韵，而郑逸梅却说：“右腕关节炎，作书益劣”，这是郑逸梅自谦，也是郑逸梅身体状况的实情。因为，此时的郑逸梅已是91岁的老者且身体有病。可他对60年前发生的南社“唐宋诗之争”却了如指掌，且引经据典，向身为大学知名教授的施蛰存娓娓道来，可见“补白大王”的博闻强记。

郑逸梅在父亲早殁后赴苏州依外祖父生活， 5岁入私塾，10岁后在上海敦仁学堂、苏州长元和公立第四高等小学堂、苏州草桥中学读书，与顾颉刚、吴湖帆、叶圣陶有同窗之谊，后到江南高等学堂学习，从1913年起就在报刊上发表文章，先后为《民权报》、《小说丛报》、《申报自由谈》、《红杂志》、《紫罗兰》、《万象》等几十家报刊写稿，《正言报》、《和平日报》、《今报》、《新夜报》还曾开辟专栏，每天都刊登一篇他撰写的人物掌故，很受读者欢迎。郑逸梅一生著述50多种，仅中华书局就出版有他的《艺林散叶》、《艺林散叶续编》、《书报话旧》、《文苑花絮》、《清末民初文坛轶事》、《近代名人丛话》等著述。图2是郑逸梅所著《清宫轶事》的签名本，郑逸梅在书名页上钢笔手书：

陈铎同志正之

郑逸梅 九十有一

著名学者陈子善在《人淡似菊品逸于梅》一文中说：“郑老的补白多则数百言，少则十余字，文字精练，耐人玩索，吉光片羽，足资启

图2 郑逸梅等著《清宫轶事》签名本

迪。他写人物，只描写其一眉一目，一笑一颦，记事件，只择其涉笔成趣的精彩部分加以渲染；抒情怀，也是含蓄浓缩，以格言点缀其间。如最短的一条‘许地山擅弹琵琶’寥寥七字，就把许地山鲜为人知的特长和盘托出。这种‘补白’被论者称之为郑公体，既继承了六朝刘义庆《世说新语》和清代张潮《幽梦影》的传统，又有郑老自己的创造和风格，推陈出新。”

郑逸梅早年加入以高举反清旗帜、倡言民族革命为宗旨的爱国文学团体“南社”，这个有着古代士大夫文人传统色彩的精英团体以文人雅集、喝酒品茶、诗词唱和为主要形式，关注社会时势的发展，用文学诗词参与革命动荡的历史，其中心人物是陈去病、高天梅和柳亚子，成员包括政界、文学界、教育界、报界的宋教仁、汪精卫、蔡元培、沈尹默、黄仁、马君武、苏曼殊、包笑天、周瘦鹃、徐枕亚、吴梅等千余人，大都是中国历史上举足轻重的人物，而且其早期成员中几乎大多数都是同盟会员。

在南社史上有一场著名的“唐宋诗之争”，其主要过程就是郑逸梅这通信札里向施蛰存叙述的情形，这场论争给南社造成了致命的打击。然而，南社的这场唐宋诗争论的结果是宋诗派从此低落，开始了唐诗宋词元曲、明小说的传统定位。这一定位直接影响了我们今天对许多文学经典的选择，以及古典文学知识的普及教育，这是当时南社同仁无法想象的，这也许是施蛰存教授关注南社“唐宋诗之争”并去函向郑逸梅先生求询的一个原因吧？

郑逸梅一生致力于“补白”，他的文章被称作“郑公体补白”，不仅常在《人民日报》、《解放日报》、《文汇报》等报刊上刊发，而且，还在香港、台湾等地发表，有的著作、文章还被翻译成外文，在国外出版。郑逸梅先生去世后，有3卷本《郑逸梅选集》出版。

郑逸梅（1895－1992），原名鞠愿宗，字际云，号逸梅，安徽歙县人。早年在上海敦仁学堂、苏州长元和公立第四高等小学堂、苏州草桥中学读书，后到江南高等学堂学习。毕业后入上海影戏公司编撰字稿及说明书。先后任《华光半月刊》、《金刚钻报》、中孚书局编辑，上海音乐专修馆教授、上海志心学院教授、上海国华中学校校长、上海诚明文学院教授、上海新中国法商学院教授。新中国成立后任晋元中学副校长。“文革”中受冲击。平反后任上海文史馆馆员。出版《艺林散叶》、《艺林散叶续编》、《书报话旧》、《文苑花絮》、《清末民初文坛轶事》、《近代名人丛话》等著述。

刘海粟

（1896 – 1994）

被画名掩盖的书法大家

有人说：看书法，最好看书信、便条及手稿，因为这是最能体现书者水准和境界的。晋唐名迹，如陆机《平复帖》、王珣《伯远帖》、颜真卿《祭侄稿》和曾巩《局事帖》等，都是随意而书，非为书而书。图 1 刘海粟写的便条即如此，短短四行、24 个字，尽显大师的气质和书法风采，这帧便条是刘海粟写给助手袁志煌的：

淡着色山水立轴借给周宗琪临摹。

面致

袁志煌同志

海 即日

这帧便条以行草写在宣纸花笺上，气度大方，飞扬率直，又从容淡定。便条所及周宗琪是在绘画上颇有成就的刘海粟的弟子，这是一帧为弟子临摹作画所需而写便条给助手的随意手谕。即便是写给身边人的手谕，也彰显着大师极高的书法造诣。刘海粟的行草师宗苏东坡，重在写“意”，寄情于“信手”，汲取了苏轼书法的“结体短肥”特点，拙朴而厚重。他还取法于黄庭坚的中宫紧收、四缘发散的结字方法，吸收其结构奇险、章法富有创造的书风，而对刘

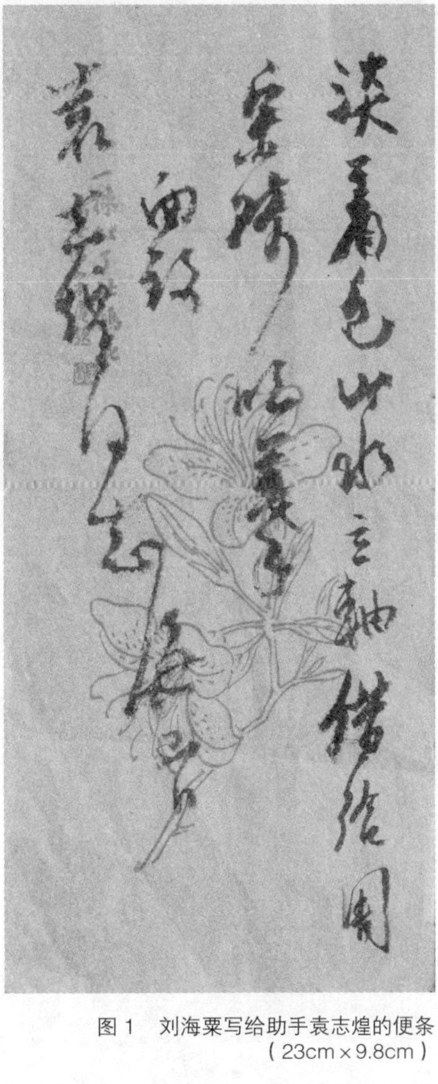

图 1　刘海粟写给助手袁志煌的便条（23cm × 9.8cm）

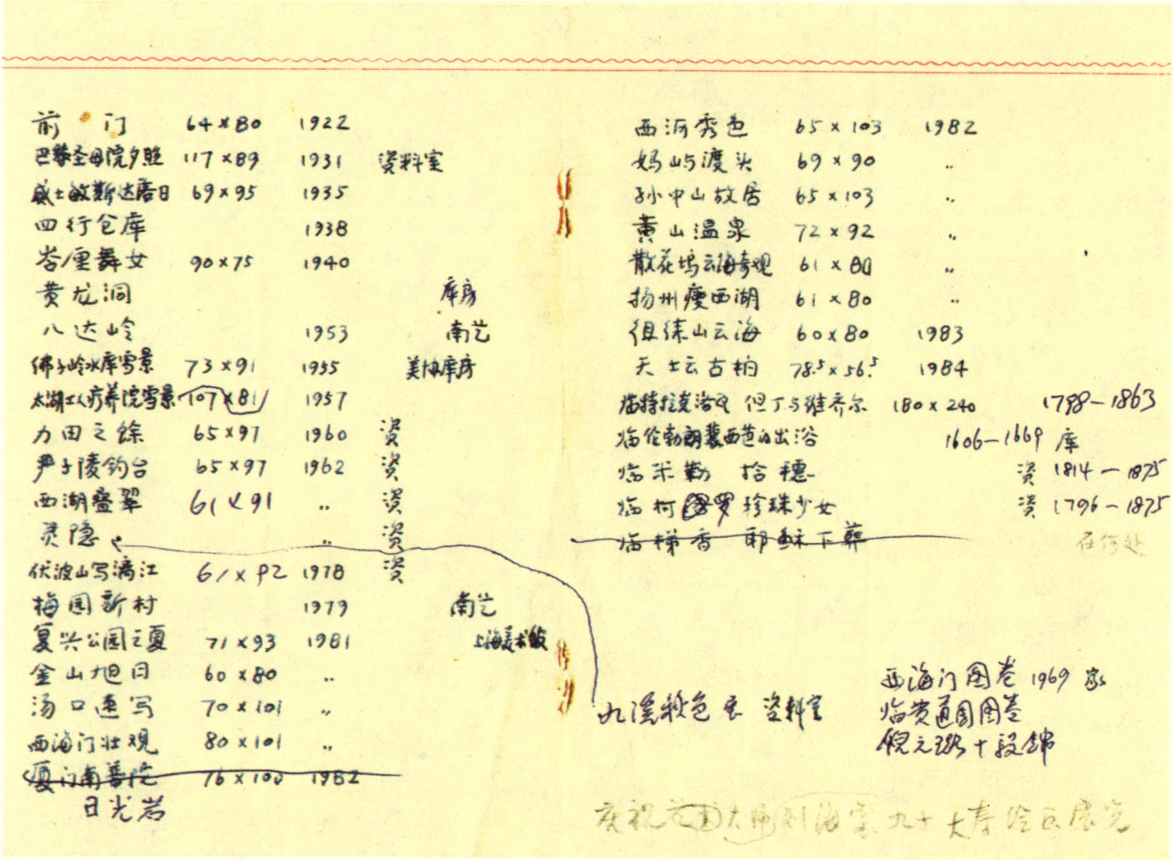

前门 64×80 1922
巴黎圣母院夕照 117×89 1931 资料室
威士敏斯达寺 69×95 1935
四行仓库 1938
苔里舞女 90×75 1940
黄龙洞 库房
八达岭 1953 南艺
佛子岭水库雪景 73×91 1955 美协库房
太湖工人疗养院雪景 107×81 1957
力田之馀 65×97 1960 资
严子陵钓台 65×97 1962 资
西湖叠翠 61×91 .. 资
灵隐 .. 资
伏波山写漓江 61×82 1978 资
梅园新村 1979 南艺
复兴公园之夏 71×93 1981 上海美术馆
金山旭日 60×80 ..
汤口速写 70×101 ..
西海门壮观 80×101 ..
~~厦门南普陀 76×100 1982~~
日光岩

西海秀色 65×103 1982
鸠屿渡头 69×90 ..
孙中山故居 65×103 ..
黄山温泉 72×92 ..
散花坞云海奇观 61×80 ..
扬州瘦西湖 61×80 ..
徂徕山云海 60×80 1983
天坛古柏 78.5×56.5 1984
临特拉克洛瓦 但丁与维吉尔 180×240 1798—1863
临伦勃朗 1606—1669 库
临米勒 拾穗 资 1814—1875
临柯罗 珍珠少女 资 1796—1875
~~临梯香 耶稣下葬~~ 在何处

九溪秋色 东 资料室
西海门图卷 1969 家
临黄道周图卷
倪元璐十段锦

庆祝大师刘海粟九十大寿绘画展览

图 2 刘海粟为“庆祝刘海粟大师九十大寿绘画展览”所列目录手稿（24.3cm×7.3cm）

海粟影响最大的则是米芾书法的豪放、洒脱。刘海粟深得古人之法又不拘泥，广收博取，融会贯通，自成一家。因此，有人评价说：刘海粟的行草书法取苏东坡的“趣”，黄山谷的“韵”，米南宫的“姿”。从这帧便条中我们不难领略其行草取法“三味”的风采。

刘海粟学贯中西，国画、油画、书法、诗词和艺术理论等均有建树，其作品多次在国内外展出、获奖。图 2 是经他亲自修改过的“庆祝刘海粟大师九十大寿绘画展览”目录，列出了油画、国画作品 38 幅，件件都是刘海粟的创作精品，在此仅抄录几件代表作：

前门
巴黎圣母院夕照
……
四行仓库
……
九溪秋色
……

黄山温泉

……

刘海粟是中国近代美术事业的奠基人，他一生创作了大量的油画、中国画作品，并以十上黄山为标志，表达了一位艺术家为祖国山河立传的情怀。他的油画源自塞尚、凡·高等西画大师，但走的是一条油画民族化之路，无论是旅欧时创作的《前门》、《巴黎圣母院夕照》、《巴黎舞女》，还是归国后创作的《复兴公园之夏》、《黄山天门坎风云》等油画精品都是画家的探索杰作，形成了画家独特的艺术语言，因此，被后人称为20世纪中国“融合型”油画三大师之一，另两位则是徐悲鸿和林风眠。刘海粟的中国画相承于徐渭、石涛和八大山人。从写生、发展到后来的泼墨、泼彩，其代表作《黑牡丹》、《重彩荷花图》、《黄海一线天奇观》、《黄山图》等气势恢宏，用色单纯而绚丽，泼墨和泼彩有机结合，形成了大师狂放不羁的国画风格。他在美术史和绘画理论研究方面的成就，国内无人可比，早在1931年，他就在德国法兰克福大学讲授中国绘画“七法论”。1938年，中华书局出版的六卷本《海粟丛书》更是奠定了他在美术理论上的历史地位，而他与艺术大家傅雷合编的《世界名画集》则是又一美术成果。

刘海粟的诗词造诣在近现代画家中是突出的，尤其是古体诗大有唐宋遗风。他的诗有许多是题画诗，诗与画浑然一体，交相辉映。1981年，刘海粟八上黄山时曾写下一首诗《题泼墨始信峰》，韵律严谨，气度不凡：

登高须学老英雄，
诗句长留始信峰。
年方八六犹未老，
乘云直上揽春风。
始信峰上境界幽，
画家同在画中游。
群峰今日应欢笑，
八十六翁到上头。

图3 刘海粟书法团扇（直径33cm）

有行家曾撰文评价刘海粟的艺术成就：书第一、画第二、诗第三，只是他的书法和诗词被画名所掩盖了。

图3是刘海粟朱笔书法团扇：

爱

落款：海粟并钤白文：刘海粟印章。又钤一枚朱文：梁谿杨氏踊雪珍藏印章。

刘海粟的这幅书法团扇虽只有3个字，“爱”字书写大度、潇洒、充盈着霸悍阳刚之气，而落款“海粟”二字沉静、大方，简静而平和，令人体味到书作非凡的意境。

刘海粟还是收藏大家，其藏品不乏宋元以来巨然、李成、赵滋、赵孟頫、倪瓒、董其昌、陈淳、“清四王”、“扬州八怪”等人的绝品和精品。遵照他生前遗愿，刘海粟夫人夏伊乔将刘海粟一生收藏的唐、宋、元、明、清历代稀世书画珍品和创作的油画、国画、书法作品共900多件，全部无偿捐献给国家。1995年，刘海粟诞辰100周年的时候，上海刘海粟美术馆正式开馆。

刘海粟（1896－1994），名槃，字季芳，号海翁。祖籍安徽凤阳，出生于江苏常州。1912年与乌始光、张聿光在上海创立中国第一所现代美术学校——上海国画美术学校，后改为上海美专，因在中国首先使用裸体模特教学，引起争议。1918年到北京大学任教，并创办《美术》杂志。1926年，因裸体模特问题被通缉而旅居日本，后赴法国、瑞士及东南亚等国作画和举办画展。1943年回国复任上海美专校长。新中国成立后任华东艺术专科学校校长、南京艺术学院院长、中国美协上海分会名誉主席等。

帅孟奇

（1897 – 1998）

最富传奇色彩的革命女前辈

蔡畅、康克清、帅孟奇、刘英、曾志……被称为中国革命的女前辈。而帅孟奇在女前辈中最富传奇色彩。

帅孟奇当过工人。父亲帅惊白曾留学日本，加入过同盟会，辛亥革命后任湖南省教育司科长。1917 年帅孟奇与表兄、共产党员许之祯结婚并生有一女。“马日事变”后，帅孟奇夫妇被通缉，组织上先后送他们去苏联学习，两年后，帅孟奇回国，而她的丈夫许之祯继续留在苏联。1932 年，帅孟奇在上海闸北与同志接头时，因叛徒出卖而被捕入狱。在狱中，她遭受了极刑，身体多处被打残，组织上以为她已经牺牲在狱中。第二次国共合作后，帅孟奇被释放出狱，出狱后面对她的竟是家破人亡：女儿被敌人毒杀，母亲因女儿入狱而急疯病死，丈夫许之祯以为妻子牺牲而另组建了家庭。在巨大的精神打击面前，帅孟奇挺了过来，她重新在长沙与党接上了关系。新中国成立后，帅孟奇任全国妇联常委兼组织部长，中组部副处长、处长，1956 年后任中央监察委员会常委、中央组织部副部长。“文革”中遭到迫害，被关押在北京，后下放到江西，1979 年平反后回到北京。

帅孟奇在中共中央组织部工作 20 多年，她任人唯贤、秉公用人、经常深入基层的工作作风堪称干部的楷模。下图是一通帅孟奇写给中组部副部长李步新的信札及实寄封，谈的是她深入广西、湖南等省、自治区的工作情况（文中僮族即壮族）：

步新同志：

据说北京从冬到春没有降雪，气候干冷，病人不少，你和安部长的身体如何？念念！

我来南方后，参加了广西自治区党委监委召开的监委会议，会议结束后，下乡看了一个僮族公社，公社规模是过去的大队，劳力大半是妇女，去年生产搞得不错，一个妇女强劳力一个劳动日可分六斤到八斤谷子，这是一个好公社，我是过春节时

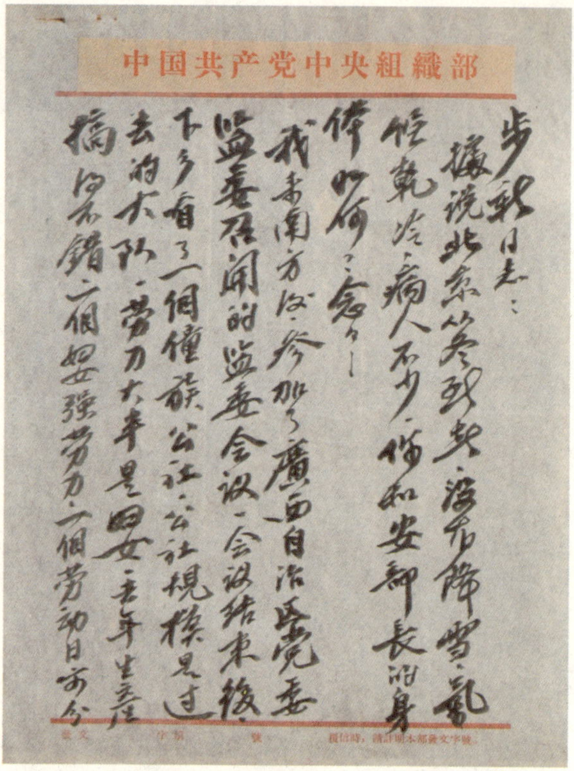
中国共产党中央組織部

步新同志：

據說北京入冬以來，流行感冒，氣候乾冷，病人不少，你和安部長的身体如何？念念！

我去南方後，參加了廣西自治區党委監委召開的監委會議，會議結束後，下鄉看了一個僮族公社，公社規模是過去的大队，勞力大半是婦女，去年生產搞的不錯，一個婦女強勞力，一個勞動日可分

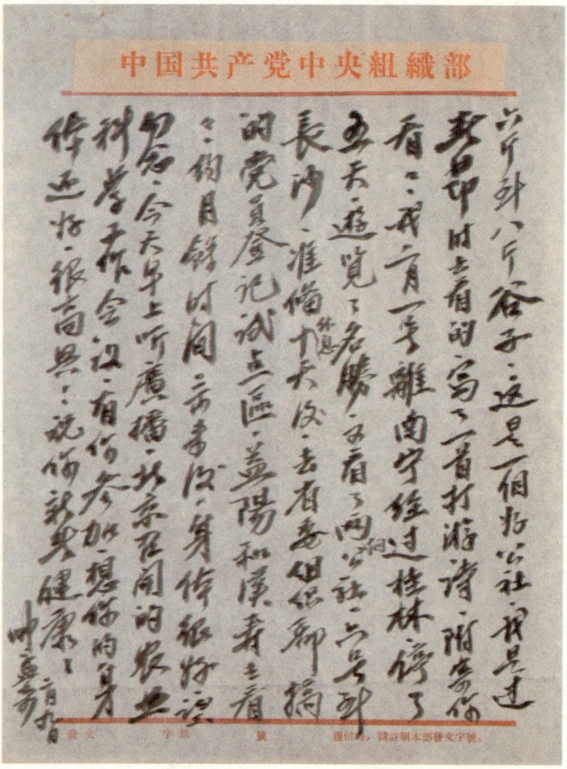
中国共产党中央組織部

六斤到八斤谷子，這是一個好公社，我是過春節時去看的，寫了一首打油詩，附寄你看看。我二月一號離南宁，經過桂林停了五天，遊覽了名勝，又看了兩個公社，六號到長沙，准備休息十天後，去看省組織部搞的党員登記試点區，益陽和漢壽去看看，約月餘時間。去年後，身体很好，請勿念。今天早上听廣播，北京召開的农業科学工作會議，有你参加，想你的身体還好，很高興！祝你新年健康！

帅孟奇 二月十日

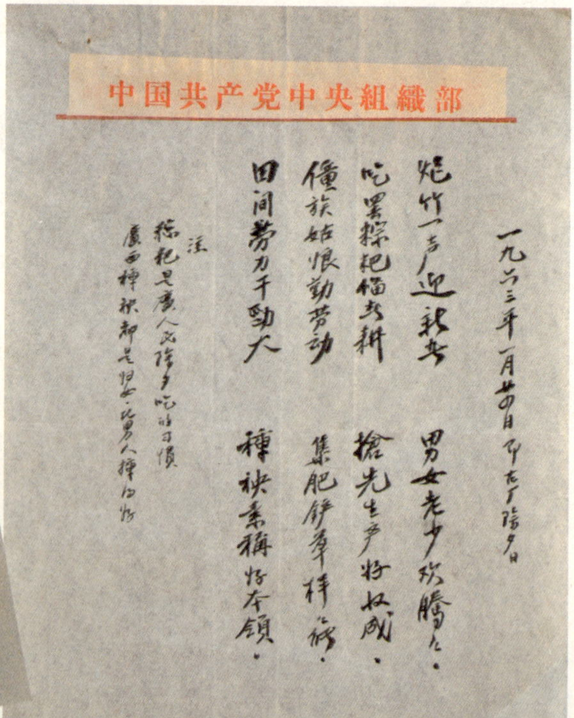
中国共产党中央組織部

炮竹一声迎新年，男女老少欢騰騰。

吃罢糍粑備春耕，搶先生产好权威。

僮族姑娘勤勞動，集肥鏟草样样行。

田间勞力千動大，種秧素称好本領。

一九六三年一月廿四日于南宁除夕日

注：糍粑是广人民族人吃的习惯。广西種秧都是婦女，男人犁田的。

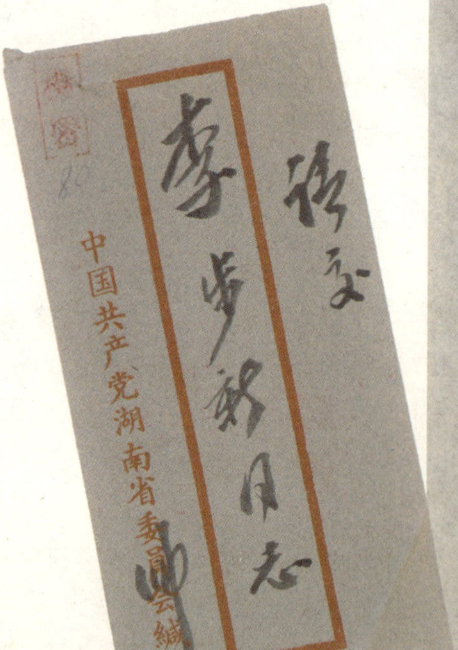
請交

李步新同志

中国共产党湖南省委員会緘

帅

帅孟奇致李步新信札（26.2cm × 19cm × 3）及实寄封

去看的，写了一首打游诗，附寄你看看。我二月一号离南宁经过桂林，停了五天，游览了名胜，又看了两个公社，六号到长沙，准备休息十天后去省委组织部搞的党员登记试点区益阳和汉寿去看看，约月余时间。出来后身体很好，望勿念，今天早上听广播，北京召开的农业科学工作会议，有你参加，想你的身体还好，很高兴！祝你新春健康！

帅孟奇

二月九日

一九六三年一月廿四日

即在广除夕日

炮竹一声迎新春 男女老少欢腾腾。

吃罢粽粑备春耕 抢先生产好收成。

僮族姑娘勤劳动 集肥铲草样样能。

田间劳力干劲大 插秧素称好本领。

注：粽粑是广（西）人民除夕吃的习惯，广西插秧都是妇女，比男人插得好。

帅孟奇是位组织观念很强且尊重同志的人，她在信中向时任中组部副部长的李步新报告了自己在广西的工作情况和下一步在湖南的工作安排，实事求是，而且还把自己写的赞扬妇女劳动者的诗抄录出来共赏，真挚而坦诚，难能可贵。

帅孟奇的坦诚是公认的，早在延安整风时期，帅孟奇向党组织说出自己对所谓“抢救运动”的看法：她不相信有那么多特务，更不同意全面否定在“白区”工作的地下党。党中央、毛泽东很快发现了“抢救运动”的错误，决定对审干工作进行甄别。帅孟奇被派任陕甘宁边区政府甄别委员会主任。她怀着对党对同志高度负责的精神，为许多受冤的同志一一甄别平反。她以敢于处理疑难案件给党内外的同志留下了深刻印象。

帅孟奇的坚贞不屈也是出了名的，“文革”中，帅孟奇被诬陷为“叛徒”、“特务”、“内奸”，受尽凌辱、虐待，被关押长达7年之久。在黑牢里，她被折磨得全身浮肿，双眼几乎失明，患尿毒症差点死去。但是，她没有屈服，且从不“认罪”。

帅孟奇自从得知丈夫许之祯重新组建家庭后就没有再嫁，她把全部精力投入到工作之中，将母爱奉献给革命烈士的子女，杨开慧烈士之子毛岸英、李硕勋之子李鹏、李大钊之子李葆华，以及黄公略的子女、彭湃的子女等都得到过她的关爱和抚育，烈士子女们都称她为“帅妈妈”。

帅孟奇心胸宽阔、不计前嫌。她的前夫许之祯在新中国成立后曾任全国总工会副主席。许之祯曾对帅孟奇表达过心中的歉疚：“当年我真不该在苏联另组织家庭，我内心很不安，受了很大折磨。这不仅苦了我自己，而且也使你遭受到那么多痛苦！”可帅孟奇却说：“你不要老是那么自责。那时候，我受了酷刑，奄奄一息，以后又被判无期徒刑，关押在监。同志们都以为我牺牲了，怎么怪你呢！”当许之祯逝世后，有家人问她是否记恨许之祯时，帅孟奇说：“我不怨他，丝毫也不怨他。”晚年的帅孟奇把爱心投入到“希望工程”上，将自己省吃俭用积蓄下来的钱全部捐给了希望小学的建设。有一首诗是这样赞美帅孟奇的：

没有孩子却儿孙满堂，
没有视力却有敏锐的目光，
没有权力却最受崇敬，
没有享受却活得最长。

帅孟奇（1897－1998），湖南汉寿人。1926年加入中国共产党，任中共汉寿县委领导小组成员。去苏联学习，回国后被中央派到武汉长江局任秘书，后到上海做工运工作。1932年在上海因叛徒出卖被捕入狱。第二次国共合作后被释放出狱，任中共湖南工委秘书长，负责机关、妇女等工作。1939年任湖南省委候补委员、委员、常委兼常益中心县委书记，当选湖南省出席中共七大代表赴延安，先后任中央农委政治秘书兼总支书记、陕甘宁边区政府甄别委主任。1945年任中央妇委秘书长，参与组织妇委的工作。新中国成立后任全国妇联常委兼组织部长、中央监察委员会常委、中央组织部副部长。“文革”中遭到迫害，1979年平反，任中组部顾问、中顾委委员等。

邓散木

（1898 — 1963）

书坛的“江南祭酒”

邓散木生于书香门第，父亲是地方法院的文书。邓散木十几岁就开始学习书法，最初师从李肃之，据说，20岁时写伊秉绶书几可乱真。1927年，与汪大铁、唐俶慕赵石（赵古泥）之名而同去常熟，列于赵氏门墙为弟子。1928年，又拜常熟萧蜕庵为师，因赵、萧二师均为常熟人，故邓散木自称“虞山弟子”。

图1是邓散木致郑香亭的信札：

香亭先生大鉴：

昨诵手教暨及印拓，感荷感荷。南京古物铜印多真，所惜剥蚀太重，文字损伤，以及寻常习见小印，河北颇多，其精美者，时有所遇。

如有古陶瓦片篆体者，以笔摹出亦佳。拙书容读后奉答。

祗候

台绥

散 木 顿首

六月廿三日

此札写在传统的专用红格宣纸信笺上，毛笔行书，格式严谨，书法精到，堪称手札精品。

邓散木学书十分刻苦、专注，他每天黎明即起，临书帖，待一大盘墨汁用尽，方用早餐，然后著述、立说、刻印，直至深夜。他的书法从峄山、石鼓、金文、汉碑、魏隶和简牍入手，工楷行草篆隶，尤其是行书专注于临“兰亭”，据说临过数百遍，我们从这帧给郑香亭的手札里不难看出王羲之的行书风格。邓散木晚年尤工狂草，采张旭、怀素、王铎诸家之长，超妙入神。

邓散木成名较早，早在1931年33岁的时候，他就在上海举办了个人展，特别是1931

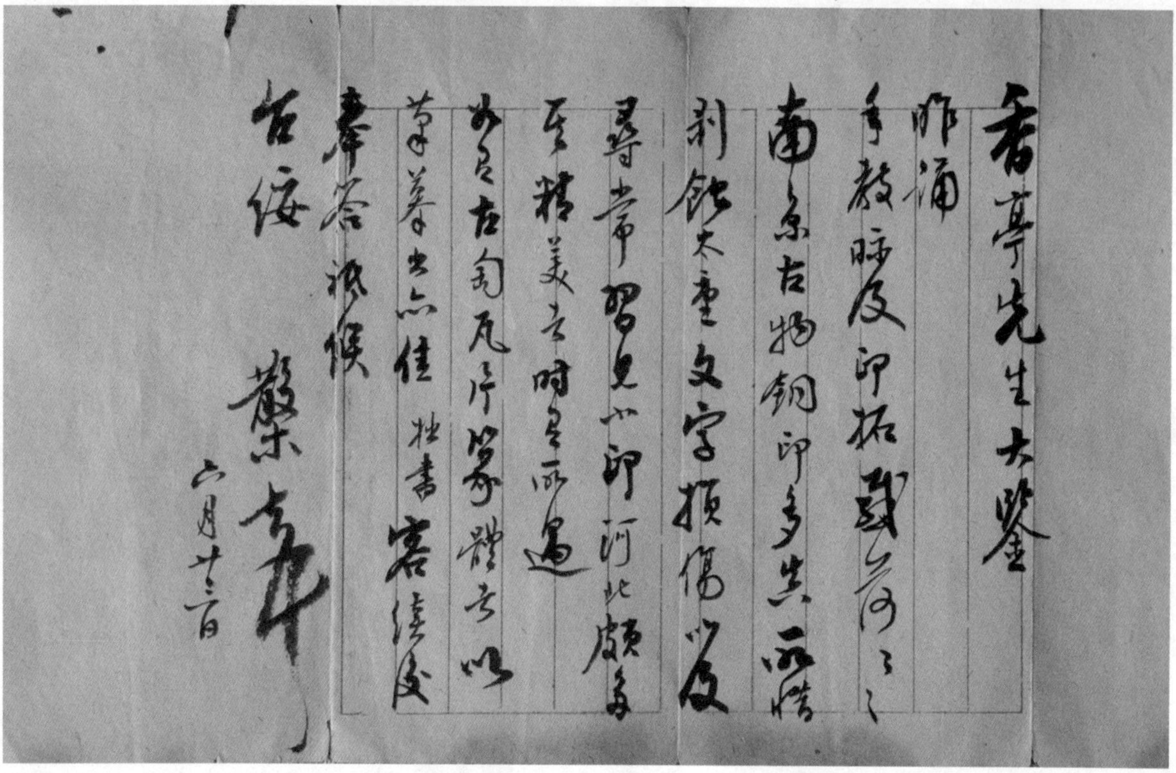

图 1　邓散木致郑香亭信札（36.7cm × 16.5cm）

年至 1949 年间，邓散木在江南一带连开 12 次展览，为艺坛瞩目，有书坛“江南祭酒”之称，其意源自“国子监祭酒”（相当于今天的全国最高学府的校长），足见他在江南一带的艺术影响。

邓散木的篆刻独树一帜。在中国印坛有“北齐南邓”之说，指的就是北京的齐白石和江南的邓散木。邓散木著有《篆刻学》一书，8 万多字的篆刻经验是他一生的治印心得，也是篆刻新人的“圣经”。

邓散木常与朋友、同行交流篆刻及收藏印章的体会，这帧手札便是他与郑香亭交流铜印和陶文方面问题的通信。他在信中阐明了南京、河北古铜印的特点以及对拓印陶瓦片篆体文的方法。

邓散木先生由于对时政不满，佯狂避世，行为古怪、借酒消愁。但他性格刚烈，个性张扬，不卑不亢，年轻时崇拜孙中山，参加了国民党。蒋介石政变后，他对国民党十分绝望，遂公开脱离国民党。在 1957 年反右运动中由于为朋友、收藏大家张伯驹鸣不平，与张一起被宣布为“右派”。

晚年居住在北京的邓散木虽政治上蒙冤，身体上疾病缠身，但仍勤于艺事。有《书法百问》、《厕简楼编年印稿》、《邓散木诗词》等著作出版，他还担任过人民出版社简化字字模的书写工作，书写了不少课本及普及读物、学生字帖等，为书法的普及教育作出了较大贡献。

1963年，66岁的邓散木摘去了“右派”的帽子，并在北京举办了个人书画展，引起轰动。这年8月，病入膏肓的他为毛泽东刻白文印章一枚，现存湖南“韶山毛泽东同志纪念馆”，自作五律诗4首，以篆、隶、行、楷四体写成四条屏，由章士钊呈送给毛泽东。图2是邓散木的一副草书：

李白乘舟将欲行，忽闻岸上踏歌声

[赠]汪伦诗句

引首钤白文印章：踦人　落款一足钤朱文印章：散木

虽然这只是邓散木的一幅书法小品，但整个作品运笔遒劲奔放，笔画劲健灵动，风神散逸，笔锋入纸灵巧而又变化多姿，方笔、圆笔、侧锋、藏锋兼备，连绵恣肆，奇逸飞动，酣畅淋漓，令人叫绝。我们无法判断邓散木在创作该幅作品时的环境和心境怎样，然而，字里行间我们仿佛读到了浪漫诗人李白《赠汪伦》诗的后两句“桃花潭水深千尺，不及汪伦送我情”；也仿佛体味到了1400年前诗人李白与音乐家汪伦的深情厚谊和汪伦在江北边踏边唱，送别乘舟而去的李白的动人场景。

邓散木曾给自己治了一方“三长两短之斋”印章，以“三长两短”概括自己的艺术建树。“三长”即篆刻、诗、书法，“两短”是绘画、填词。他的学生和后人说，这是最恰当不

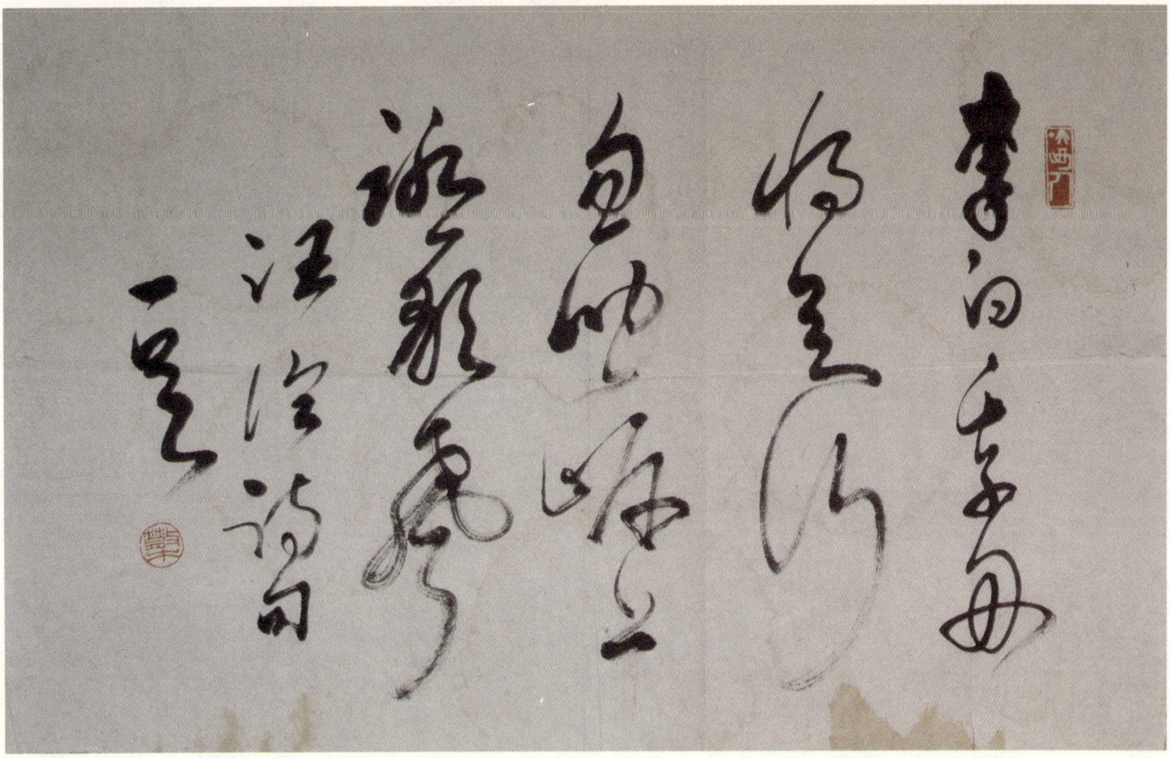

图2　邓散木草书（55cm×35cm）

过的概括。

1986年，在时任黑龙江省省长陈雷的努力下，“邓散木艺术陈列馆”在黑龙江省博物馆落成。这是我国第一个书法、篆刻家艺术陈列馆，由邓散木夫人张建权捐出的邓散木各时期的书法、篆刻代表作及绘画、手稿和其他纪念品4万余件永久保存在那里，供后人欣赏、研究。

邓散木（1898—1963），初名菊初，号钝铁，上海人，晚年居北京.30岁后自号粪翁，40岁后始称散木，1960年因动脉硬化，截去左腿，故自署一足。曾任职于上海“会审公廨”，专事鉴定犯人笔迹。是著名的篆刻家、诗人和书法家。著有《欧阳结体三十六法》、《中国书法演变史》、《怎样临帖》、《草书写法》、《篆刻学》等，其中《篆刻学》一书尤为著名。

陈立夫

（1898 – 2001）

半生纵横政海，晚年潜心孔孟

陈立夫自幼爱好书法，受古碑帖陶冶和名家指点，其书法作品在国内外深受青睐，对台湾及美国等地的求字者，他都要收取润笔费，唯独对于来自大陆的求字者免费赠送。图 1 是一帧陈立夫致湖北书画家王建新的信札：

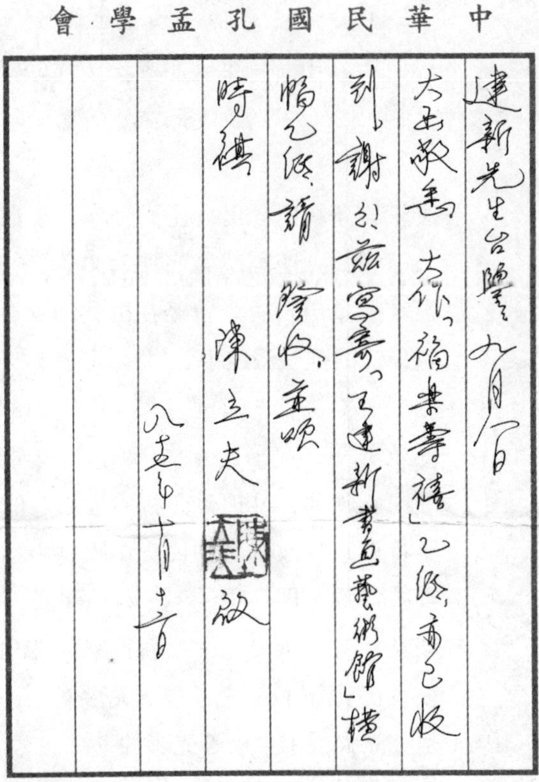

中華民國孔孟學會

建新先生台鑒：九月八日

大函敬悉，大作「福祿壽禧」已繳，前已收

到，謝謝，茲寫贈「王建新書畫藝術館」樓

匾已繳，請詧收，並頌

時祺 陳立夫 敬

八十五年十月十日

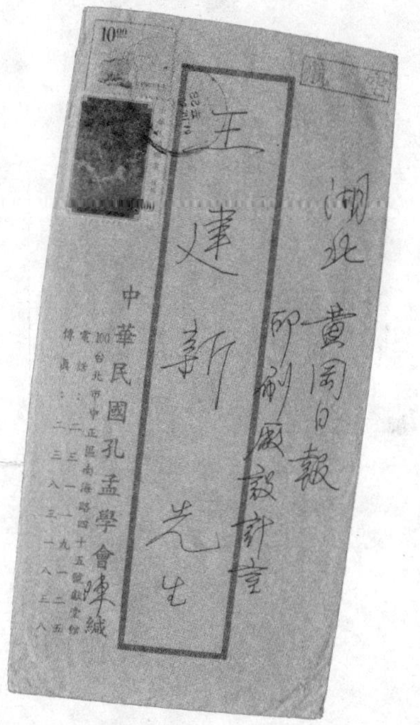

图 1　陈立夫致王建新信札（26.4cm × 19.1cm）及实寄封

建新先生台鉴：

九月八日大函敬悉，大作“福乐寿禧”一纸亦已收到，谢谢！兹写寄“王建新书画艺术馆”横幅一纸，请察收。

并颂

时祺

陈立夫 启

八十七年十月十二日

陈立夫在信中告知王建新察收“王建新书画艺术馆”横幅，此时的陈立夫已99岁，能得到陈立夫的题字真是王建新的幸运，因为1999年陈立夫百岁时即宣布封笔了，这幅书作可谓弥足珍贵。

图2是陈立夫的行书条幅：

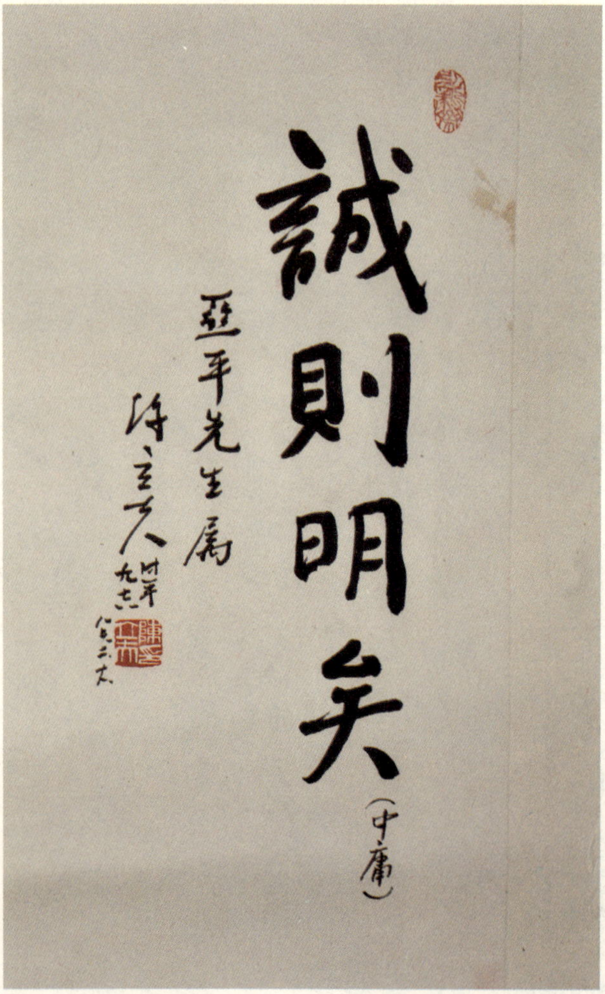

图2 陈立夫行书条幅（65.5cm × 33cm）

诚则明矣（中庸）

亚平先生属

陈立夫时年九七 八二、二、十八

引首钤朱文印章：弘毅斋

落款钤白文印章：陈立夫印

该条幅内容出自孔子后裔子思《中庸》：“诚则明矣，明则诚矣”，书写自然，充满禅意，很难想象出自一个曾经在国共两党斗争中充当先锋的强硬派之手。

陈立夫曾与其兄陈果夫一起组织“中央俱乐部”，在国民党内形成CC集团，控制国民党党部，维护蒋介石的统治。他于1938年将调查科改组为国民党中央执行委员会调查统计局（即“中统”），从事反对中国共产党并对付国民党内反蒋派系的斗争，他在教育部长任上制造了“下关惨案”。这些都是陈立夫前半生极不光彩的一页。

但就知识和学养来说，陈立夫在国民党内是有一定影响的，在他担任教育部长的七年间正值抗战的困难时期，他实行了贷金制度，使包括后来成为著名学者的李政道、杨振宁等在内的 12 万人顺利完成学业，为中国培养优秀高级人才起到了较大作用。他还推行了国民教育运动和兴办中国的大学，为中国教育事业的发展做出了努力。

1949 年，陈立夫随败退的国民党到台湾，因蒋介石整顿在台势力，使陈无法在台立足而离开为之奋斗半生的政坛去美国新泽西州定居，以经营农场养鸡、卖皮蛋、粽子等食品为生。1969 年返回台湾，任“总统府”资政、中华文化复兴运动推行委员会副委员长、中华医学院董事长、孔孟学会理事长等职，潜心研究孔孟之道，并建立了“世界孔子文教基金会”。组织编写“四维”（礼义廉耻），“八德”（忠孝悌仁爱义和平）新教材，传承孔孟之道。他还著书立说，出版了《孔子学说对世界之影响》、《四书道贯》、《孔孟之政治思想》等宣传孔孟之道。

更难能可贵的是，1973 年以后，陈立夫满怀热情地投入到呼吁两岸和平、祖国统一的事业之中。多次在报刊上呼吁祖国统一，在国民党评议委员会上联名提出两岸“和平统一案”，以及通过其他途径寻求国共第三次合作。

展读陈立夫的手札，令人感慨万千：一个追随蒋介石多年、半生与共产党为敌的中统头子，晚年却潜心于孔孟研究，倡导国共再次合作和祖国统一，并为之不懈努力，这样的思想和人生巨变，个中缘由是什么？读了由新华出版社出版的《陈立夫访谈录》，不难找出答案，是孔子思想的教化。孔子思想为什么能历经 2500 多年的漫长岁月，传承到 21 世纪的今天？用陈立夫的话说：是因为孔子之道乃人类共生共存进化之原理，“修身、齐家、治国、平天下”为人类共同追求之理想，此一理想不泯，则孔子之道永存，不受时间和空间之限制。晚年的陈立夫致力于阐扬儒学。在他看来，儒学是中国传统文化中的主流文化，“用之于身则身修，用之于家则家齐，用之于国则国治，用之于天下则天下平，像这样精致推展的系统理论乃我国独有之宝贝”。他说：“我们中华民族之所以集合 12 亿人民为一家，持续 5000 年光荣历史而不坠，并具有大刚中正之民族特性者，是因为我们祖先发明人类共生、共存、共进化之原理。此一原理自尧、舜、禹、汤、文、武、周公相继不绝，及孔子集大成，以公、诚、仁、中、行立教形成道统。”陈立夫提出，要“重建儒学，再造国魂，发皇内圣之学，新开外王事功”，因为儒学能“为天地立心，为生民请命，为往圣继绝学，为万世开太平”，儒学应该流芳千古。陈立夫担任台湾孔孟学会理事长后，在台湾各地促成建立孔庙并建立地方分会。为了儒学向外发展，召开了孔孟国际学术讨论会；在美国加州圣荷塞市，协助当地建立文化公园，公园中建有孔子铜像、中国式牌楼等；在德国、日本，协助当地建立孔庙；促成美国、加拿大一些城市举办祭孔大典等。陈立夫还亲自到台湾师范大学为博士生讲《伦理学》课程，宣传儒家经典。他还撰写了大量文章和专著，研究、阐释儒学的大义，如《伦理学》、《孟子之道德伦理思想》、《从根救起》、《中国文化概论》、《四书中的常理及故事》、《陈立夫儒家研究言论集》、《孔子何以被尊称为万世师表》、《易学应用之研究》等，在阐扬中国文化方面做出了不懈努力。

陈立夫（1898－2001），名祖燕，号立夫，浙江吴兴（今湖州市吴兴区）人。原国民党CC系首领陈果夫的弟弟，辛亥革命的领导者之一陈其美的侄子。1923年北洋大学矿科毕业后入美国匹兹堡大学煤矿工程专业学习，获硕士学位，受其叔父影响放弃实业救国思想，加入国民党。1926年初任黄埔军校校长办公厅机要秘书，随侍蒋介石左右。后历任国民党中央组织部调查科主任、中央党部秘书长、组织部长、教育部长、社会部长、立法院副院长等职。国民党败退到台湾后，陈无法在台立足而去美国新泽西州定居。1969年返回台湾，任“总统府”资政、中华文化复兴运动推行委员会副委员长、中华医学院董事长、孔孟学会理事长等职，潜心研究孔孟之道，并建立了“世界孔子文教基金会”。

老舍

（1899 – 1966）

“人民艺术家”的书画之家

一个阳光明媚的上午，与在京工作的老同学一起去北京丰富胡同 19 号老舍纪念馆，拜谒老舍故居。

老舍故居是一座紧邻故宫和王府井的“三合院”，因老舍与夫人在院中种植了两棵柿子树，每当秋季，硕果累累，小院遂被称作“丹柿小院”。巧的是，当我们走进这座小院时，老舍的女儿、老舍纪念馆的名誉馆长舒济正在院子里接受电视台的访谈。这使我们有机会在“丹柿小院”里倾听老舍的往事。

与我同行的老同学是位品位很高的艺术鉴赏家，在老舍的小院里，他还向我讲述了老舍及其家人的书法与国画造诣。

老舍：作家里的书法大家

老舍出生在一个贫苦的旗人之家，1 岁时，当清兵的父亲惨死于八国联军之手，童年的老舍与母亲在贫困与痛苦中度过。老舍自幼入私塾，临过魏碑、汉隶和唐楷字帖，在北平师范读书时，其校长是书法家方还，方还很欣赏老舍的才气和勤奋，老舍的书法也深受方还的影响，逐渐形成了楷隶兼备、硬朗灵动、凝练厚朴、端正清雅而又有书卷气的风格。

新中国成立前，老舍的书法多以楷书为主，端端正正，书卷气较浓，笔墨似乎不够精到，但也常被文友收藏，抗战期间为了筹款劳军，老舍参加过卖字献金活动，当时，售出最多的是他和郭沫若的墨迹。

图 1 是老舍早年的一幅书法：

> 中国字难认，更难写，不设法改掉它教育便永不易发展。
>
> 不过，这是后话，暂且不言，且说写中国字也有些好处：拿起毛笔，便另有滋

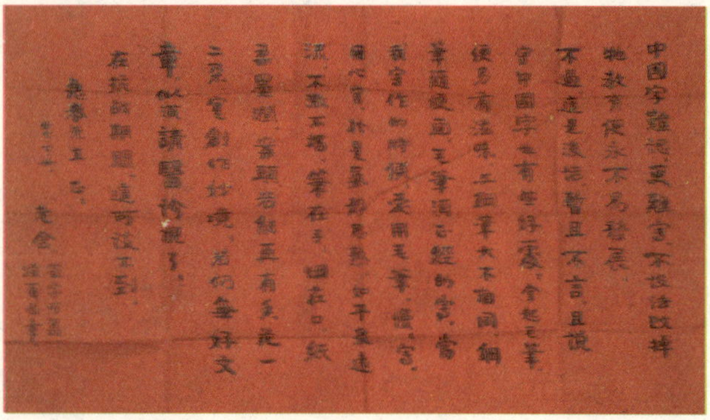

图 1 老舍书法（79cm × 50.5cm）

味，与钢笔大不相同，钢笔随便画，
毛笔须正经的写，当我写作的时候，
爱用毛笔，慢慢写、用心写，于是
气静思熟、如平泉远流，不激不竭，
笔在手、烟在口，纸柔墨润、案头
若能再有香花一二朵，实创作妙境，
若仍无好文章，似须请医诊视了！

在抗战期间，这可谈不到。

急恭先生 正之

二七．七．廿

老舍 签字可靠、没有图章

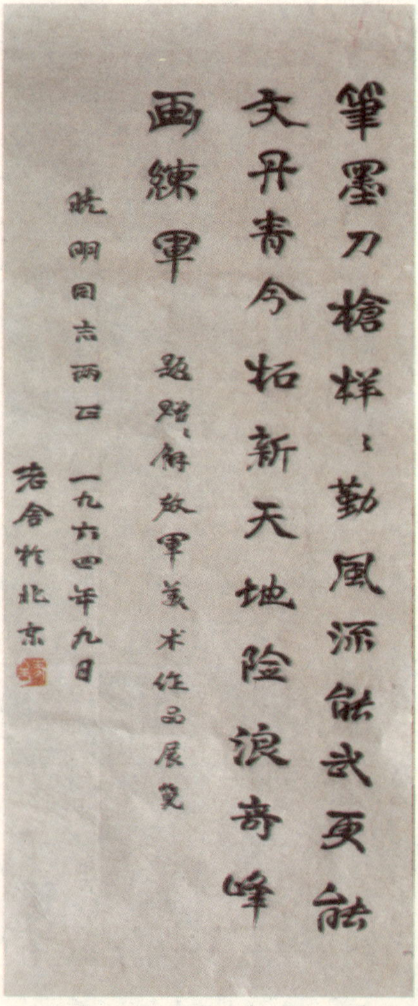

图 2 老舍书法条幅（70cm × 27.5cm）

老舍这幅书作写于民国二十七年，即 1938 年，正值抗日战争期间，其书方整平正、结体自然、中规入矩、一丝不苟，用笔方圆兼备、得体大方、刚柔相济、典雅文气，尤其是内容极好，谈的是中国文学，说的却是用文字写作的乐趣，境界高深却不乏幽默，是典型的老舍风格，十分珍贵。

新中国成立后，老舍的书法日臻老练雅致，特别是他在新中国的地位和名声日高，求字者甚多。除了名胜古迹、店铺商家等请老舍榜书美名外，还有许多展览、会议请老舍题词增色。图 2 这帧 1964 年 9 月为晓明书写的条幅就是老舍为解放军美术作品展览所作的题诗：

笔墨刀枪样样勤，
风流能武更能文。
丹青今拓新天地，
险浪奇峰画练军。

题赠：解放军美术作品展览

晓明同志两正

一九六四年九日

老舍于北京

老舍被称为“作家中的书法大家”。他还为一些名人撰书自创过对联：如赠茅盾的“鸡鸣茅屋听风雨，戈盾文章起斗争"；赠巴金先生的"云水巴山雨，文章金石声"，都是名字作嵌，语兼庄谐，自成一家，堪称老舍书作的神品。

老舍一生酷爱书法，挥毫不辍，每年的岁首都要秉承古代书法家"新正书纸开端"的传统，以写字迎新年，在他的日记中就有"元旦写字"、"初一写字"的记录。1966 年 8 月 24 日他怒而辞世时，与他一起沉入太平湖的是被他视为自己书法得意之作的毛泽东诗词长卷。巴金在谈到老舍时说："人亡壶全，他把最美好的东西留下来了。"当然，留下了的除了他的文学成就和可敬的人品之外，还有被称作"老舍书体"的书法精品。

老舍夫人胡絜青：卓有成就的女画家

老舍夫人胡絜青也是满族人，少女时就喜爱美术和文学，早年师从汪孔祁、杨仲子、孙诵昭学习书画，1931 年与老舍结婚。1950 年拜国画大师齐白石为师，为齐入室女弟子，得其真传。

在 20 世纪中叶前的中国画坛，男性画家的成就掩盖了女性画家的光芒。这不是女子的才艺不及男子，而是传统的封建专制使然。新中国成立以后，这种状况大为改观，一批女画

图 3　胡絜青《牡丹蜜蜂图》（63cm × 42cm）　图 4　舒乙《钟声和哨声的交响》(138cm×68cm)

家脱颖而出，胡絜青便是其中之一。

作为“人民艺术家”老舍的夫人，胡絜青在相夫教子、操持家务的同时，在自己的艺术道路上不断研习、追求。她专攻花卉翎毛，亦工亦写，尤以菊花、牡丹、松竹见长。其作品《菊花》被印行于特种邮票，并获新中国30年最佳邮票奖。其画作《牡丹图》被作为国礼由邓颖超访问越南时赠送给胡志明祝寿。

1980年胡絜青在香港举办了个人画展，她的国画开始达到了一个新的峰巅，相继有《絜青画册初集》、《胡絜青画集》、《胡絜青百菊图》等画册出版。图3《牡丹蜜蜂图》是胡絜青1990年的作品。老干犹如峥峥倔骨支撑着生机勃勃的枝叶和花朵，盛开的牡丹清淡素雅，吸引了两只蜜蜂争相扑来，仿佛有暗香浮动，令人神怡。这幅《牡丹蜜蜂图》虽构图简洁，色彩清淡，却把牡丹的华贵绚丽、艳而不俗、国色天香的丽质表现得淋漓尽致，尤其是那两只画龙点睛的蜜蜂，犹如飞蛾扑火，佐证了诗人“竞夸天下无双艳，独立人间第一香”（唐·皮日休《牡丹》）的佳句，画意中蕴涵着诗情。这种中国画独有的意境被86岁的胡絜青演绎到了极致。

据说，胡絜青95岁高龄时还在作画，可谓与画相伴终身。

老舍之子舒乙：文人画家

老舍之子舒乙是工程师出身的著名文学家。曾担任中国现代文学馆副馆长、馆长20年。舒乙60岁开始画画，与其他画家有所不同的是，他没有师从任何画派，没有学过绘画技法，而是凭着自己对人生和艺术的感悟，从生活实际出发，用自己的方法画画。而且，一画不可收拾，画作不仅在大陆展览，而且还在香港、澳门和美国展出，现代绘画大家丁绍光在评价舒乙的画作时说：“这是极大的童趣。”图4是舒乙作于2006年的《钟声和哨声的交响》，画的是北京城的鼓楼和飞翔在天空中的小鸟。古老的门楼庄严而凝重，悠扬的钟声打破了黎明前的黑暗，欢乐的鸟儿唧唧喳喳地叫着围绕着古城自由地飞翔，鼓楼的钟声与鸟儿的叫声映衬着和谐的古城。可以说这是一幅童趣横生的画作，是71岁的画家对北京古城的童年记忆，也是一位古稀文学家对和谐的人文理解。细细读来，感人至深。有人说，舒乙的画有五个特点：一是在技法上反传统；二是介于具象和表现之间；三是注重色彩和光线；四是带有文学性；五是传递一点意思，最求好看和耐看。舒乙的这幅《钟声和哨声的交响》可谓五点俱齐。还有人说，舒乙的画是文人画，不单纯依赖绘画技巧来吸引读者的眼球，而是通过画笔传达画者心中的思想和精神境界。这不禁使人产生这样的联想，老舍是书法家，但他不会画画，在他辞世20多年后，他的长子舒乙弥补了他的这个缺憾。也许这也是儿子对父亲的一种慰藉吧。

当我和老同学就要结束近1个小时的瞻仰离开“丹柿小院”时，发现小院中的电视访谈还在进行，也许由于主持人太专注于采访，而忘记了舒济已是位77岁的老人。出于善意，我给摄像师写了个便条：采访持续的时间太长了吧？请让舒先生休息一下！摄像师将便条转给了主持人。于是，主持人暂停了采访，请舒济休息。趁此间隙，我们向她问安。舒济非常高兴，欣然为我们在老舍故居纪念明信片上签名留念，如图5。

我们不想占用舒济的休息时间，起身告别了"丹柿小院"。走在北京的胡同里，回味着老舍一生的文学创作和书法艺术，品味着胡絜青的画作，思考着舒乙文人画的寓意，再看看手中明信片上舒济的签名，仿佛依旧嗅着"丹柿小院"里盛开着的鲜花的芳香。

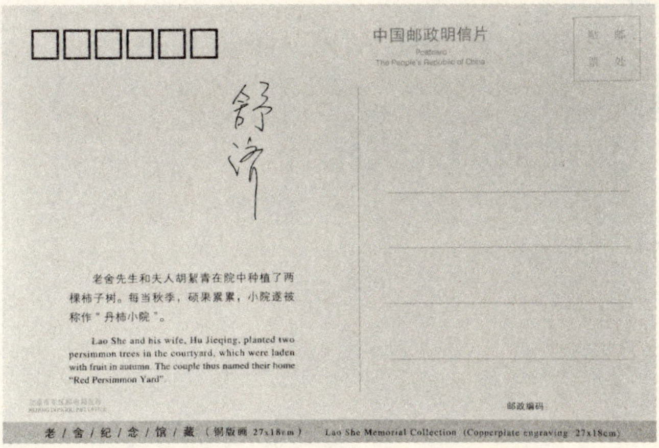

图5 舒济签名明信片

老舍（1899-1966），现代作家，原名舒庆春，字舍予，北京人。1918年，北京师范学院毕业后任小学校长和中学教员。1924年赴英国，任伦敦大学东方学院中文讲师，同时进行文学创作。他一生留下了900多万文字，其中包括《骆驼祥子》、《四世同堂》等80多篇（部）小说；《茶馆》、《龙须沟》等42部戏剧，还有大量的诗歌、散文等。新中国成立后任中国文联副主席，中国作家协会副主席、北京市文联主席等职。1951年，北京市人民政府授予他"人民艺术家"称号。老舍性格倔犟，刚正不阿，在"文革"之初遭到一场非人的批判后怒沉太平湖，以投湖弃世的方式结束了自己的生命和创作。

胡絜青（1905－2001），原名玉贞，号洁青，北京人。毕业于北京师范大学国文系。1951年加入中国画研究会，历任组长、常务理事和副主席，1957年与陈半丁、于非闇、孙诵昭举办作品展。1958年受聘于中国画院。她的名字被列入《英国传记中心名人录》等书中，是近百年来中国画坛卓有成就的女画家之一。

舒乙，1935年出生。1954年留学苏联。回国后当了25年工程师。1978年开始发表文学作品，1985年起任中国现代文学馆副馆长、馆长长达20年，负责筹建了中国现代文学馆新馆。先后出版有《老舍散记》等散文集和《老舍》等传记文学。现任中央文史馆馆员。

沈从文

（1902 — 1988）

流淌的人文情怀

非常喜欢沈从文的章草，不仅是因为沈从文的章草在中国现代书坛弥足珍贵，而且还因为仰止一代宗师的文学成就和自由精神。

我一直期待着目睹沈从文的章草，而且等了多年。正如沈从文说过的：“我明白你会来，所以我等。”

终于在几年前得以拜读沈从文致现代作家程朱溪的章草信札，图 1 便是：

朱溪：谢谢你来信总不忘劝我的话。自己真是中年无用人了，除去牢骚，所谓生活，就剩余无多了，近来大致是天气不行，只想与世界离开。文章是写来也全无

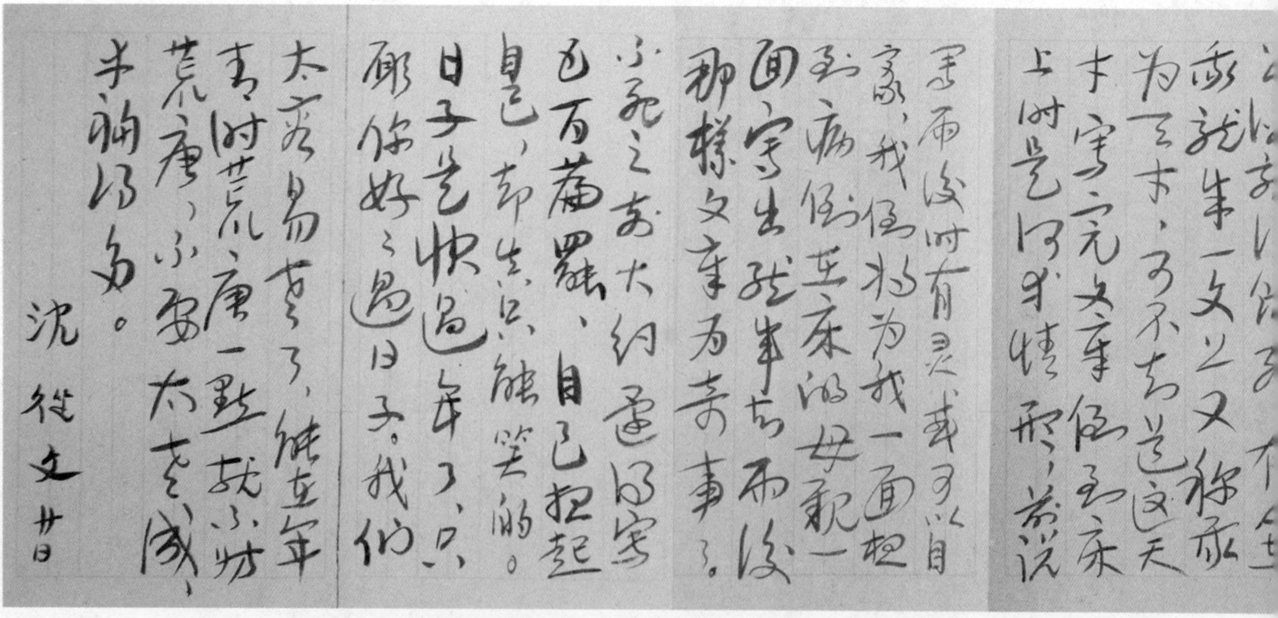

图 1　沈从文致程朱溪信札（30.2cm × 27.2cm × 4）

意思的，我似乎在做文章以外还应当作一点其他事情，但目下则除了这样写写一块五一千字的小说以外就是坐到家中发自己的脾气，或者世界上也应有这种人点缀，所以无法与命运争持了。

身体不好则只想回北平住，可是还不知要到什么时候我可以来去自由。目下则一离开上海就得饿死。有人在我《龙朱》一文上又称我为天才，可不知道这天才写完文章倒到床上时是何等情形，前说写《雨后》时有灵感可以自豪，我倒将为我一面想到病倒在床的母亲一面写出《龙朱》与《雨后》那样文章为奇事了。不死之前大约还得写五百篇罢，自己想起自己，却真只能笑的。

日子是快过年了，只愿你好好过日子。我们太容易老了，能在年青时荒唐一点就不妨荒唐，不要太老成，幸福得多。

沈从文 廿日

这封信是1929年1月30日沈从文写给程朱溪的，程朱溪曾和沈从文一起合作编辑过《人间》和《红黑》，是沈从文的文友。那时，沈从文已不参加任何社会工作，在上海专事写作，因此信中有："我似乎在做文章以外还应当作一点其他事情，但目下则除了这样写一块五一千字的小说以外就是坐到家中发自己的脾气"，"目下则一离开上海就得饿死"句，而恰在这一时期沈从文在上海的报刊上发表了信中提及的小说《雨后》和《龙朱》。

这通手札的开头感谢的是"不忘劝我的话"。可见，沈从文的内心是复杂的，但也是直白的，信中明确地表白了他"只想与世界离开"的念头，这正是中国文人的坦诚。信中以"可不知道这天才写完文章倒到床上时是何等情形"之句，嘲笑了有人称他为天才的说法，而且

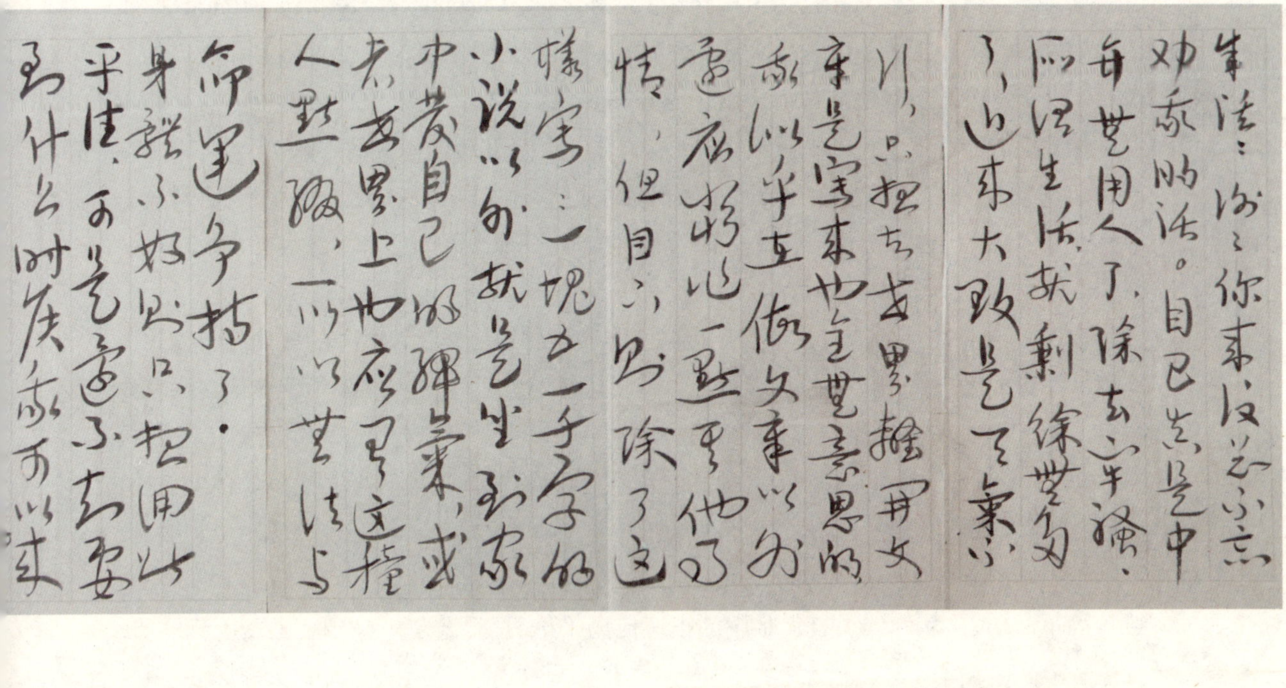

逆境中的他还关心着别人："只愿你好好过日子。"信的结尾，又不乏天真和幽默："我们太容易老了，能在年轻时荒唐一点就不妨荒唐，不要太老成"。可见，他非但不对自己的"荒唐"后悔，而且还好言相劝别人"不要太老成"，可见他的执著情怀。

章草是我国有2000年历史的古书法。据张怀瓘《书断》载："章草者，汉黄门令史游所作也。"南朝宋王愔云："汉元帝时史游作《急就章》，解散隶体，粗书之。汉俗简惰，渐以行之是也。"北宋黄伯恩《东关余论》曰："凡草书分波磔者名章草，非此者但称草，犹古隶之生今正书，故章草当在草书先，然本无章名，因汉建初中，杜操伯度善此书，帝（章帝——作者注）称之，故后世目焉。"以其施于奏章，故曰章草。可见，章草因章帝的承认而得名，也因章帝批用于奏章而达到了高潮。到了近现代，秉承传统章草之精华，而又自成一体者寥寥无几，沈从文的章草深谙隶意，融通汉简，创新今草，可谓达到了登峰造极的境界，不失为今世章草之神品。

其实，沈从文早在年轻时其书法成就就已被公认，当时内阁总理熊希龄为年轻的殉职部属立碑，为其碑书丹者就是沈从文。多年后，书法家黄苗子看了沈从文书丹的六尺碑文拓片后说："这真不可思议，要说天才，这就是天才，这才叫做书法。"

在20世纪二三十年代的中国文坛，沈从文的书法亦是高雅的尚品，1929年10月，作家、诗人施蛰存新婚，沈从文与友人胡也频、丁玲夫妇的贺礼便是沈从文用鹅黄洒金笺书写的横幅："多福多寿多男女"7个很有功力的章草。

沈从文在家乡读小学时是"逃学记录最高的顽童"。小学毕业后参加了当地的军队，在担任有儒将之称的靖国联军第一军统领官陈渠珍书记期间，有机会为陈读书和观赏陈收藏的古画、古铜器以及古书、碑帖等，认识了许多文物的名称和价值。其间，沈从文还进入陈渠珍设立的民治报馆，接触《民治报》的编刊工作，这是他最初的编辑生涯。对于这段有文学艺术启蒙意义的生活，他后来在自传里回忆说："我从这方面对于这个民族的一段长长的年份中，用一片颜色，一把线，一块青铜或一堆泥土，以及一组文字，加上自己生命做成的种种艺术，皆得了一个初步普遍的认识。由于这点初步认识，使一个以鉴赏人类生活与自然现象为生的乡下人，进而对于人类智慧光辉的领会，发生了极宽泛而深切的兴味。"

五四运动的余波和其罹患的一场四十天的大病以及好友陆弢的溺水死亡深深地刺激了二十出头的沈从文。经过四整天的思考，他终于决心离开军队，离开乡里，去北京"找理想、读点书"，从此改变了自己的命运。

1923年夏，初到北京的沈从文近距离接触了有古代和现代博物馆之誉的琉璃厂，读到了《新青年》等新文化刊物，转而去北京大学旁听，并开始练习写作。1924年，沈从文的习作初次在《晨报》上发表，并开始与郁达夫、徐志摩、胡也频和丁玲等交往，尔后陆续发表散文、小说等，开始了职业创作生涯。1928年，他从北京到上海编刊物、写小说并与巴金等作家交往。1934年后，沈从文先后发表了《边城》、《湘西散记》等充满人文情怀和乡土气息的小说和散文，奠定了他在中国文坛的地位。

抗日战争时期，沈从文伴随着灾难中的祖国流离于昆明、香港、重庆等地，虽然生活颠沛，但他仍然坚持信仰、埋首做事，执著地追求人性，其间他被任西南联大中文系主任的朱自清聘为教授，他讲授的现代文学和各体文习作课常常是座无虚席，许多文学青年到他家求教，这一时期的沈从文扶植了汪曾祺等一批文学青年，还发表了《王嫂》、《绿魇》等一批文学作品。

抗战胜利后，沈从文应北京大学之聘，任文学系教授，同时受聘多家报纸副刊的主编，继续他的教书、写作和编辑生涯。然而，在1948年他的自由主义思想遭到了郭沫若等一批在香港的左翼文化人士的猛烈批判，在北大"民主墙"也贴出了打倒"第三条路线的沈从文"的壁报。然而，就是在这样的高压之下，也没能动摇他留下来迎接新政权诞生的决心，即使在老熟人、北大教务长陈雪屏亲自拿了飞机票动员他携家眷去台湾时，他仍毅然谢绝，可见大师坦荡的情怀。

新中国成立初期的历史转换使执著而又多愁善感的沈从文经受了一场心灵的煎熬，因对新政权不理解，承受不了政治压力，他精神抑郁，在恍惚迷茫的状态下，精神逐渐崩溃，先后两次自杀未遂，他在北大的课程被取消，写的文章不能发表，甚至在开明书店的已印和未印的各书稿及纸型全部被焚毁。这对于一位以文为生的人来说是何等巨大的打击！然而，就是在这样的惨境下，刚直的他也没有屈服。其实，当时他只要求助一下已成为"第一夫人"的自己昔日的学生江青，命运也许将会改写。然而，他没有这样做，足见他的自尊。

在沈从文沉沦的时候，家人和朋友纷纷来劝慰他放宽心。丁玲、陈明、何其芳、巴金、黄永玉等更是劝他不要疑神疑鬼。不久，沈从文被调到中国历史博物馆，此后长期从事文物管理、解说、鉴定和研究工作，完成了巨著《中国古代服饰研究》。虽然，他意外地躲开了反右斗争，却难逃"文革"浩劫，和众多中国知识分子一样，他经受了非人的折磨。

1976年拨乱反正后，沈从文也像出土文物一样，日益引起世人的瞩目，先是调任中国社会科学院研究员，后去美国哥伦比亚、耶鲁、哈佛、普林斯顿等17所大学作《20年代中国新文学》等演讲。特别是1987年，在他85岁的时候，国外一些团体提名他为诺贝尔文学奖候选人，一股前所未有的"沈从文热"在国内外兴起。然而，沈从文是冷静而从容的，他说："我最不需要出名，也最怕出名。写几本书有什么了不起？何况总的来说，因各种理由，我还不算毕业，哪值得夸张！我要尽量做到不为外人所知，而达到忘我境界。"可见他盛名之下虚怀若谷的情怀。

晚年的沈从文进入了化境，尤其是书法。从图2沈从文在印光法师隶书中堂的题跋里我们会有所体会：

> 印光为我国当代净土宗高僧，被誉为民国以来净土第一尊宿莲宗十一祖，陕西郃阳人，弘一法师尊其躬行弟子礼。印光法师书法功力深邃，富有禅意，是幅为临泰山经石峪，笔意高古，淳朴厚重，不落尘俗也。
>
> 沈从文观识年七十

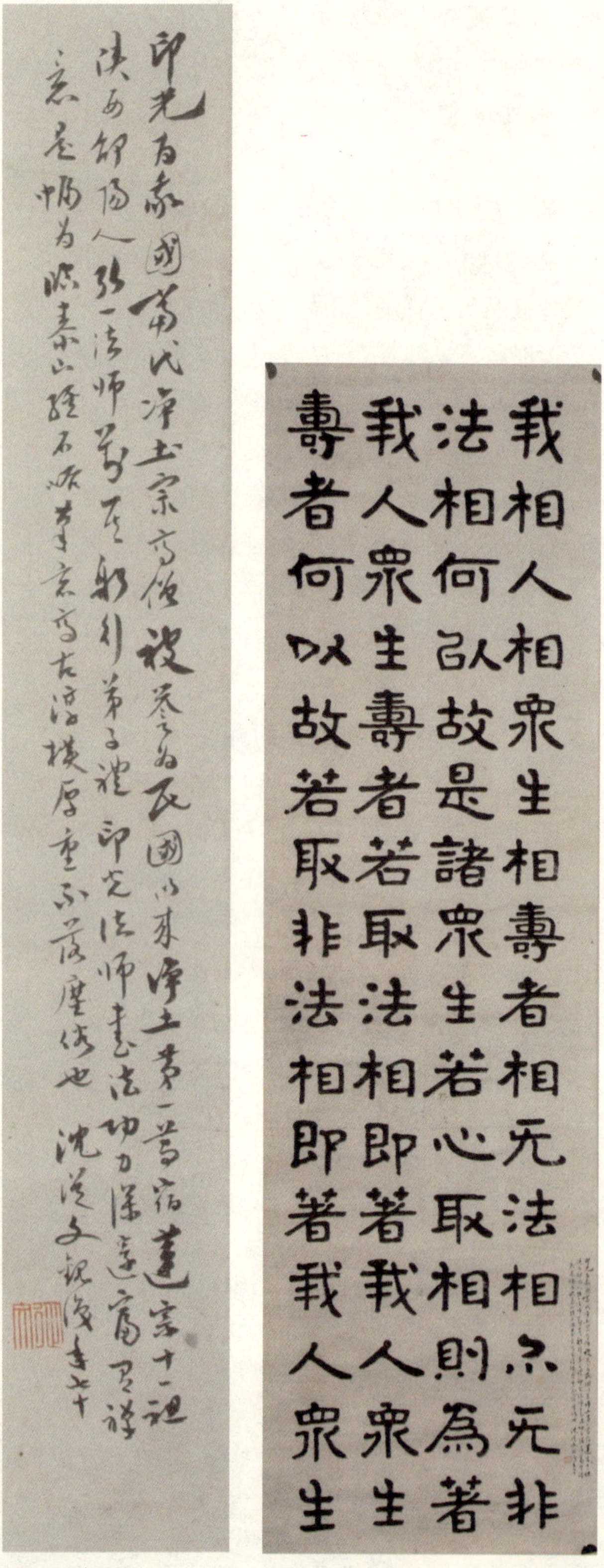

图2　沈从文在印光法师隶书中堂上的题跋
（右图为放大的题跋）（165cm×48cm）

上书“被誉为民国以来净土第一尊宿莲宗十一祖”，应为“十二祖”，可能系笔误。

1988年5月10日下午，沈从文在接见一位故旧的女儿和女婿时，知晓了故旧的种种不幸遭遇，特别激动，心脏旧病突然复发，弥留之际的沈从文对他的夫人张兆和说：“三姐，我对不起你！”在说完这句闪烁着人性光芒的最后一句话后，一生创作和集约有80余部作品、被称作中国“乡土文学之父”的一代大师平静地闭上了双眼。

著名评论家、鉴定家、《中国美术》主编徐恩存在看了沈从文的手札后欣然题跋，见图3：

偶读从文大师手札如见其人，亦悲亦喜，尽在其中，先生人品、书品俱佳，且磊落坦荡、光明刚正，为人间之楷模，学问之丰碑，此札之平淡、从容，足见心灵之邈远，人格之高风亮节，先生之风山高水长。

戊子春日徐恩存叩首

也许，徐恩存的这段话恰是对沈从文一生的概括吧。

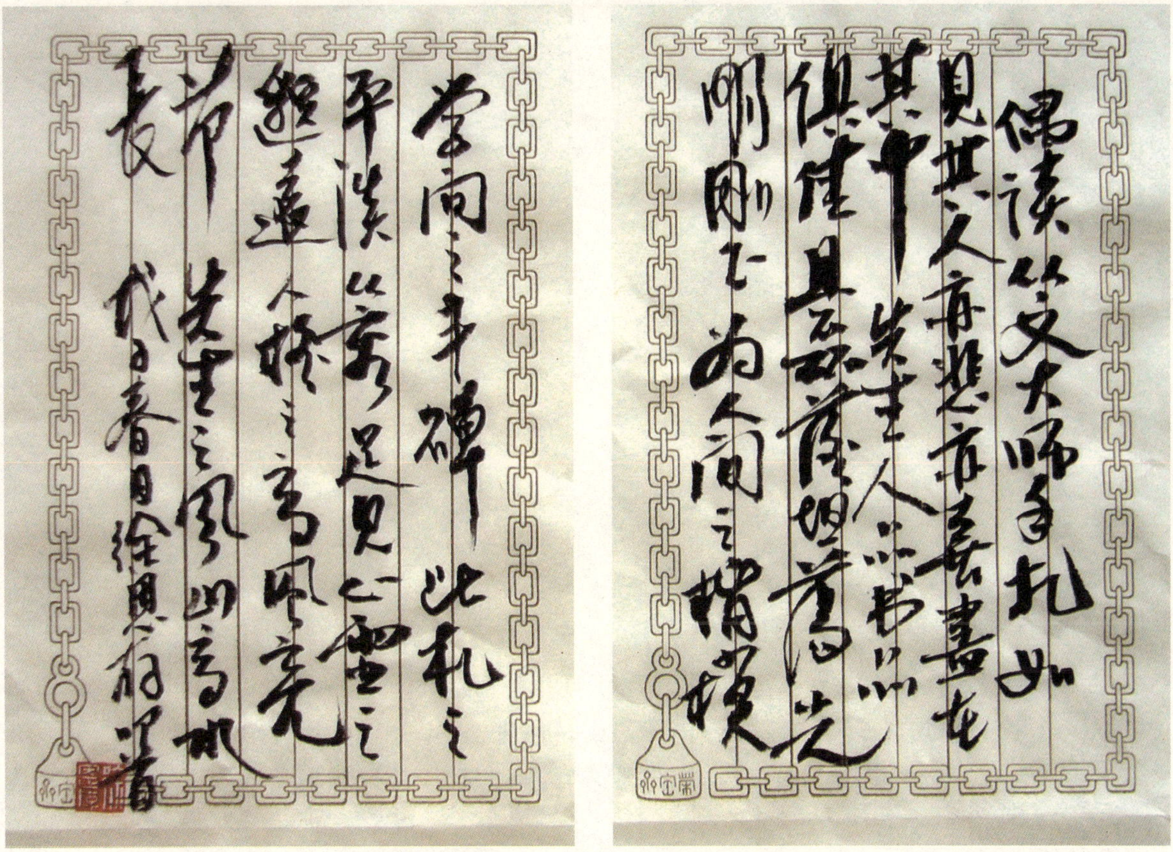

图3　徐恩存题跋

沈从文（1902–1988），汉族，有苗族血统，湖南凤凰人。小学毕业后参加了当地的军队，担任过上士司书等职。五四运动后离开军队去北京大学学习。1934年起发表《边城》、《湘西散记》等小说和散文，奠定了他在中国文坛的地位。后任西南联大中文系教授、北京大学文学系教授。新中国成立后调到中国历史博物馆，长期从事文物管理、解说、鉴定和研究工作，著有《中国古代服饰研究》。1976年，调任中国社会科学院研究员。1987年、1988年两度被提名为“诺贝尔文学奖”评选候选人。

聂绀弩

（1903 — 1986）

孤独的诗人

聂绀弩的才华是公认的。他是黄埔军校二期学员，参加过东江讨伐陈炯明的战役，曾留学莫斯科中山大学，聆听过斯大林关于中国革命形势的报告，还曾担任过香港《文汇报》的总主笔。有人说，若论武略，他可以为将；如论文才，他可以为相。然而，聂绀弩命运不济，1957 年被错划为右派，“文革”中又被判无期徒刑，直到 1979 年才得以平反昭雪，这时的他已是 73 岁的老人，且体弱多病。晚年的聂绀弩又写起旧体诗来，而且颇有建树，被称为“我

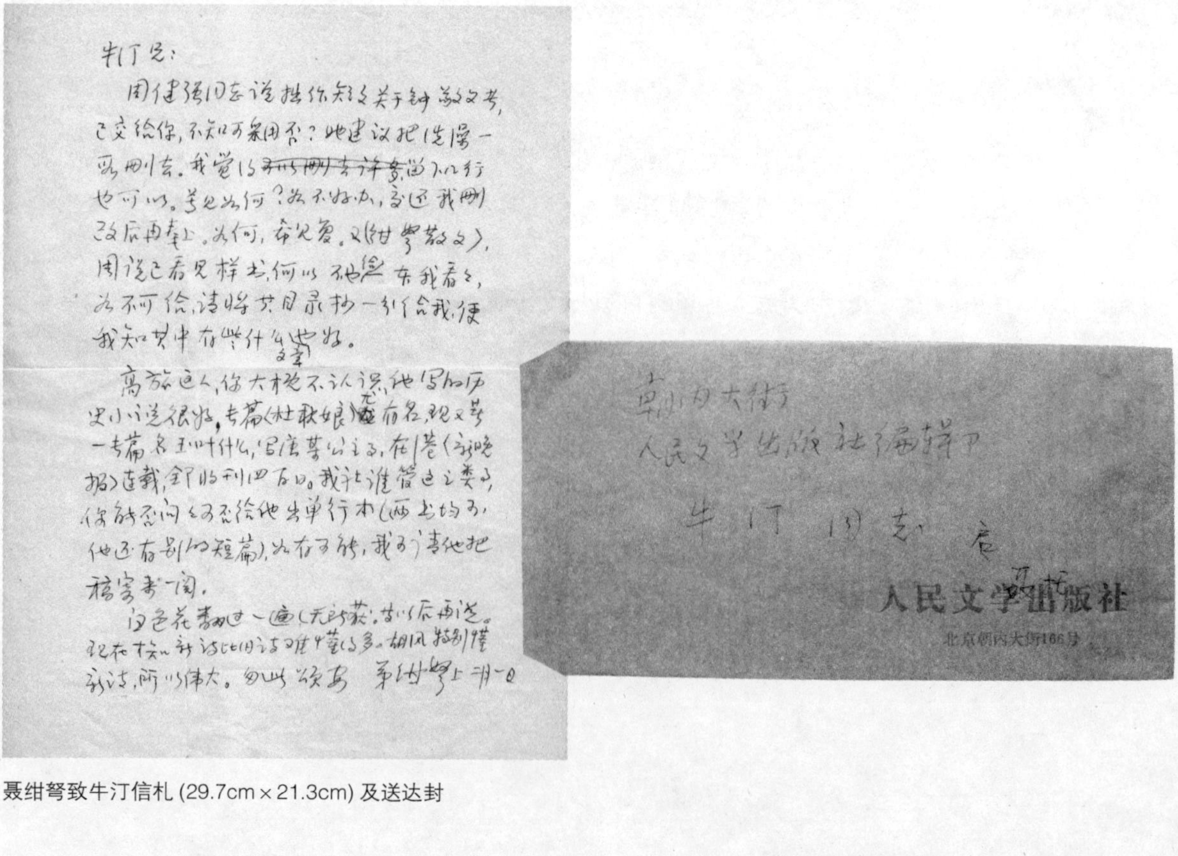

牛汀兄：

周健强同志说据你知道关于绀弩散文书，已交给你，不知可采用否？她建议把选集一两删去。我觉得~~可以删去许多~~留下不删也可以。兄以为何？如不好办，可还我删改后再奉上。如何，希见复。《绀弩散文》，周说已看见样书，何以不把给我看看，如不可给，请将其目录抄一份给我，使我知其中有些什么文章好。

高旅这人，你大概不认识，他写的历史小说很好，长篇《杜秋娘》尤有名，现又写一长篇名玉叶什么，写唐某公主事，在港《新晚报》连载，约刊四百日。我社谁管这类事，你能否问问可否给他出单行本（两书均可，他还有别的短篇），如有可能，我可请他把稿寄来一阅。

《白色花》看过一遍，无所获，当以后再说。现在才知新诗比旧诗难懂得多。胡风特别懂新诗，所以伟大。即此 敬安 弟绀弩上 卅一日

朝内大街

人民文学出版社编辑部

牛汀同志 启

人民文学出版社

北京朝内大街166号

聂绀弩致牛汀信札 (29.7cm × 21.3cm) 及送达封

国千年传统诗歌里的天外彗星”。然而，在更多的人看来，他更是位“孤独的诗人”。

聂绀弩的耿直、幽默和散漫是出了名的。上图是一通他致人民文学出版社编辑、诗人牛汀的信札，试读其文，可以找寻到聂绀弩的一点影子：

牛汀兄：

周健强同志说拙作短文关于钟敬文考，已交给你，不知可采用否？她建议把洗澡一段删去。我觉得可以留下几行也可以。尊见如何？如不好办，交还我删改后再奉上，如何，希见复。又（绀弩散文），周说已看见样书，何以不也给一本我看看，如不可给，请将其目录抄一份给我，使我知其中有些什么文章也好。

高旅这人，你大概不认识，他写的历史小说很好，长篇《杜秋娘》尤有名，现又著一长篇名玉叶什么，写唐某公主事，在港《新晚报》连载，全部收刊四百日。我社谁管这之类事，你能否问问可否给他出单行本（两书均可，他还有别的短篇）。如有可能，我可请他把稿寄来一阅。

《白色花》翻过一遍，无所获，等以后再说。现在才知新诗比旧诗难懂得多。胡风特别懂新诗，所以伟大。

匆此

颂安

弟 绀弩上

二月一日

这封信估计写于1981年或1982年，因为人民文学出版社于1981年出版了聂绀弩的散文集《绀弩散文》，信中有所提及。这样算来，他当时已是75岁高龄，但他十分清醒，信中提及周健强、钟敬文、高旅、胡风等人和长篇小说《杜秋娘》、《玉叶冠》及牛汀的新诗集《白色花》等作品，人事分明，层次清晰，令人佩服，而且老人还不乏幽默，对自己的下级、比自己小的牛汀称兄，道自己为弟；对已出样书的自己的散文集则称：“如不可给，请将其目录抄一份给我。”而对于香港作家高旅及其作品则全力举荐，并求牛汀“你能否问问可否给出单行本。”

聂绀弩是诗人，可他却谦称：“现在才知新诗比旧诗难懂得多。胡风特别懂新诗，所以伟大。”1957年聂绀弩卷入“胡风事件”而被划为右派，发配北大荒劳动，在东北的冰天雪地里，他重新拾起笔来在孤独的劳作间隙写诗抒情。这一时期曾写过描写北大荒生活的诗，其中有一首《冰道》：

冰道银河是又非，魂存瀑死梦依稀。
一痕界破千山雪，匹练能裁几件衣？

屋建瓴高天并泻，撬因地险虎真飞。
此间多少降龙木，月下奔腾何处归？

在这首旧体诗中，远在北大荒的聂绀弩孤独地感叹，当年杨家将为了保卫大宋江山而千寻万找的降龙木，在北大荒却有的是，意指在北大荒劳动的“右派”都是人才，在月光泛泛的夜里，将它们滑到哪里去了呢？抒发了诗人“处江湖之远则忧其君”的心态。聂绀弩的旧体诗自成一体，被称作“绀弩体”。

在北大荒，聂绀弩还被北大荒儿女的劳动热情和勤劳所感动，写下了《北大荒之歌》：

北大荒、天苍苍、地茫茫，一片衰草和苇塘……
北大荒、红旗扬、好风光，生产大军上战场……
公路宽、铁路长、机车响当当，电灯亮煌煌……

这首热情饱满的诗歌如今已成为黑龙江省的文化名片，成了北大荒的“推介书”，这是诗人在孤独中写诗抒情时所没能想到的。

聂绀弩一生坎坷，黄埔二期的同学中出了林彪、周逸群、郑介民和杜聿明等名人，而他却弃武从文，走上了一条多舛而孤独的路，蹲了十年大狱出来后，迎接他的不是亲人的相见，而是痛失爱女的悲伤。1986 年 3 月 26 日，躺在医院病床上的聂绀弩对老伴说：“我很苦，想吃一个蜜橘。”老伴剥了个蜜橘给他。聂绀弩一瓣一瓣地全吃了下去，连核儿都没吐。还连连说：“很甜很甜。”吃完后，他就睡着了，从此再没醒过来。孤独的诗人就这样走完了他的人生之路。2004 年，十卷本的《聂绀弩文集》出版发行。

聂绀弩的一生多有悲剧，正如鲁迅先生所说：“悲剧是把美的东西撕毁给人看的。”

聂绀弩（1903 — 1986），字干如，曾用名耳耶、二鸦、萧今度等，湖北京山人。早年曾参加“左联”，是鲁迅的十二大弟子之一。1934 年加入中国共产党，做过记者、编辑。著有小说《天壤》、杂文集《蛇与塔》、《早醒记》、散文集《巨象》、剧本《婵娟》、诗集《三草》、《散宜生诗》等。曾任人民文学出版社的副社长、副总编和古典部主任，对《水浒传》、《红楼梦》和《聊斋》等古典名著很有研究，是中国作协理事、著名的作家、诗人和编辑家。

丁玲

（1904 — 1986）

纤笔一支谁与似

壁上红旗飘落照，
西风漫卷孤城。
保安人物一时新。
洞中开宴会，
招待出牢人。

纤笔一支谁与似？
三千毛瑟精兵。
阵图开向陇山东。
昨天文小姐，
今日武将军。

这是1936年毛泽东写给作家丁玲的《临江仙》词，当时是用军用电报从延安拍给在前线的丁玲的。据说，毛泽东一生只给五位女性写过诗词，而丁玲是其中之一，另四位分别是夫人杨开慧、江青，杨开慧的好友李淑一和中南海机要员小李。

丁玲在延安时期和新中国成立后与史沫特莱、艾登伯等外国作家、汉学家多有交流。法国汉学家艾登伯曾把中国诗人戴望舒作为翻译家介绍给《法兰西评论》和《欧罗巴》，两人还合作翻译了施蛰存的《魔道》，因而结下了友谊。图1是一通丁玲致人民文学出版社编辑牛汀的信札，谈的便是同情中国革命的法国汉学家艾登伯：

牛汀同志：

惠书敬悉。

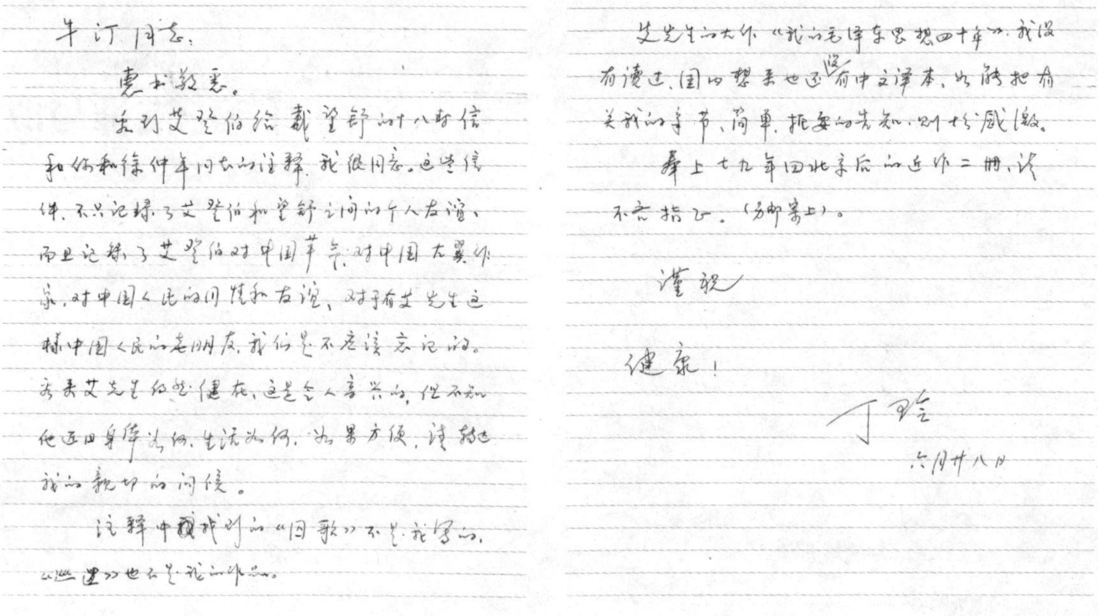

图 1 丁玲致牛汀信札（正反两面）（27.5cm × 21cm）

看到艾登伯给戴望舒的十八封信和你和徐仲年同志的注释，我很同意，这些信件，不只记录了艾登伯和望舒之间的个人友谊，而且记录了艾登伯对中国革命、对中国左翼作家、对中国人民的同情和友谊，对于有艾先生这样中国人民的老朋友，我们是不应该忘记的。看来艾先生仍然健在，这是令人高兴的。但不知他近日身体如何，生活如何，如果方便，请转达我的亲切的问候。

注释中找到的《囚歌》不是我写的，《巡逻》也不是我的作品。

艾先生的大作《我的毛泽东思想四十年》，我没有读过，国内想来也还没有中文译本，如能把有关我的章节，简单、扼要的告知，则十分感谢。

奉上七九年回北京后的近作二册，请不吝指正（另邮寄上）。

谨祝

健康

丁玲

六月廿八日

丁玲的这封信写在蓝格信纸的正反两面，思路清晰，语言流畅，内容详实，字体清秀，是难得的丁玲女士的信札精品，更是珍贵的文学史料。

丁玲是中国当代重要的作家之一，其作品在中国当代文学史上占有重要地位，尤其是《太阳照在桑干河上》在获得“斯大林文艺奖”后，被译成多种文字在世界流传。1984 年美国总统里根来华访问时，其夫人南希·里根对丁玲说：“美国人很喜欢你。”丁玲在创作小说的同时，还向读者奉献了《到前线去》、《欧行散记》、《丁玲散文近作选》等十余部散文选集。

丁玲的作品笔力遒劲、坚实。她很女性，然而绝无一丝女儿态；她的语言，写出真性情，绝无矫饰；她自视甚高、认为自己是对社会、对人性、对生活负有重大责任的人，不把任何权贵放在心中，以为凭手中一枝笔，就能够立于不败之地；她心高气傲、嫉恶如仇、精神强大。正因如此，丁玲一生坎坷，为女作家中少见。她出生在一个四代为官的大家族，18 岁时因反抗包办婚姻而去上海。进入共产党创办的平民女子学校后，又去南京自学并结识了共产党人瞿秋白，经他动员进入上海大学中文系就读。20 岁时去北京大学旁听，并结识胡也频，后与其结婚。1927 年，23 岁的丁玲在叶圣陶任主编的《小说月报》上发表了小说《梦珂》，1928 年又发表小说《莎菲女士的日记》引起轰动，从而一举成名。27 岁时丈夫胡也频被杀害，29 岁时被同居男友冯达出卖而被捕。中年时受政治打击劳动改造及入狱达 20 年之久，历经磨难，但在挨整期间，丁玲认过错，却从未低过头。丁玲作为中国新女性的代表，其忠于自己、忠于时代的文学创作观影响了许多人。她敢恨、敢爱、正直、坦诚的个性既成就了她的文学创作和人生历程，也使她遭受了常人难以承受的痛苦和灾难，正如瞿秋白之预言："冰之是飞蛾扑火，非死不止。"更令人敬佩的是丁玲的执著，她在得到中央为她彻底恢复名誉的文件时写道："丁玲永远是属于中国共产党的，是党的一个普通的忠实战士。"这不能不使人联想到毛泽东的那句词："纤笔一支谁与似？"丁玲的这份忠诚有谁能与之相比呢？

图 2 王增如《无奈的涅槃——丁玲最后的日子》

图 3 杨桂欣《丁玲评传》

丁玲病逝后，在她的告别仪式上，遗体覆盖何种旗帜引起了争议，后来，是与她朝夕相处 12 年的北大荒人献给了她一面绣着"丁玲不死"四个大字的红旗，并最终覆盖在了她的遗体上。丁玲病逝前后的情况，曾担任中国作协秘书的王增如在她著的《无奈的涅槃——丁玲最后的日子》（图 2）中做了详细的记录。

2001 年杨桂欣所著《丁玲评传》（图 3）出版。

丁玲（1904 — 1986），原名蒋伟，字冰之。祖籍湖南临澧，生于湖南常德。小学毕业后以第一名的成绩考入省立第二女子师范学校，18岁时去上海，进入共产党创办的平民女子学校，后进入上海大学中文系就读。20岁时去北京大学旁听，并结识胡也频，后与其结婚。1927年发表了小说《梦珂》，1928年又发表小说《莎菲女士的日记》，引起轰动，从而一举成名。1930年加入“左联”，1932年加入中国共产党并出任“左联”党团书记。1933年被捕，但她拒绝国民党的诱降。1936年奔赴陕北保安，发起成立中国文艺协会，被推举为干事、主任。随后赴前线，作《彭德怀速写》等散文。1946年开始写作小说《太阳照在桑乾河上》。新中国成立后，任全国文协党组书记、常务副主席，《文艺报》和《人民文学》主编、中央文学研究所所长等职。1958年被打成“丁玲、陈企霞反党集团”、错划为右派，下放北大荒劳动改造，后又被关入秦城监狱。1979年平反后，担任中国作协副主席、《中国》主编。

巴金

（1904 – 2005）

讲真话的大师

北京中国现代文学馆的门把是用巴金的手模铸成的。每次去这座经巴金倡议建设的文学馆参观，我都会去抚摸它，每次触摸它，我都会想起巴金说的两句话：

讲真话，把心交给读者。

我唯一的心愿是：化作泥土，留在人们温暖的脚印里。

巴金一生留下了1000多万字的著作和400多万字的译著，获得了法国“荣誉军团勋章”等国际性荣誉。2003年，国务院授予他“人民作家”荣誉称号。

在作家圈中，巴金与萧乾（原名萧炳乾）的友谊保持了60多年。据萧乾《挚友、益友和畏友》一文载：“同巴金过从最密切，还要算1936和1937那两年，我们几乎天天在一道。”晚年的巴金，因身体原因，在写完《随想录》（5卷本）后就搁笔了，但对于挚友的来信，他尽管写字已很吃力，但总要亲自写回信，这是大师多年来养成的习惯。图1是巴金20世纪80年代搁笔后致老友萧乾的一通信札：

炳乾：

魏帆带来你送我的酒，谢谢。后来又看到你给她的信和洁若的文章，仿佛在听你们畅谈这次的旅行，真有我们又在一起的感觉。有许多话要对你说，不是没有时间，是没有精力，我已是一个废人了。要是我能够写，每天写两千字那有多好啊。这些年我浪费了多少宝贵的时光！想到这，我就悔，我就恨。不过我总算留下一部《随想录》，让后人知道我的经历，我的感情；我还指出了一条路，一个目标：讲真话。谁也不能把我一笔勾掉。这十年我毕竟不是白活。你也写了那么些东西，让后人看见你正直、善良的心灵，我为这个高兴。你们能为“盈姑娘”叫屈，多好的心啊。

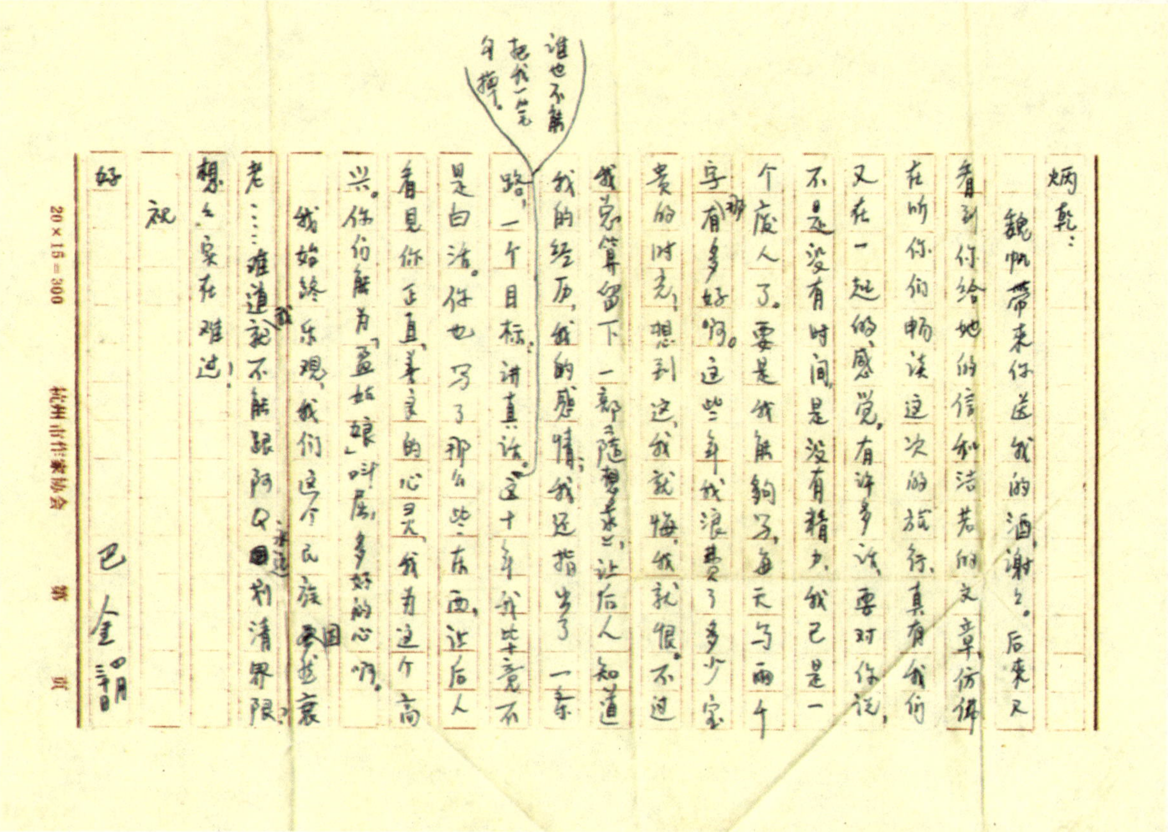
炳乾：

魏帆带来你送我的酒，谢谢。后来又看到你给她的信和洁若的文章，仿佛在听你们畅谈这次的旅行，真有我们又在一起的感觉。有许多话要对你说，不是没有时间，是没有精力，我已是一个废人了。要是我能够写，每天写两个字，有多好啊。这些年我浪费了多少宝贵的时光，想到这，我就悔，我就恨。不过我总算留下一部《随想录》，让后人知道我的经历，我的感情，我还指出了一条路，一个目标：讲真话。这十年毕竟不是白活。你也写了那么些东西，让后人看见你正直、善良的心灵，我为这个高兴。你们能有「盈姑娘」，吋[？]有多好的心啊。

我始终乐观，我们这个民族固然衰老……难道我就不能跟阿Q永远划清界限？想想实在难过！

谁也不能把我一笔勾掉。

祝

好

巴金谓

图 1　巴金致萧乾信札（27cm × 9.4cm）

我始终乐观，我们这个民族固然衰老……难道我就不能跟阿 Q 永远划清界限？想想实在难过！

祝

好

巴金

四月三十日

炳乾，即萧乾的原名。信中提及的魏帆，是中国现代文学馆工作人员，洁若即萧乾夫人、作家、翻译家文洁若，“盈姑娘”即萧乾长篇小说《梦之谷》女主人公，也是萧的“初恋”。

这是一封充满了友情与思念，洋溢着热情与真诚的信，读来使人感受到了什么是真正的文人相惜，什么是真正的友谊。正如巴金在他的名文《友情是我生命的一盏明灯》中所说：

> 友谊的带子把我们的心和朋友的心拴在一起，越拴越牢。……友谊的眼泪，像春天的细雨，洋溢着我的心，培养了人间最美好的感情。对我来说，友情是我的生命中的一盏明灯，离了它我的生命就没有光彩，离了它我的生命就不会开花结果。

巴金是一位富有人文情愫的作家，他的内心深处是追求独立和自由的，他对情和义有着深刻的理解和独特的表达方式，书信则是载体之一。尽管是朋友间的普通书信，他也不回避检讨自己，“这些年我浪费了多少宝贵的时光！想到这，我就悔，我就恨。”这是一位文学大师的忏悔，也是一位世纪老人的醒悟。这让我想起了萧乾说过的一句话：“巴金的伟大在于敢否定自己。”巴金又是率直和自信的，他至晚年仍坚守着作家的良知，尽着知识分子的责任。正如他在信札中所说：“不过我总算留下一部《随想录》，让后人知道我的经历，我的感情；我还指出了一条路，一个目标：讲真话。谁也不能把我一笔勾掉。这十年我毕竟不是白活。”巴金晚年的代表作《随想录》被称为“讲真话的一本书”，它填补了浩劫之后中国文坛的精神空白。用巴金自己的话说：“一百五十篇长短文章全是小人物的喜怒哀乐，自己说是‘无力的叫喊’，其实大都是不曾愈合的伤口出来的浓血。我挤出它们不是为了消磨时间，我想减轻自己的痛苦。”“不仅是我，许多人的伤口都淌着这样的浓血。我们有共同的遭遇，也有同样的命运。不用我担心，我没有做好的事情，别的人会出来完成。解剖自己，我挖得不深，会有人走到我的前头，不怕痛，狠狠地挖出自己的心。”在写完《随想录》后，巴金曾向读者告别，搁笔小憩。可是，作家的良知和对读者的爱，使老人无法真的放下手中的笔，在随后的八年里，年逾八十的他在与病魔抗争的同时，争分夺秒地劳作，编校了《巴金全集》，写下了总结自己创作道路的系列代跋，创作了《怀念从文》等多篇感人至深的散文，怀念友人，继续着自己的“再思”、抒发暮年之志：“讲真话，掏出自己的心”。1995 年，上海远东出版社编辑出版了他的《再思录》。图 2 就是该书的签名钤印本。

读巴金的手札，可以从中体味到一位作家的自责、理智和敢讲真话的勇气。读这帧手札，使人想起在 1957 年那场反右斗争中萧乾被错划成右派，下放到农场的悲凉场面；也使人想起“文革”中，巴金被打成“无产阶级死敌”被批斗，甚至进行电视批斗来摧残折磨这位脆弱作家的悲惨一幕。相似的命运并没有摧毁两位内心顽强的作家，没有阻绝两位老人的友谊。当他们重见天日后，这份纯洁的友谊更为双方所珍视，并一直延续到他们告别人世，这不能不让后人仰止。

图 2　巴金《再思录》签名钤印本

巴金出生在地方官僚之家，其父是四川广元知县。但他一生追求平等和自由，1921 年，巴金发表的第一篇文章便是《怎样建立真正自由平等的社会》，还曾主持过《平民之声》。他的小说充满了对自由的渴望和平等的诉求。后来写下的散文和随笔更是向经历了浩劫沧桑的世人提倡着自由、平等、尊严的重要和可贵。晚年，巴金将自己收藏的大批图书捐献给北京图书馆、上海图书馆和中国现代文学馆，这是他一生追求的延续和对思想传播的一种寄托。

巴金（1904 — 2005），原名李尧棠，字芾，号芾甘，四川人，祖籍浙江。1921 年，考入成都外国语学校，参加罢课、请愿活动，抗议军阀统治。1923 年进上海南洋中学读书，后考入南京东南大学附中。1927 年旅居法国后发表第一部小说《灭亡》，并从事译著。1931 年回到上海，开始写作小说《家》。1935 年，“爱情三部曲”《雾》、《雨》、《电》发表，引起轰动。1940 年，完成“激流三部曲”的另两部小说《春》、《秋》。抗战期间，他与夏衍等组建中华全国文艺界抗敌协会桂林分会，并创作了“抗战三部曲”：《火》、《冯文淑》、《田惠世》。1946 年发表长篇小说《寒夜》。新中国成立后，先后担任中国作协副主席、《收获》主编，出版了《巴金文集》。“文革”中遭到批斗并被关进“牛棚”。1978 年后开始写作《随想录》并整理出版了巨著《巴金全集》。1980 年，倡议创办中国现代文学馆，1985 年，当选中国作家协会主席。

吕叔湘

（1904 － 1998）

关注中学语文教学的语言学大师

吕叔湘是公认的语言学大师。他一生致力于语文的研究，十分关注中学的语文教学工作，图 1 是一通吕叔湘致时任北京教师进修学院副院长、北京市语文教学研究会理事长陈哲文的信札，其内容就与中学语文教学工作有关：

哲文同志：

听金明同志说，准备在大会论文中评选若干篇给奖。这几天我翻阅论文，觉得下列各篇内容实在，录供评选参考。贱恙已稳定，估计能参加闭幕式。

此致

敬礼

吕叔湘上 10/30

张箕裘（浙江）：农村中学语文教学也要搞改革

金　平（安徽）：中学作文教改的尝试

林华彬（江苏）："逐渐去扶翼，终酬放手愿"

吴良俅（湖南）：把作文教学改革建立在学生写作心理基础上

佘同生（湖南）：提高学生议论能力值得重视的两个问题

李曙新、秦义忠（河北）：八三年高考语文试题在河北

魏书生（辽宁）：在语文教学中发展差生智力问题初探

章　熊（北京）：语文教学听说训练初探

马清泽（湖南）：批阅在于引起思索

（有一部分后到的论文我没有看到）

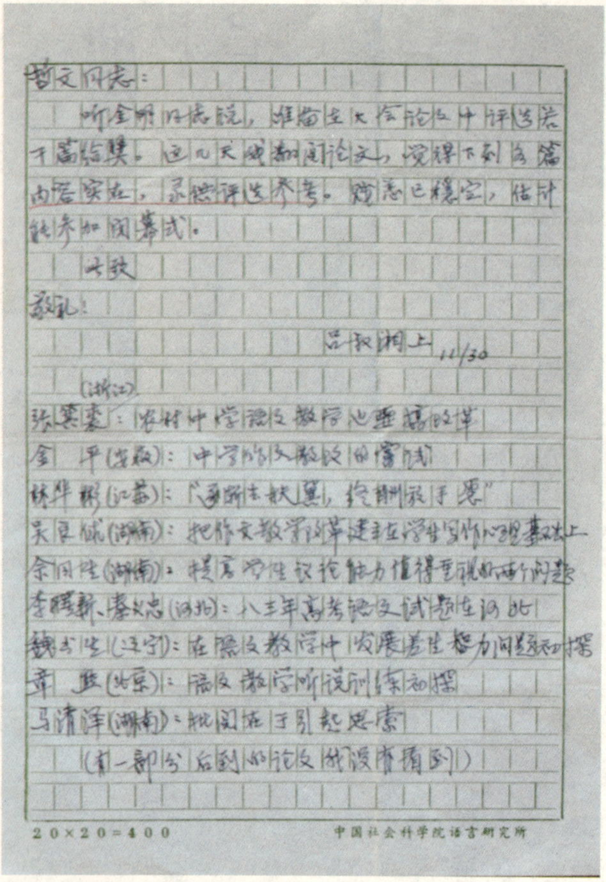
哲文同志：

听金明同志说，准备在大会论文中评选若干篇给奖。这几天我翻阅论文，觉得下列各篇内容实在，可供评选参考。贱恙已稳定，估计能参加闭幕式。

此致

敬礼！

吕叔湘上 11/30

（浙江）

张箕裘：农村中学语文教学也要搞改革

金　平（安徽）：中学作文教改的尝试

林华彬（江苏）：“[illegible]”

吴良俶（湖南）：把作文教学的基点建立在学生写作心理基础上

余同生（湖南）：提高学生议论能力值得重视的两个问题

李曙新、秦文忠（湖北）：八三年高考语文试题在河北

魏书生（辽宁）：在语文教学中发展差生智力问题初探

章　熊（北京）：语文教学所设训练初探

马清泽（湖南）：批阅法子引起思索

（有一部分后到的论文我没有看到）

20×20=400　中国社会科学院语言研究所

图 1　吕叔湘致陈哲文信札（26cm × 18.7cm）

这通信札的正文字数不多，但是格式严谨，钢笔字书写工整、流畅，言简意赅，不愧是语言学大师的手笔。所列的论文篇目，同样字迹清爽，与正文相互呼应，正文与附文几近写满一页绿格“中国社会科学院语言研究所”的信笺 。综观这通手札，简直就是一件精美的硬笔书法精品。信中提到的陈金明是首都师范大学教授、中国教育学会中学语文教学专业委员会学术委员会主任，陈哲文、陈金明都长期从事中学语文教育研究和全国中语会的组织及管理工作，陈哲文还曾担任过贝满中学教师和北京第十二女子中学校长。可见，吕书湘与中学语文教学工作者的紧密联系。吕叔湘选出供“评选参考”的 9 篇论文中，他首先关注的是农村中学语文的教学问题，首选了张箕裘（浙江）的《农村中学语文教学也要搞改革》一文，因为吕叔湘深知农村中学在全国中学的大比例和其语文教学的薄弱。此外，魏书生（辽宁）的《在语文教学中发展差生智力问题初探》一文也列在其中，而今天的魏书生已成为著名的教育改革家和全国中语会副理事长，可见大师的独到眼光。

吕叔湘曾担任过中学教师，1979 年，中学语文教学研究会在上海成立，他被推为理事长。他在《人民日报》上发表的《语文教学中两个迫切问题》等文章表达了他对语文教学的极大关注，他在文中说：“中小学语文教学问题是个老问题，也是当前不容忽视的一个重要问题。中小学语文教学效果很差，中学毕业生语文水平低，大家都知道，但是对于少、慢、差、费的严重程度，恐怕还认识不足。中小学语文课所用教学时间在各门课程中历来居首位。新近公布的《全日制十年制中小学教学计划试行草案》规定，十年上课总时数是 9160 课时，语文是 2749 课时，恰好是 30%。十年的时间，2700 多课时，用来学本国语文，却大多数不过关，岂非咄咄怪事！……这个问题是不是应该引起大家的重视？是不是应该研究研究如何提高语文教学的效率，用较少的时间取得较好的成绩？”吕叔湘的这篇文章切中了中小学语文教学存在问题的要害——少、慢、差、费，提出了改革中小学语文教学的重要课题——提高语文教学的效率，用较少的时间取得较好的成绩。

吕叔湘致力于语文基础知识的普及和推广，著有《语文常谈》一书，该书分八章，分别为：

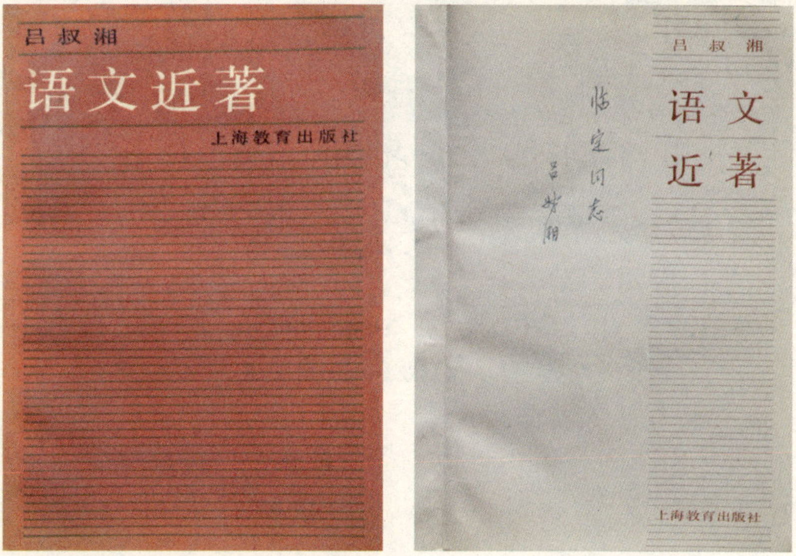

图2 吕叔湘《语文近著》签名本

语言与文字的辩证关系；汉字的语音、音韵；文字三要素的形、音、义；语句的结构；词义和句义；古今语言的变化；各大方言及推广普通话；汉字改革与汉语拼音。分别以短文的形式讨论汉语常识问题，从“只有人类有真正的语言”、“绕口令”、“形音义的纠葛”讲到“从文言到白话”，最后还谈汉字拼音、简化和文字改革。作者联系生活，通过实例讲道理，不说“行话”，深入浅出，亲切有味，有实用价值，知识性也很强，对语文教学很有意义，吕叔湘还著有《语文杂记》、《语文近著》等与语文教学有关的著作。图2便是吕叔湘《语文近著》的签名本，是签赠给临定同志的，临定是何人我们不得而知，但从扉页工整的钢笔字迹上，我们仿佛看到了一向严谨的语言学大师吕叔湘。

吕叔湘七十多年的研究成就得到了世界学术界的认可，他被授予美国语言学会荣誉会员、香港中文大学荣誉文学博士学位，还当选为俄罗斯科学院外籍院士。他还捐出自己的多年积蓄设立“中国社会科学院青年语言奖金”，用以奖励致力于语言文学研究的青年学者。吕叔湘逝世后，家乡人民为纪念他，将他曾工作过的丹阳市高级中学更名为“吕叔湘中学”。

吕叔湘（1904 — 1998），江苏丹阳人。1926年在东南大学外国语文系毕业后到丹阳县立中学、苏州中学任教。1936年赴英国牛津大学人类学系、伦敦大学图书馆学科留学。1938年回国后任云南大学文史系副教授、华西协和大学中国文化研究所研究员、金陵大学中国文化研究所研究员兼中央大学中文系教授及开明书店编辑。新中国成立后历任清华大学中国语文系教授、中国科学院（社科院）语言所研究员、学部委员、副所长、所长、《中国语文》主编。是近代汉语语法的开创人之一。著有《中国文法要略》、《文言虚字》、《中国人学英文》、《语法修辞讲话》、《汉语语法论文集》、《汉语语法分析问题》、《现代汉语八百问》、《吕叔湘语言论集》、出版有《吕叔湘文集》6卷本和《吕叔湘全集》18卷本。

楼适夷
（1905 — 2001）
翻译高尔基《在人间》的诗人

少年时读高尔基的自传体小说三部曲之一《在人间》，不能不被主人公的命运和不息的抗争精神所感染，多年来这部小说一直影响着我们，我们也因此记住了小说的译者楼适夷。图 1 是一通楼适夷致人民文学出版社《新文学史料》主编牛汀、李启伦的信札，谈及《在人间》：

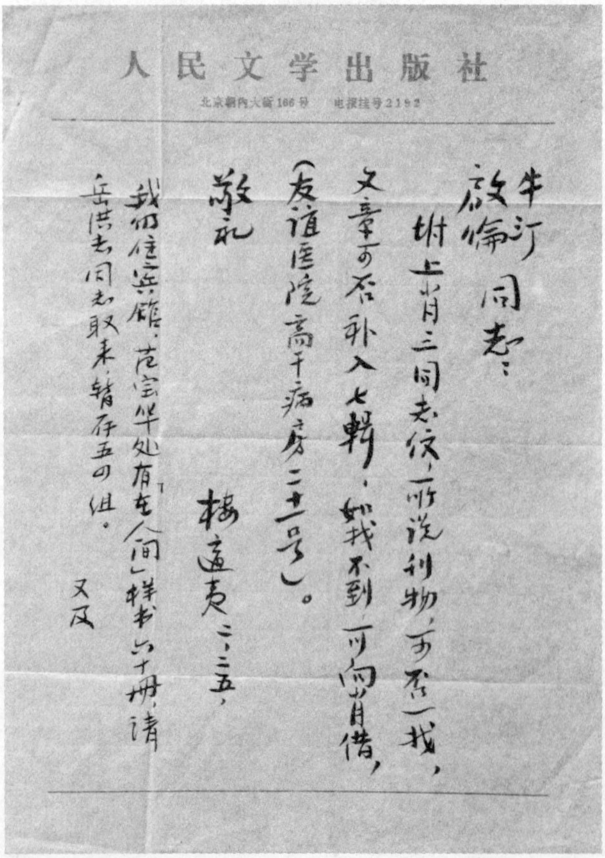
人民文学出版社
北京朝内大街166号 电报挂号2192

牛汀
启伦同志：
附上肖三同志信，所说刊物，可否一找，文章可否补入七辑，如找不到，可向肖借，（友谊医院高干病房二十一号）。
敬礼
楼适夷 二、二五、
我仍住宾馆，范宝华处有「在人间」样书六十册，请岳洪志同志取来，暂存五四组。
又及

图 1　楼适夷致牛汀、李启伦信札（25.7cm × 18.9cm）

牛汀、启伦同志：

附上肖三同志信，所说刊物，可否一找，文章可否补入七辑，如找不到，可向肖借（友谊医院高干病房二十一号）。

敬礼

楼适夷

二、二五

我仍住宾馆，范宝华处有《在人间》样书六十册，请岳洪志同志取来，暂存五四组。

又及

这通信札写在“人民文学出版社”的便签上，毛笔楷书，字数不多，但言简意赅。楼适夷的毛笔手札传世的不多，该手札品相较好，较为珍贵。

关于《在人间》的翻译、发表有一段让稿的佳话。1933年楼适夷被捕入狱，当楼适夷于1936年在狱中翻译高尔基的《在人间》时，时任《译文》杂志及《译文丛书》编辑的黄源也翻译出了高尔基的《在人间》并已在刊物上连载。黄源为鲁迅的忠实弟子，不过是仅与楼适夷见过几次面的朋友，在鲁迅那里得知楼适夷在狱中翻译了高尔基《在人间》、他的家庭要靠他养活的情况后，立即终止了自己翻译的同名译作的连载。楼适夷在后来的一封书信中写到："讲句庸俗的话，一部《在人间》养了我一家老小几十年，直到今年又得了5000元，这就是黄源让稿的恩情。"

楼适夷是位和善、谦恭的儒者，身居人民文学出版社副社长的他，在人民文学社被尊称为"楼老"，但他作风民主，在这通信札中，为刊发著名诗人、翻译家萧三的稿子而与牛、李二人商量："所说刊物，可否一找，文章可否补入七辑"，短短的两句话用了两个"可否"，没有命示，最后还向两位下级"敬礼"，可见楼老的平易近人。

楼适夷还是位诗人，尤以旧体诗见长。图2是楼适夷的《野草》诗集（第一辑）毛笔签名本：

方殷同志惠存

楼适夷

一九八〇、三月

在这本由野草诗社编印的诗集里收录了楼适夷的《向阳旧作》、《上海行》等十首旧体诗，其中，还有那首著名的《游钓台》：

达夫南游竟不归，傅雷有约已成埃。
我今始来江山改，登攀深嗟岁月催。
七里泷前空逝水，断碑残碣埋荒隈。
澄江寂寂遥岑碧，对此不觉久徘徊。
自念衰朽羁北国，终老乡山愿终违。
弟亦迈矣儿远别，如此同游能几回？
古人已去清风在，今我凭吊亦痴哉。
纵有纶竿长百尺，也难垂吊子陵台。

诗里充满了对友人郁达夫、傅雷的无限怀念，情真意切，令人动容。

更令人敬佩的是，楼适夷还是一位正直、敢说真话的老人。据黄伟经《忆念楼适夷》一文载："1991年，大陆文坛有人在一家文艺大报上发表整版宏文，对已被中共中央彻底平反的胡风案大放厥词，继续给胡风及其'七月'诗派扣上这样那样的恶名。就在这个时候，楼适夷又站了出来，为浙江文艺出版社正在付梓出版的《胡风诗全编》写了一篇序言。可谓稀

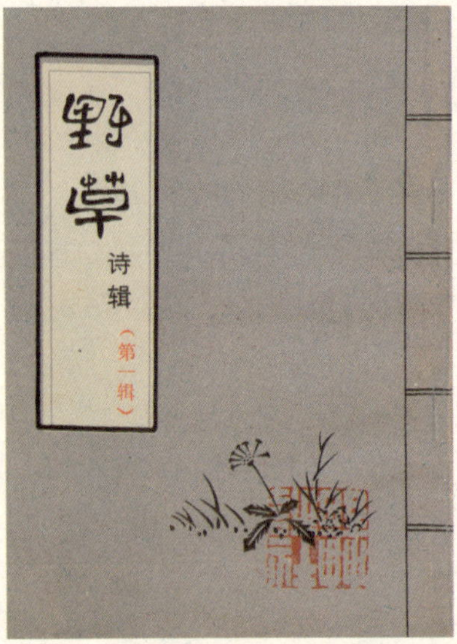

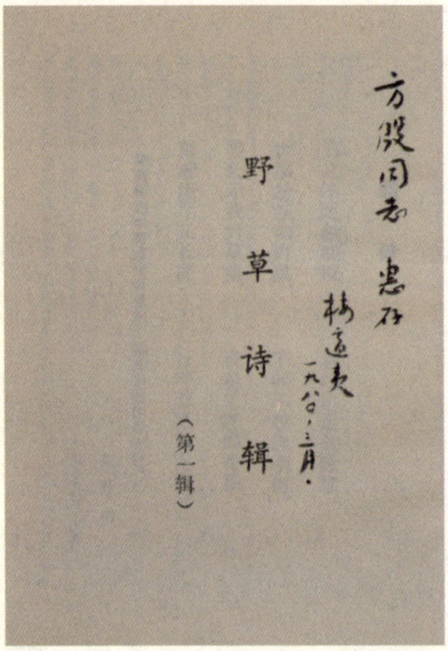

图 2 楼适夷《野草诗辑》（第一辑）签名本

罕得很，印象中此序似乎是大陆第一篇敢于公开地充分肯定并高度评价胡风一生及其人格精神的文字。当时已耄耋高龄的楼适夷怀抱激情，以确切、形象、铿锵的语言，毫不含糊地写道：‘被强制地隔绝社会几近三十年之久’的胡风，是一个‘钢铁般的诗人’；他有一颗‘像一座熔炉似的胆子’，有着‘严冰不能冻结的不屈的灵魂。’胡风在‘隔离社会、暌别亲人、举目皆是冷眼与威严’的严酷境况下，他脱离一切庸俗、卑劣、虚伪和愚蠢的东西；‘为探索和发展中国人民的文学事业，战斗了一生。这是一场残酷的战斗’；‘不知古今中外的文学史究竟有几人像胡风那样，为了文学事业，如此坚强，如此忠诚，直至壮烈地献出生命’。胡风‘不仅用笔写了大量的诗篇，更重要的是，他用自己整个生命，谱写了一篇雄伟庄严的文学史诗。’读罢全序，令人感到序言作者的凛然正气，不禁对他肃然起敬。”

这就是楼适夷，曾经翻译高尔基《在人间》的诗人。

楼适夷（1905—2001），原名锡春，又名建南。浙江余姚人。14岁小学毕业后到上海一家钱庄学生意。1923年起发表诗作。1928年加入“太阳社”，后入上海艺术大学，又留学日本。1931年回国后任“左联”宣传委员，与鲁迅关系密切，1933年被国民党逮捕，在狱中将日本版高尔基小说《在人间》翻译成中文。抗战时期主办《奔流新集》，后任《时代日报》编辑，合编《中国作家》，创办《小说》月刊。新中国成立后任人民文学出版社副社长兼副总编。著有《挣扎》、《第三时期》等小说集，《四明山杂记》、《话雨录》等散文集，翻译有《谁之罪》、《罗生门》等俄国和日本的小说，出版有《适夷诗存》等，是著名的作家、翻译家和编辑家。

施蛰存

（1905 — 2003）

默默而存的“新感觉派”小说代表

20世纪二三十年代，由于受日本文学流派的影响，在中国文坛出现了一个新的小说流派“新感觉派”，也称“心理分析小说派”，施蛰存便是其代表人物之一。

1929年，施蛰存发表了运用心理分析方法创作的小说《鸠摩罗什》、《将军的头》而成为中国“新感觉小说派”的代表人物之一，尔后他主编的《现代》杂志介绍西方现代主义思潮，刊发外国知名作家的译作，他自己也翻译一些德国、美国作家的作品，是著名的翻译家。施蛰存还是诗人，并对唐诗、宋词颇有研究，曾出版《唐诗百话》、《词学论稿》、《宋元词话》等著作。下页图1是一通施蛰存致人民文学出版社古典文学编辑室编辑李易的信札，谈的便是有关唐诗翻译事宜，全文如下：

李易同志：

12/27惠书收到，未即复为歉。

我病未愈，仍在医院，病室无书，无法选题，还是请你分配三五首唐人乐府式叙事诗例如白居易的新乐府之类，比较容易译。至如李义山的诗，我就无法译了。

“化若”不知何人？我没有介绍过，想必有误。

匆此即颂

年禧

施蛰存

1/12、84

附一纸，烦转交周良沛同志。谢谢！

20世纪30年代是施蛰存小说创作的高峰，《上元灯》、《李师师》、《善女人行品》、《小珍集》等奠定了他在现代中国文学史上的地位，这些小说把灯红酒绿和任性纵情的颠倒错综，

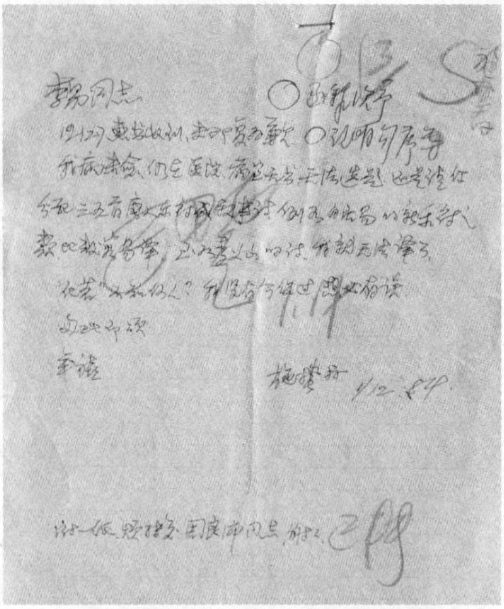

图 1　施蛰存致李易信札（24.9cm × 17.4cm）

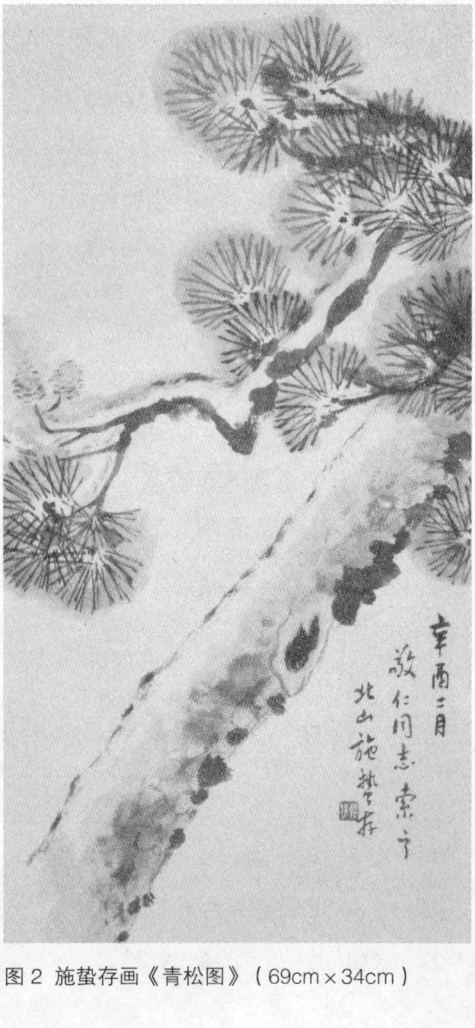

图 2　施蛰存画《青松图》（69cm × 34cm）

置于深度心理学的透视镜下，展示了中国现代文学一道奇妙而另类的景致。值得一提的是这些作品在被冷落多年后于 20 世纪 80 年代重新出版，引起了广泛关注，并影响了当代青年作家的文学创作。

施蛰存还是把弗洛伊德的学说带入中国的人。他借鉴弗洛伊德主义的无意识理论及人格结构学说，进行心理分析小说的创作，注重对人物深层心理剖析。他在小说的表现技巧方面也主要是借鉴了弗洛伊德理论关于梦幻、自由联想和内心独白等意识流小说的常用手法。可以说是他将“五四”以来中国现代作家对弗洛伊德主义理论的借鉴、运用推进到了一个新的阶段。

施蛰存是“左联”时期受批判的人，尤其是与鲁迅先生那场是否应该读古文的辩论，被鲁迅怒骂为“洋场恶少”，使他不被信任，但他对鲁迅很尊重，对鲁迅的批评从不反驳。柔石等“左联五烈士”被害后，许多报刊都不敢刊登这一事件，鲁迅的名文《为了忘却的纪念》先后投给两家杂志都未能发表，后来转给《现代》杂志主编施蛰存，施蛰存马上把这篇文章拿给老板张静庐看，最终使这篇文章在柔石遇害两年后得以发表，并引起轰动。20 世纪 40 年代，他提出文学家应该是“通才”，而不只能会写小说、诗歌、戏剧、散文，其措辞尖刻，引起了包括茅盾先生在内的文人们的反驳。就是在 20 世纪 50 年代初，学者文人纷纷以引用马、恩、列、斯、毛经典为大学课堂教学的潮流时，身为大学教授的施蛰存却从没引用过，表现了一个知识分子的独立个性。1957 年，施蛰存被错划成右派，写作不成，他便开始了对古典文学、古碑帖和金石学的研究，编写了《后汉书征碑录》、《三国志征碑录》、《金石遗闻》、《宋金元词拾遗》、《水经注碑录》、《北山楼词话》等专著，成为研究中国传统文化的专家。也因为“个性”，他在“文革”中遭受了比常人更多的苦难，无论是戴着右派帽子而委身于资料室，还是身陷“文革”“牛棚”之中，他都在默默坚守着独立人格和自由的尊严，或寄情于金石碑刻，或浸淫于唐诗宋词，始终独善其身，保持着道德的洁净。

图2是施蛰存的国画《青松图》，一株苍劲的青松曲颈向上，松枝针叶茂盛，青春昂然，松塔硕大饱满，充满生机，松树的高洁品格被画家以简洁的笔墨表达得淋漓尽致，在画的右下方落款：

辛酉二月敬仁同志索之，北山施蛰。

钤白文 蛰存 印章。

这幅绘于1981年的画作，其文人画风十分典型，也许这幅《青松图》正表达了施蛰存积闷于内的文人心迹。其实文人施蛰存是很懂画的，他曾与美术理论家傅雷为近邻，两人常在一起谈字画。傅雷欣赏黄宾虹，常把他收藏的许多黄的画都拿出来给施观赏，并大加赞扬，可施蛰存却不大买账，竟直言不讳地说黄宾虹晚年的画越来越像个“墨猪”了。惹得傅雷勃然大怒，批评施蛰存不懂中国画里的水墨笔法。但施蛰存还是向往黄宾虹的画作的，他托傅雷向黄宾虹求得一幅山水画，并视为大件存之。

施蛰存经历了中国现代文学从20世纪20年代兴起到21世纪初的成长、发展过程，这位世纪老人见证了中国文学的一段重要轨迹。施蛰存曾形象地将自己的学术研究概括为“打开四扇窗户”：“东窗”是文学创作，“南窗”是古典文学研究，“西窗”是外国文学翻译与研究，“北窗”则是碑帖整理和金石研究。诗人、《新文学史料》主编牛汉曾评价施蛰存等人说，他们让他理解了民族的一个传统：默默者存（语出《汉书·扬雄传》）。我们不要忘记施蛰存——他的诗，他编的杂志。他虽然没有像沈从文、钱锺书等那样闻名中外，但他却被称为海派文学的“标志性建筑”。施蛰存成名于上海，从20世纪40年代直到辞世，都没有离开过上海。他长期生活的城市上海市授予他“上海文学艺术杰出贡献奖”。亚洲华文作家文艺基金会授予他“亚洲华文作家文艺基金会敬慰奖”。也许，这正是对默默而存者的一种肯定吧。

施蛰存（1905－2003），原名施青萍，笔名安华、李万鹤、北山等，浙江杭州人。先后考入杭州之江大学、上海大学、上海震旦大学法文特别班。1926年参加共青团。大革命失败后脱离团组织，回松江做中学教员。后在上海第一线书店、水沫书店任编辑。曾与诗人戴望舒、小说家刘呐鸥等创办《璎珞》旬刊，合编《文学工厂》、《无轨列车》、《新文艺》等刊物，主编文学月刊《现代》。后应聘上海杂志公司，与阿英合编《中国文学珍本丛书》。抗战爆发后参加全国“文协”，任昆明分会理事。后在云南大学、厦门大学任教。新中国成立后，一直在华东师范大学任教授。

臧克家

（1905 — 2004）

令人怀念的伟大诗人

有的人活着，
他已经死了；
有的人死了，
他还活着。

这是臧克家为纪念鲁迅而作的诗，诗题为《有的人》，而臧克家自己也正是这样一位虽然死了，却还活在人们心中的伟大诗人。

图 1 是诗人臧克家致原《中国作家》常务副主编、诗人杨匡满的一通信札：

匡满同志：

你的诗稿，我破数日之功，仔细读了一遍，无力再读一遍了。几时抽空来一谈，读了之后，正高兴。

好！

克家上

11、8 日早

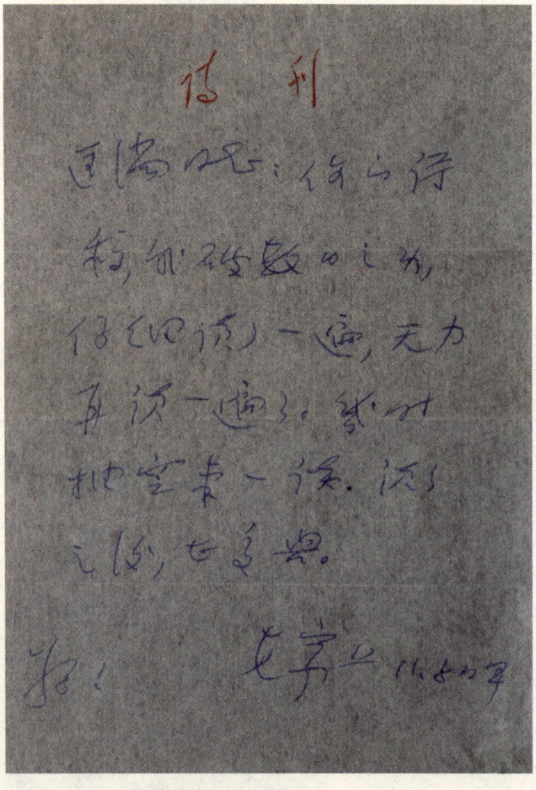
诗刊

匡满同志：你的诗稿，我破数日之功，仔细读了一遍，无力再读一遍了。几时抽空来一谈。读了之后，正高兴。

好！克家上 11、8日早

图 1　臧克家致杨匡满信札（18.9cm × 13cm）

臧克家是诗界泰斗，却平易近人，许多诗人愿意把诗作拿去向他请教，而他在读了诗作后往往会约诗人一谈，这通信札便是臧克家“破数日之功，仔细读了一遍”杨匡满的诗作后，“正高兴”时，写给杨先生的约谈信。

臧克家长期担任《诗刊》主编、编委，对中国新诗的发展贡献卓著，尤其是在1956年，经他努力，在《诗刊》创刊号上发表毛泽东诗词十八首，以及1957年他与周振甫合著的《毛主席诗词讲解》，对毛泽东诗词的宣传和新诗词的普及起到了重要作用。

臧克家一生创作了大量的新诗。早年，他的三句杂感诗：“人生永远追逐着幻光/但谁把幻光看作幻光/谁便深入了无底的苦海”打动了闻一多。日后闻一多亲自授业，悉心培养他，还资助他自费出版了第一本诗集《烙印》。当臧克家的新诗《三代》等问世后，闻一多给予了极高的评价：“克家的诗，没有一首不具有一种极其顶真的生活的意义。”

正因为诗人这种“顶真”的气质，使臧克家在诗歌创作初期写出了描写农民的经典诗歌而被誉为“农民诗人”。他的诗是紧随时代的，无论是在中学任教时写的长诗《自己的写照》，出版的诗集《运河》等，还是抗日战争时期，在国破家亡、烽火连天的环境下写出的长诗《古树的花朵》、《泥土的歌》和出版的诗集《从军行》、《滩上吟》等，都深情抒写了中国农村和农民的境遇，讴歌抗日军民的伟大爱国精神和抗敌事迹，讴歌中国农民的质朴和不屈。即使在白色恐怖笼罩之下的重庆、上海，诗人也不曾向黑暗低头，而是以诗为武器，写出了大量的政治讽刺诗，抨击政治的黑暗、官府的腐败，诗集《宝贝儿》、《生命的零度》、《洞天》等，在当时的社会产生了广泛的影响。新中国成立后，臧克家满怀激情地用新诗赞美新的生活，写出了《毛主席向着黄河笑》、《李大钊》、《有的人——纪念鲁迅有感》等脍炙人口的作品，成为新诗的开山人之一。1976年后，古稀之年的他又迎来了新的创作高峰。《忆向阳》、《落照红》等诗集，《怀人集》、《诗与生活》等散文集、《学诗断想》、《克家论诗》等论文集相继出版，奠定了他在中国现当代文学史上的重要地位。

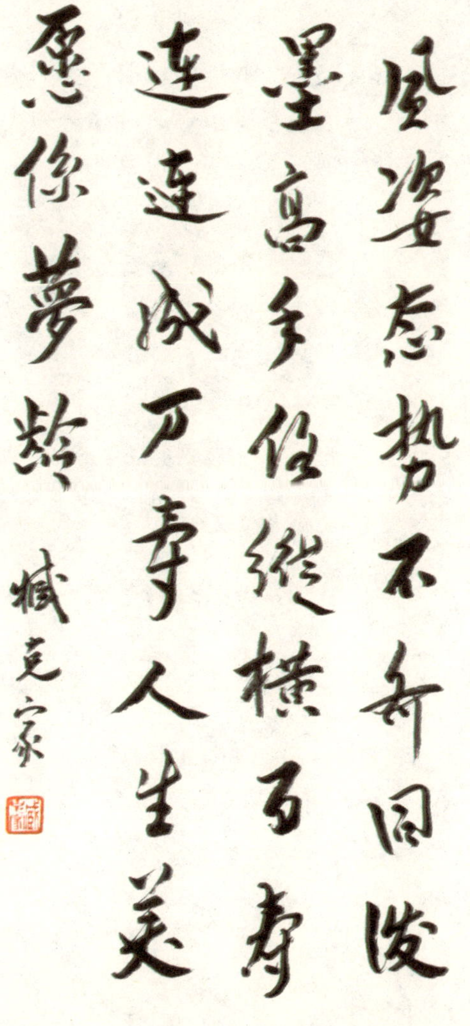

图2 臧克家书法中堂（88cm×46cm）

臧克家还是书法家。图2是他的书法中堂，写的是他的自作诗：

风姿态势不齐同，
泼墨高手任纵横。

百寿连连成万寿，
人生美愿系梦龄。

臧克家的书法是典型的文人书法，行书风格流畅飘逸，散发着诗人的热情和浪漫，手书的这首诗是他1991年为《百寿长卷》题写的，据他的家人回忆，臧克家曾为多位朋友书写过这首诗，综观这件书法作品，大方精美，十分难得。

诗人高洪波在缅怀臧克家时曾说："一个火样激情洋溢的老人；一个学养深厚锦心绣口的诗人；一个身体病弱却坚强地走过一个世纪的学者；一个热情关注人们充满情怀的闻一多的学生。"

臧克家（1905－2004），曾用名臧瑗望，笔名少荃、何嘉，山东诸城人。1923年考入山东省立第一师范。1925年开始在《语丝》上发表作品。1927年考入中央军事政治学校武汉分校，参加北伐战争。1930年考入国立山东大学，受教于闻一多、王统照。1932年因发表《老马》而成名。1933年出版第一部诗集《烙印》，获得闻一多、茅盾的好评。1934年在山东省立临清中学任教。抗战爆发后，参加中国文艺界抗敌协会，并任第五战区抗敌青年军团宣传教官、战时文化工作团团长、三十一军参议、三一出版社代理社长等职，筹创进步刊物《大地文丛》，被当局查禁后，于1942年辞职去重庆编辑《难童教养》杂志。后到上海主编《侨声报》文艺副刊，1948年被迫离开白色恐怖猖獗的上海，潜往香港。1949年由中共党组织安排回到北京，先后担任华北大学研究员、人民出版社编审、中国作协书记处书记、《诗刊》主编。"文革"中遭受迫害，下放劳动。1976年《诗刊》复刊后，担任顾问兼编委。2002年，出版了12卷本《臧克家全集》。

钱君匋

（1907－1998）

“一身精三艺”的大家

钱君匋早年从艺，最早是与书法结缘。他从汉简、隶书入手，真、草、篆、隶无所不佳，其书法独特、雅致、秀逸。图 1 是一通钱君匋致原中国文联书记处书记、《新中国文艺大系》副主编李庚的信札，从中可以一窥他晚年的书法风格：

李庚同志：

四月廿八日手书奉悉。弟近脱产在外冈上海市社会主义学院学习，至七月底结束。五月中你来上海住何处，请告知，当于星期日回沪时走访。

弟 君匋

五、一

钱君匋早年曾临过柳公权的《玄秘塔》，后受丰子恺融合魏碑和章草行书风格的影响，又苦学过《龙门二十品》，并汲取赵之谦的行书韵味，在结识于右任后又攻今草，晚年醉心于大草。他的草书在早年的基础上糅合了颠张醉素的风神，追求一种洒脱、雄奇瑰丽的境界，时而矫若游龙，疾若风雷，时而兔起鹘落，满纸烟云，最终形成了清丽、质朴、

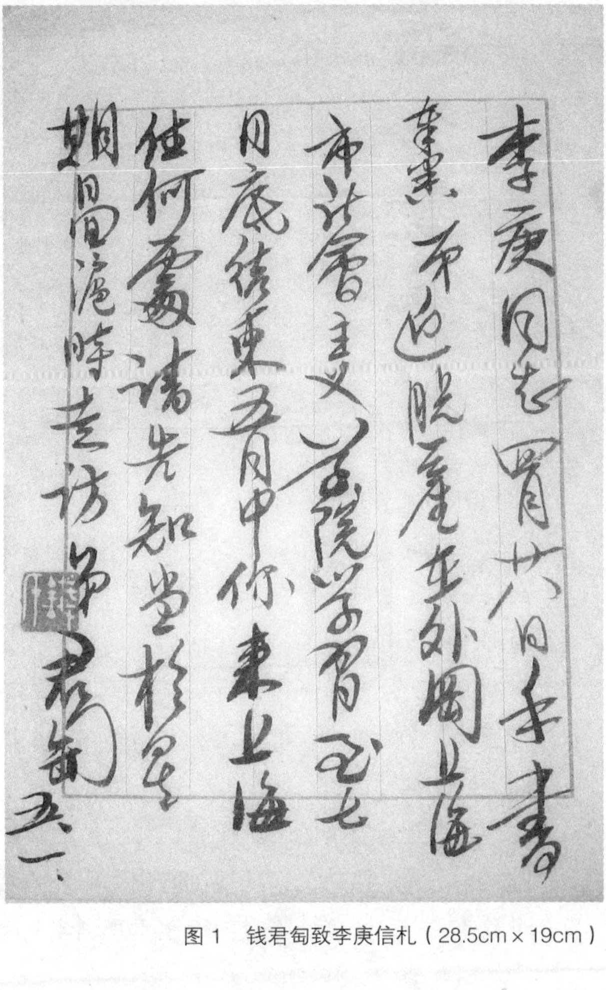

图 1　钱君匋致李庚信札（28.5cm × 19cm）

图 2　钱君匋国画（84cm × 43cm）及手书对联（133.5cm × 21cm × 2）

酣畅的独特风格，堪称书法大家。

钱君匋还是一位画家、装帧艺术家和音乐家。在上海艺术师范学校读书时，学的是图画和音乐，在绘画方面深得丰子恺的言传身教；在装帧设计方面得到吴梦非的亲授；在音乐方面则得到了刘质平的指导。而后又通过丰子恺与一代宗师李叔同结识，耳濡目染，艺术造诣不断加深。他的绘画以花卉见长，画作以书入画，品位高雅。其书籍的装帧设计在出版界声名赫赫，曾为鲁迅、郁达夫和茅盾等名家的著作设计封面，设计的封面之好、之多，被同行称为“钱封面”。

图 2 是钱君匋的书画作品，其中，中堂是大写意葡萄，充分运用传统绘画中留白的特点，以书法入画的风格，用浓墨刻画出老干的挺拔，以书法变化丰富的线条表现出枝蔓的茂盛，淡墨处有光，浓墨处不腻，而用重彩画出的葡萄果实，晶莹剔透，色彩鲜艳，将所要表现的

主体达到最突出、最集中、最明朗的视觉效果，可谓独具匠心，别有神采，表现出强烈的概括力与感染力。画面疏密有致，虚实恰当，墨与色俱佳，充满勃勃的生机与向上的朝气。中堂的题款是：

庚午白露节 豫堂钱君匋八十五岁写

钤白文印章：钱君匋

图3是隶书对联：

杖履晓霜浓满襟秋思付诎卷

帘幕卷花影一段春娇入画屏

上款：峻池先生清属 即正

落款：丙子七月钱君匋于无倦苦斋南窗

钤朱文印章：海宁君匋　　白文印章：君匋私印

钱君匋的隶书得金冬心神髓，后来获见罗振玉所编印的《流沙坠简》，里面有不少影印的西北出土的汉代竹木简，他临习以后，在学金冬心的雄厚基础上又向前迈进了一大步，其书奔泻胸臆，毫无拘绊，天趣、童趣横生，跌宕生姿，清气袭人，形成前无古人的新书体，这幅对联运笔着实，使转有度，力可抗鼎，堪称钱君匋先生的隶书精品。

钱君匋多才多艺，在上海艺专较全面地掌握了音乐知识，并在刘质平、李叔同的影响下与朋友一起组织了"春蜂乐会"，进行抒情歌曲和儿歌的创作。先后创作了《你是离我而去了》、《你的爱情》等作品，并出版了《摘花》、《金梦》和《夜曲》三个歌集。他创作的儿歌《春之夜》、《好朋友》等广为传唱，出版的《小学音乐集》是我国第一本完整的小学生音乐集。他在音乐事业上的另一大贡献是创办了中国音乐史上第一个音乐出版社——万叶书店，因此而被称为"中国近代音乐事业的拓荒者"。

钱君匋还是一位诗人。他青年时期开始从事文学创作，20世纪30年代起就在施蛰存主编的《现代》杂志上发表有关现代城市的诗，著有诗集《水晶座》、诗和散文合集《素描》。1980年，又出版了诗词集《冰壶韵墨》。

钱君匋最为耀眼的艺术成就是篆刻，其数量惊人。他一生刻印2万余方，被整理成印集的有《君匋印存》、《长征印谱》、《鲁迅印谱》、《钱君匋刻长跋巨印选》等十多部。他的篆刻源自秦汉玺印、直追明清，汲取吴昌硕、赵之谦精髓，最终形成严谨、大气、遒劲、豪逸的独特风格。

上海解放后，陈毅市长约见钱君匋了解上海书法和国画界老艺术家的情况，他刻了"陈毅"、"仲弘"两枚印章作为见面礼送给陈毅市长。1954年，他给毛泽东主席篆刻了一方"毛泽东印”，通过当时的文化部长沈雁冰转交给毛泽东，后来，毛泽东又通过上海博物馆找到他，请他刻了一方“毛氏藏书”朱文印。再后来钱君匋应邀赴中南海，毛泽东对他说：“你刻的印非常好，谢谢你。”（引自：佚名著《毛泽东的藏书印》）钱君匋还为巴金等名人制过印，有人称钱君匋为齐白石后第一人。

钱君匋还是当代的收藏大家。他一生节衣缩食收藏名画、名帖和名印等。据说在20世纪60年代前期，他已收藏古人作品不下数千件，70年代起，继续收得黄宾虹、朱屺瞻、刘海粟、谢稚柳、丰子恺等大家的作品，其中于右任的书法、丰子恺的漫画、朱屺瞻的山水花卉、吴昌硕的印章、赵之谦的刻印、黄牧甫的刻印等各在百件以上，华新罗、任伯年和齐白石的作品加起来有二百件之多，总市值在亿元以上，但他并不看重藏品的市值，而是珍视它的艺术价值。为了使这批艺术珍品传世，他毅然将多年收藏的4000多件各类文物和自己创作的600多件书画、篆刻精品捐献给了家乡。

钱君匋的一生精于书法、音乐、诗文、绘画和篆刻，缔造了一个多彩的艺术世界。为了纪念他，浙江省桐乡市建立了钱君匋艺术馆。

钱君匋（1907－1998），名玉堂，字君匋，以字行，学名锦堂，号豫堂，别署午斋，居室名抱华精舍、新罗山馆。浙江桐乡人。毕业于上海艺术师范学校，在鲁迅、李叔同、丰子恺等的教导下走入艺坛，先后任神州国光社、文化生活出版社的美术编辑，从事书籍装帧设计工作。业余时间开始音乐创作。继黄宾虹后续编《美术丛书》。抗战期间，在广州与巴金、茅盾等创办《女丝》月刊和《烽火》旬刊。后回到上海创办万叶书店，任总经理、总编辑，并创办《文艺新潮》月刊。新中国成立后，任新音乐出版社总编辑、音乐出版社副总编辑、上海市书协和美协理事、西泠印社副社长等。

溥杰

（1907 – 1994）

皇亲国戚，普通公民

清朝末代宣统皇帝胞弟爱新觉罗·溥杰是著名的书法家，图1是他的唐诗书法条幅，独特的皇家瘦金体尽显皇亲国戚的浩荡遗风；图2是他写给妹妹金蕊秀、妹夫郭润麒（全名郭布罗·润麒，在日本留学期间曾用名清水武雄）的家书，满满的4页信纸，洋洋两千多言，情真意切，俨俨平民百姓的家长里短，也是作为兄长的溥杰以书信方式劝正在闹家庭矛盾的一对普通夫妇要言归于好。

溥杰自幼受的是皇家教育，书法是必修课，更是主课之一，他先学楷书，后练隶书，再研行书，初学唐初四大书家之一的虞世南，后受业师赵世骏影响而自成一体，其书法追求笔随人意，自然流动，被称为“柳叶体”。这幅书法中堂，是他1989年手书的唐代诗人虞世南的《咏蝉》诗：

垂緌饮清露，流响出疏桐。
居高声自远，非是藉秋风。

唐虞世南咏萤诗
岁次己巳新春之月 溥杰

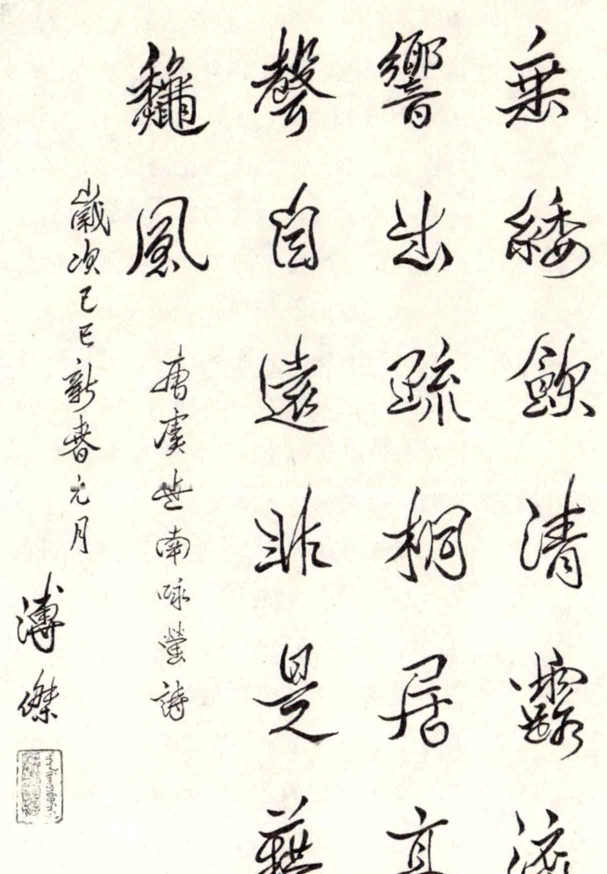

图1 溥杰手书唐诗条幅（66cm × 42cm）

可能是溥杰当时年事已高、记忆有误，将虞世南的《咏蝉》诗当成《咏萤》诗。据笔者考查，同一内容的书作溥杰也曾“书贻”美籍华人陈香梅女士，可见他对虞世南诗书的钟爱。两幅书作除了落款略有不同外，其满汉文印章也稍有差别，这恰恰证明了贾英华在《我眼中的末代皇族》一文中记载的溥杰先生“有两方满文印章”的说法。

图2是溥杰的家书，全文如下：

亲爱的三妹和武雄妹倩：

昨天您们回去之后，我很久很久不能平静，可以说是使我觉得不知应该怎样办才好。因为三妹是我的“小垫窝”的可爱的妹妹，武雄是我50多年以来几乎是始终形影不离的孟良和焦赞。当我看到您们这一对老夫妻，在感情方面几乎就要达到破裂边缘的情况之后，简直使我控制不住自己的感情，我那拙嘴笨腮在当时简直不知应该怎样说才好。控制不住感情，换句话说，也就是成了精神失了控制作用的发疯状态，所以，只能把自己的失望、愤怒、焦急……一切一切发泄在“骂猫”的上面。这便是昨天晚上我的实际心情状况。

当我躺在床上扪心自问之后，使我发现了一条“活路”，那就是“矛盾是实际存在着，而且是正向激化的方面进展着，但是它决不是不能转换到相反的方面去的一成不变、僵死的东西”。当我想到这里时，我犹同将要溺死的人抓到一个救生袋一样，使我心情平静下来，并且坚信是定能把坏事转变成好事的。

我现在再把对于您们老二位的主观看法，毫不客气地说一说——因为这是我的主观上的看法，只能做为您们的一个参考。

我觉三妹这位“垫窝的可爱的老妹妹”，近来确是有些由神经衰弱而来的神经过敏，所以就由于过去的老实有些变成“碎嘴子”，甚至还似乎有了对于武雄的“成见”，以致时常发生使我觉得有“对着干”的气味。

至于我的那位“焦赞”妹倩呢？近来也是一步步加深了“自以为是”、“文过饰非”的“自我陶醉”的程度。同时那种“只能受人恭维，不能虚心接受不同意见”的老毛病，也是随着年龄的增加，殊别是工作环境和前途的不如意而变本加厉成是“老虎屁股”一般。

我主观上认为您们四十多年的老夫妻，之所以形成了现在这种相互关系，就是因为以上的原因——主要的矛盾因素的。

至于这样的矛盾，能不能向好的方向转化呢？我认为是能够的。（1）我现在已是70多岁的人了，二位虽比我年轻些，但也都是七旬在望的人了。况且是几十年的老夫老妻，彼此的优点、缺点，都是了如指掌的。还有什么大不了的事，一定非要把自己的晚年——包括您们这个老哥哥的晚年在内——完全、彻底、干干净净地毁灭掉不可的道理呢？！（2）我主观上认为要把矛盾向坏的方向发展扭转过来，也并不是困难得无法插手的问题，只要是抱着彼此互谅互助的心情就能够解决，因

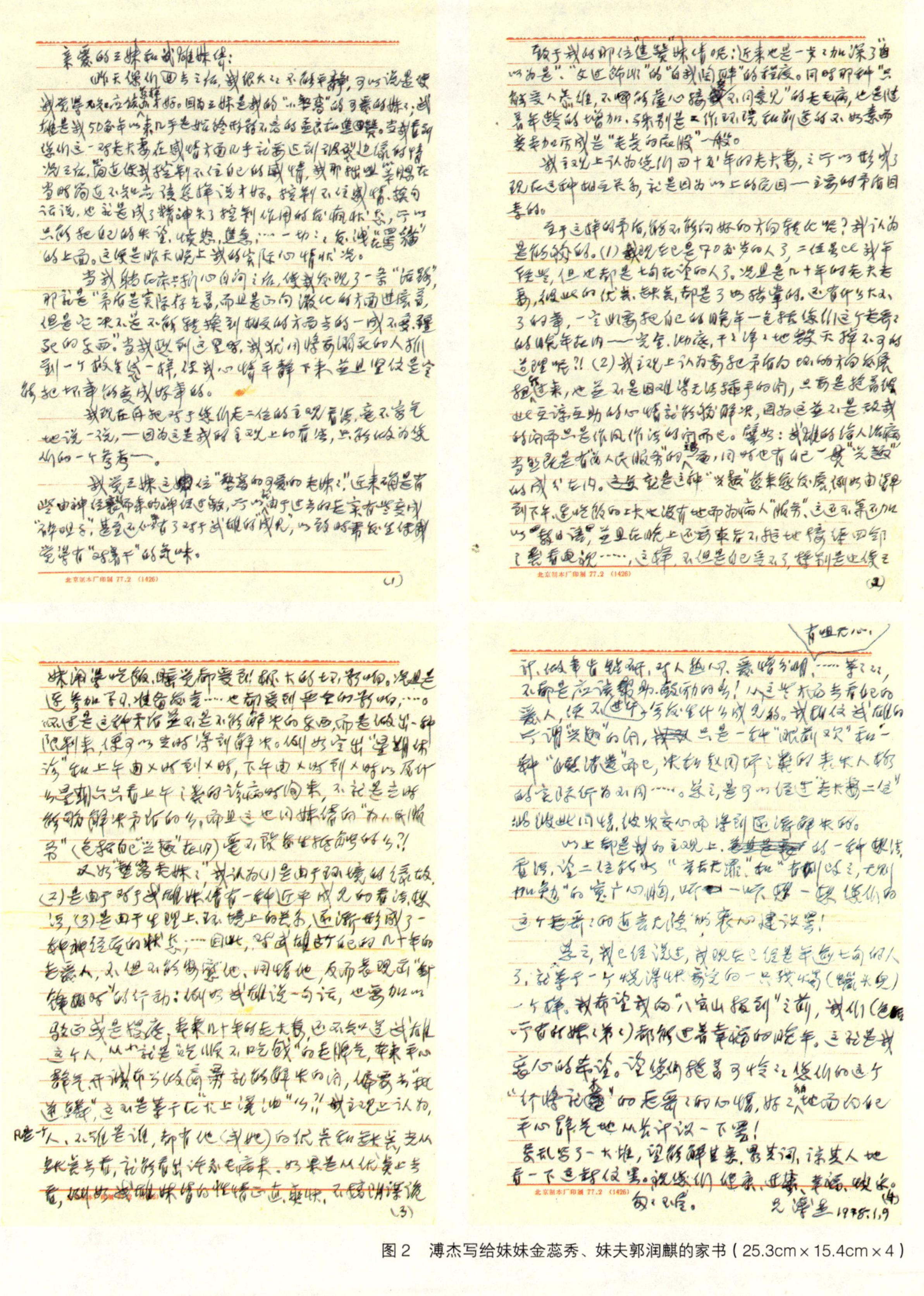

亲爱的三妹和润麒妹倩：

昨天您们四老二位，我很大之不能平静，可以说是使我觉得不知应该怎样才好。因为三妹是我的"小塾嘉"的可爱的妹妹，润麒是我50多年以来几乎是始终形影不离的画良和画伴。当我看到您们这一对老夫妻在感情方面几乎就要达到破裂边缘的情况之后，简直使我控制不住自己的感情，我那拙嘴笨腮在当时简直不知应该怎样说才好。控制不住感情，换句话说，也就是成了精神失了控制作用的病状态，可以只能把自己的哀叹、懊恼、焦急……一切之之交织在"罢骚"的上面。这便是昨天晚上我的实际心情状况。

当我躺在床上静心自问之后，便我发现了一条"活路"，那就是"矛盾是实际存在的，而且是不向激化的方面进展着，但是它决不是不能转换到相反的方面去的一成不变理死的东西。"当我想到这里时，我就同将要溺死的人抓到一个救生圈一样，使我心情平静下来，并且坚信是会能把坏事变成好事的。

我现在再把对于您们老二位的主观看法，毫不客气地说一说，一因为这是我的主观上的看法，只能做为您们的一个参考——。

我觉三妹这位"塾嘉的可爱的老妹妹"，近来确是有些由于神经衰弱而来的神经过敏，……由于过去的老实古怪爱闹"神吵子"，甚至还存有了对于润麒的成见，以致时常使人觉得有"吵嘴子"的气味。

北京制本厂印制 77.2 (1426) (1)

对于我的那位连襟妹倩呢：近来也是一天之加深了自以为是、"文过饰非"的"自我陶醉"的程度。同时那种"只能爱人恭维，不喜听逆心语言(不同意见)"的老毛病，也是随着年龄的增加，特别是工作环境和待遇好之的影响而更要步加厉成为"老虎屁股"一般。

我主观上认为您们四十多年的老夫妻，之所以形成了现在这种相互关系，就是因为以上的原因——主要的矛盾因素的。

至于这种的矛盾，能不能向好的方面转化呢？我认为是能够的。(1)我现在已是70多岁的人了，二位虽比我年轻些，但也都是七旬左右的人了。况且是几十年的老夫老妻，彼此的优点、缺点，都是了如指掌的。还有什么大不了的事，一定必需把自己的晚年——包括您们这个老哥之的晚年在内——完全、必然、干干净净地毁灭掉不可的道理呢？！(2)我主观上认为要把矛盾向好的方面转化过来，也并不是困难得无法插手的问，只要是能各自彼此互谅互助的心情就能够解决，因为这并不是敌我的矛盾，而只是作风作法的问而已。譬如：我知润麒的给人治病当然就是为人民服务的一面，同时也有自己"好""光顾"的成分在内。这些就是这种"光顾"发展成为废寝忘食由早到下午，还始终的一天也没有地方为病人"服务"，这还不算，还加以"敬日语"，并且在晚上还要来家不能让地读书回头……这样，不但是自己受不了，特别是也使之

北京制本厂印制 77.2 (1426) (2)

妹闹得吃饭、睡觉都受到影响，很大的也受到影响。况且是还要加下工作准备……也都受到无尽的影响……。所以是这种矛盾并不是不能解决的东西，而是做出一种限制来，便可以是时得到解决。例如定出"星期休诊"和上午由×时到×时，下午由×时到×时以后什么星期六只看上午之类的诊病时间来，不就是可以能够解决矛盾的么，而且这也同妹倩的"为人民服务"(包括自己"兴趣"在内)毫不发生矛盾的么？！

又如"塾嘉老妹妹"，我认为(1)是由于环境的缘故，(2)是由于对于润麒妹倩有一种近乎成见的看法，然后，(3)是由于生理上环境上的关系，逐渐形成了一种神经过敏状态；……因此，对于润麒这个几十年的老爱人，不但不能体贴他、同情他，反而表现出"针锋相对"的行动：例如我润麒说一句话，也要加以驳斥或是搪塞。要求几十年的老夫妻，还不会以这种态度，这个人，从小就是吃软不吃硬的老脾气，本来平心静气开诚布公地商量就能解决的问，偏要来"找一斗气"，这不就是等于在火上浇油"么？！我主观上认为，随便什么人，不论是谁，都有他(或她)的优点和缺点，光从缺点去看，就能看出许多毛病来。如果是从优点去看，例如润麒妹倩的性情正直爽快，不能阿谀逢迎

北京制本厂印制 77.2 (1426) (3)

有时粗心

评，做事也能按一定，对人热心，爱憎分明，……等之，不都是应该帮助、鼓励的么！从这些方面去看自己的爱人，便不至于发生什么成见的。我认为这些所谓"兴趣"的问，只是一种"酷爱欢"和一种"解闷消遣"而已，决不能同什么浪之的表失人物的实际作为同……。总之，是可以经过老夫妻二位"相互批评，……以彼此同情，彼此爱护，心而得到圆满解决的。

以上都是我的主观上的一种缺陷看法，望二位能以"宽大为怀"和"相互谅之，尤其加勉"的宽广心胸，听我一"哭"——听一下，您们这个老哥哥的苦口婆心的衷心建议罢！

总之，我已经说过，我现在已经是年过七旬的人了，就等于一个烧得快要完的一只残烛(蜡头儿)一个样。我希望我的"八宝山报到"之前，我们(包括我们这所有的妹妹)都能过着幸福的晚年，这就是我最安心的希望。望您们能看到这篇可怜之您们的这个"行将就木"的老哥之的心情，好好地面向自己平心静气地从头评议一下罢！

最乱写了一大堆，望能解其意，毋其词，请其人也看一下这封信罢。祝您们健康、进步、幸福、快乐。

匆匆草 兄 溥杰 1978.1.9

北京制本厂印制 77.2 (1426) (4)

图 2　溥杰写给妹妹金蕊秀、妹夫郭润麒的家书（25.3cm × 15.4cm × 4）

为这并不是敌我的问题而只是作风作法的问题而已。譬如：武雄的给人治病，当然既是有“为人民服务”的主要一面，同时也有自己一贯“兴趣”的成分在内。就是这种“兴趣”愈来愈发展，例如由清早到下午，连吃饭的工夫也没有地而为病人“服务”，这还不算还加以教日语，并且在晚上还要来者不拒地接待四邻之类看电视……，这样，不但是自己受不了，特别是也使三妹闹得吃饭、睡觉都受到极大的坏影响。况且是连参加学习、准备发言……也都受到严重的影响……。不过是这种矛盾并不是不能解决的东西，而是做出一种限制来，便可以当时得到解决。例如空出“星期休诊”和上午由x时到x时，下午由x时到x时以及什么星期六只看上午之类的诊病时间来，不就是立时能够解决矛盾的么。而且这也同妹倩的“为人民服务”（包括自己“兴趣”在内）毫不致发生抵触的么？！

又如“垫窝老妹妹”，我认为：（1）是由于环境的缘故，（2）是由于对于武雄妹倩有一种近乎成见的看法、想法，（3）是由于生理上、环境上的关系，逐渐形成了一种神经质的状态……因此，对武雄这个自己的几十年的老爱人，不但不能安慰他、同情他，反而表现出“针锋相对”的行动：例如武雄说一句话，也要加以驳正或是揭底，本来几十年的老夫妻，还不知道武雄这个人，从小就是“吃顺不吃戗”的老脾气，本来平心静气、开诚布公做商量就能解决的问题，偏要去“批逆鳞”，这不是等于在“火上浇油”么？！我主观上认为，凡是一个人，不论是谁，都有他（或她）的优点和缺点，光从缺点去看，就能看出许多毛病来。如果是从优点上去看，例如武雄妹倩的性情正直、爽快，不搞阴谋诡计，做事肯钻研，对人热心、爱憎分明、有嘴无心……等等等等，不都是应该进行帮助、鼓励的么！从这些方面去看自己的爱人，便不会发生什么成见的。我相信武雄的所谓“兴趣”的问题，只是一种“眼前欢”和一种“自慰消遣”而已，决和赵国圻之类的丧失人格的实际行为不同……。总之，是可以经过“老夫妻二位”的彼此同情，彼此交心而得到逐渐解决的。

以上都是我的主观上的一种想法、看法，望二位能以“言者无罪”和“有则改之，无则加勉”的宽广心胸，听一听、想一想您们的这个老哥哥的直言无隐的衷心建议罢！

总之，我已经说过，我现在已经是年逾七旬的人了，就等于一个烧得快要完的一只残烛（蜡头儿）一个样。我希望我向“八宝山报到”之前，我们（包括所有的妹妹弟弟）都能过着幸福的晚年。这就是我衷心的希望。望你们抱着可怜可怜您们的这个“行将就木”的老哥哥的心情，好好各自地面向自己平心静气地从长计议一下罢！

杂乱写了一大堆，望能解其意、略其词、谅其人地看一下这封信罢。祝您们健康、进步、幸福、快乐。

匆匆不尽

兄 溥杰

1978.1.9

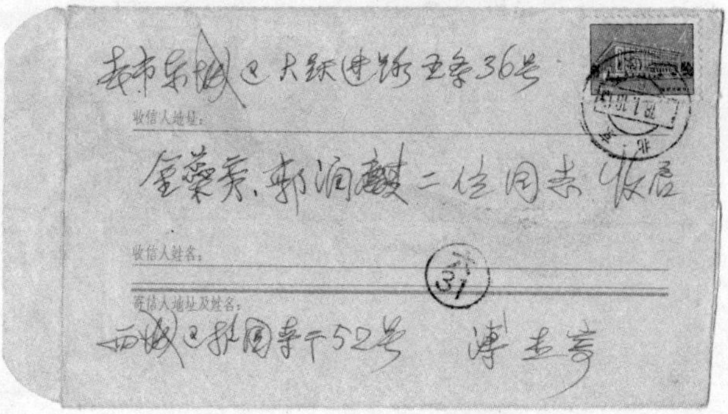

图3　溥杰家书实寄封

溥杰的这封家书写在4页红格信纸上，钢笔行书，一如他的独特书法风格，流畅随意。图3是这封家书的实寄封。这封写于1978年的家书难免带有那个时代“左”的说教色彩，但情真意切，充满了兄妹的亲情，年逾七十的昔日皇储力劝三格格夫妇“和解”，不惜以“可怜可怜您们这个‘行将就木’的老哥哥的心情”为乞求的条件。溥杰作为昔日的皇亲国戚，在成为普通公民后，用普通百姓的家书方式，调解家庭矛盾，令人为之动容。俗话说：“清官难断家务事”，溥杰作为家长，公正、公平地裁断三妹家的问题，好言相劝二人和好，其方式方法令人钦佩。在今天看来，这种调解家庭矛盾的方式，也不失为值得借鉴的维系和谐家庭的好方法。这封珍贵的家书堪称家书的上品。

爱新觉罗·溥杰（1907—1994），满族。生于北京。为清朝末代皇帝溥仪的同母弟弟。溥杰年幼在醇清王府作溥仪伴读。1929年到日本东京学院、日本陆军学校学习。1935年回到东北，在伪满洲国任宫内侍从武官，1945年被苏联红军俘获，1950年被移交中国，关押在抚顺战犯管理所改造，1960年获特赦，1980年后任全国人大常委、民族委员会副主任等。

叶浅予

（1907 — 1995）

书画皆美，人生浪漫

叶浅予是当代中国画大师，杰出的美术教育家、中国现代漫画先驱。早在 1948 年，徐悲鸿就在《叶浅予之国画》一文中说：“中国此时有十个叶浅予，便是文艺复兴大时代之来临了”。叶浅予在中国画上的突出贡献是把生活速写引入中国画，创造了舞蹈人物画。图 1 是一幅他于 1980 年创作的《五指山下舞翩翩》，画的是一位海南岛黎族姑娘翩翩起舞的瞬间。

图 1　叶浅予速写《五指山下舞翩翩》手稿（39cm×27cm）

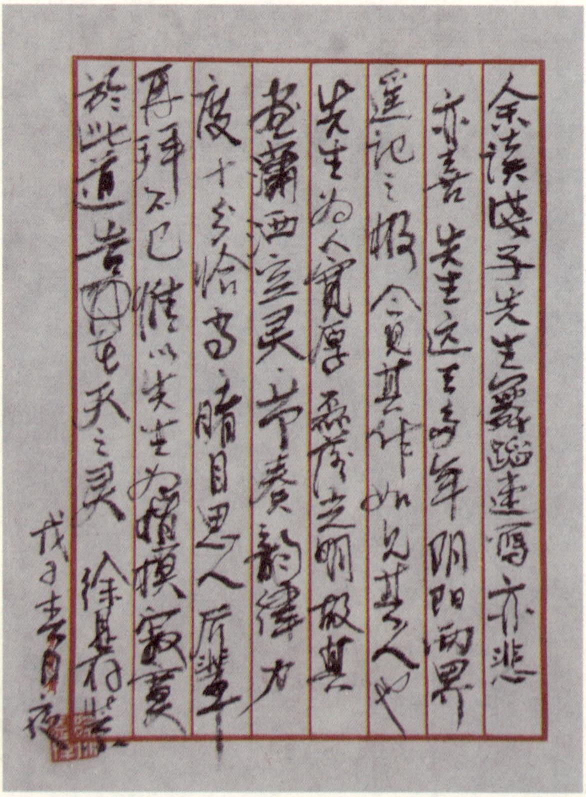

图 2　徐恩存题跋

毛笔蘸墨画在吸墨性较强的八开新闻纸上，落墨简约、重点突出，黎族姑娘典型的服饰高顶大沿帽、收腰上衣、黎棉筒裙、手镯、脚镯等表现得十分到位，赤足而舞的黎族姑娘一颦一笑、举手投足间充满灵性，大方迷人，眼传神，手传情，栩栩如生，令人回味，是典型的叶浅予速写人物画风格，此时的他已是73岁的古稀老人。鉴定家、画家徐恩存看了这幅画作后题跋（见图2）：

余读浅予先生舞蹈速写亦悲亦喜，先生远去多年，阴阳两界遥记之极，今见其作如见其人也。先生为人宽厚，磊落光明，故其画潇洒空灵，节奏、韵律、力度十分恰当，睹目（物）思人，后辈再拜不已，惟以先生为楷模，寂寞于此道，告拜在天之灵。

徐恩存

戊子春日夜

叶浅予的倔是出了名的，他的夫人王人美女士就称他为“倔老头”。他每到一地便对人说：住店拿店钱，吃饭拿饭钱，不住宾馆、个人不送画，不卖字，不题字。所以，他的“一字难求”是出了名的，也因如此他存世的书法作品不是很多。图3是叶浅予的手札，是一帧请假条，从中我们可以一睹叶浅予的书法风格。

美展办公室：

十一日信知悉，我刚从新疆回来，相当疲劳，南京之行去不了，请别人去吧！抱歉抱歉！

叶浅予

九月十三日

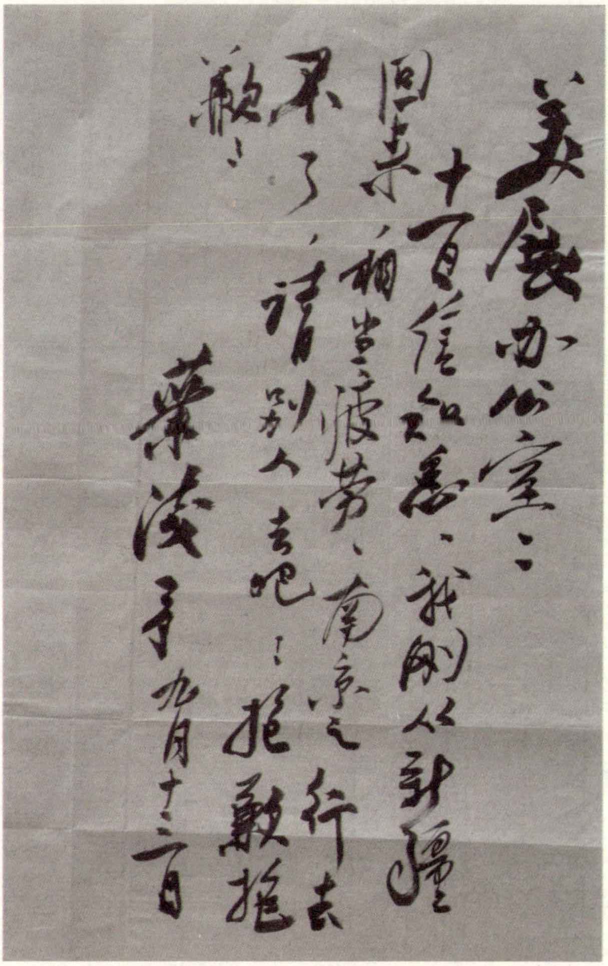

图3　叶浅予写给美展办公室的请假条（31cm×22cm）

此札虽只有46个字，但目的明确、理由恰当，又不失谦逊和礼节，可谓言简意赅，不愧为大师手笔。

叶浅予的书法是画家书法，尽显画家善

图 4　1989 年发行的《当代美术作品》特种邮票上的叶浅予书画

书的传统，行书字体随意而又厚重；每个字规范而又不拘一格，仿佛在画作上题跋落款，又像是在以速写的方法创作一幅书法作品。仔细读来，耐人寻味。叶浅予在画界和行政领域位重官高，却亲笔向“美展办公室”请假，尽显其谦谦君子品格。

叶浅予自幼喜爱美术，新中国成立前创作了大量的思想深刻、切中时弊、家喻户晓的漫画。1940 年以后，开始从事国画艺术，创作了大量的人物画。北平解放前夕，他参加教师代表团，会见傅作义，劝其起义并力劝徐悲鸿校长留下迎接解放。晚年创作了《富春江山居新图》长卷及百幅《富春人物画谱》。叶浅予的书法有很高的欣赏性，他的座右铭是“对生活知足常乐，对艺术精益求精”。他的作品曾以书画结合的形式被印在中国邮政 1989 年发行的《当代美术作品》特种邮票上（见图 4）。

叶浅予的相貌和浪漫也是出了名的，有“画界第一号美男子”的雅号，与他生活有关系的四位女性，除了原配罗彩云是父母包办之外，其他三位梁白波、戴爱莲和王人美都是有名的才女。梁白波是卓有成就的画家。毕克官在《中国漫画史话》中评价说：“梁白波是 20 世纪 30 年代著名的也是唯一的女漫画家。其成就和影响，至今没有另外的女性漫画家能与之相比。”才女梁白波是叶浅予的漫画知音，两人同居后在南京为《朝报》共同创作漫画，后来叶浅予去香港筹办《今日中国》画报，此时的叶浅予离婚不成，而不愿永远充当第三者角色的梁白波以一句“不愿去”结束了这段浪漫的爱情。叶浅予的第二位夫人是英国华侨舞蹈家戴爱莲，两人一见钟情并由宋庆龄证婚，叶浅予画了许多以戴爱莲为模特的舞蹈人物画。新中国成立后戴爱莲当选全国舞蹈家协会副主席并担任中央戏剧学院舞蹈团团长。独立的个性和文化背景的差异最终使两人分手，然而，他们却一直是朋友。叶浅予第三位夫人是曾主演过《渔光曲》的电影明星王人美，二人经介绍结合，王人美是多情善良的湘女，她对叶先生的健康和生活关心得最多，两人相伴到老。

1995 年 5 月 8 日，一代宗师叶浅予走完了他 88 载的人生旅途，没有留下任何遗言，只留下了唯美的书画和浪漫的人生。

叶浅予（1907 — 1995），浙江桐庐人。自幼喜爱美术，中学时开始自修绘画。1927 年在上海从事广告工作，同时开始漫画创作，先后创作了长篇漫画《王先生别传》、《小陈留京外史》等。抗战期间，投身抗日救亡运动，发起成立中华全国漫画界救亡协会，并被推举为漫画宣传队队长。1947 年受徐悲鸿聘请，任北平艺专教授、图案系主任，开始从事美术教育事业。新中国成立后，历任中国美术家协会副主席兼秘书长、书记处书记、中央美术学院国画系主任、中国画研究院副院长等职。“文革”中入狱，平反后将补发的工资全部捐给中央美院国画系作为奖学金，奖掖青年画家。晚年还将毕生画作精品和藏品无私地捐给了家乡，在桐庐建有叶浅予艺术馆。

吴作人

（1908 — 1997）

善书的绘画大师

大师黄宾虹早就说过：“善书者必善画，善画者必先善书。”研读画家吴作人致徐孝穆的信札（图 1），深感此言精辟，吴作人正是善书的画家典范：

孝穆同志：

收到赐赠新刊臂搁一件，至为感谢！且系唐云同志画竹，获此双珍，宝爱何似，并请代向唐云同志致谢。前此寄下扇骨两事，亦为唐钱两家所作，谨并申铭谢。

先后奉得臂搁、拓片均精绝，颇有人爱。主席词片，可否烦神在空时为拓数片？若事忙即作罢，不敢作无恹（厌）求也。

久为病缠，迟复为歉，希恕我疏懒，并颂

近吉

作人

九、十六

萧淑芳附笔

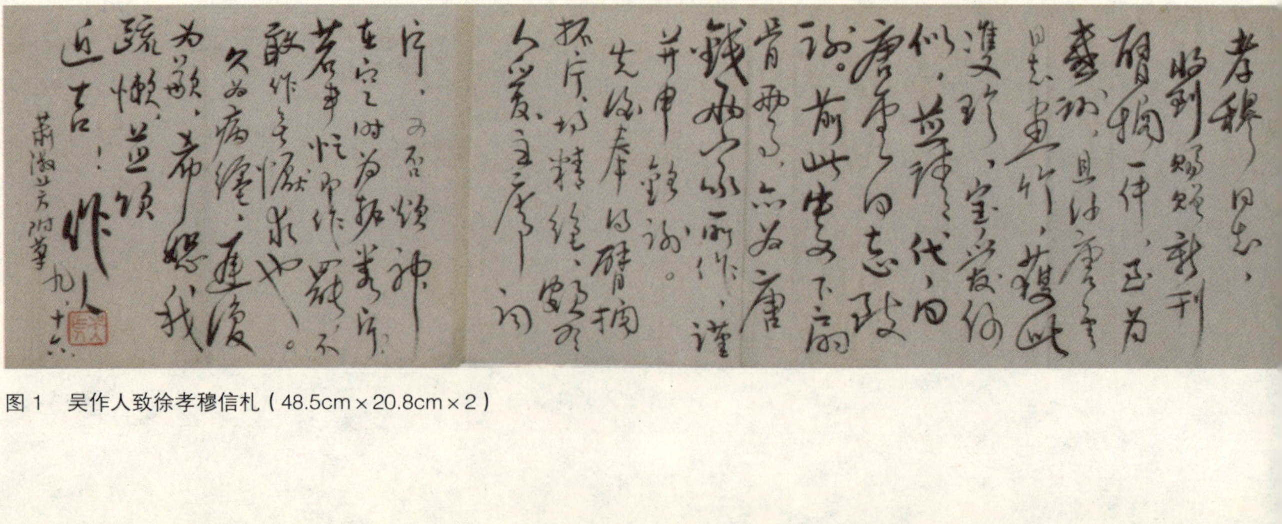

图 1　吴作人致徐孝穆信札（48.5cm × 20.8cm × 2）

这是一封充满感谢的信，也是朋友、艺术家之间交流感情的私札。孝穆，即徐孝穆，他是诗人柳亚子的外甥，曾任上海市博物馆保管部科学实验室负责人，他以竹刻闻名于世，同时，也是一位书法和篆刻的行家。据“补白大王”郑逸梅所作《我所知道的柳亚子》一文记载：“亚子的外甥徐孝穆，在上海市博物馆工作，能书、能画、能刻印，刻竹骨、刻砚台、刻紫砂壶，属于艺术上的多面手。一度他随亚子寓居北京，因得识何香凝、叶恭绰、郭沫若、沈雁冰、傅抱石及老舍等，都为他题竹拓专册……孝穆在上海，居住进贤路，亚子来沪，到他家里，为他写‘进贤楼’字匾额，作为他的斋名，钤上‘汾湖旧隐’及‘礼蓉招桂盦’的印章。孝穆又为亚子刻印，拓有印存册子，亚子为题：‘刻画精工值万钱，雕虫技小我独贤。何当掷去毛锥子，歼尽嵎夷奏凯旋。’”由此可见徐孝穆的竹刻和制印是很有名气的，所以吴作人在“收到赐赠新刊臂搁（写字时为防止手臂沾墨而垫在手臂下面的文房用品——引者注）一件，至为感谢”，视为“宝爱”。

吴作人是继徐悲鸿之后执掌中国美术界帅印的领军人物，他曾获法国、比利时等国授予的“艺术与文学最高勋章”和“王冠级荣誉勋章”，在海内外的艺术影响巨大，他对新中国美术事业的创立、发展以及改革开放后中国艺术界与国际社会的交流所做出的贡献无人可以替代。“他以深厚的文化修养和学者风范，融汇中西方艺术精华，成为本世纪不断成熟的中国油画学派独具特色的开创者和代表人物”（见1997年，新华社发《吴作人先生生平》通稿）。在长期担任中央美院院长和中国美协主席期间，吴作人更是以弘扬中国文化传统，传播西洋艺术精华为己任，特别是在油画创作上提倡“中国油画学派”，创作了《三门峡》等传世之作，他还不懈地为中国艺术教育事业和中华民族的美术事业发展殚精竭虑，并以中国知识分子特有的责任感和使命感教育和鼓舞一代又一代人为中国文化和人类文明的传承不息奋斗。其不朽油画作品《齐白石像》等被中国美术馆收藏，他还先后在英国、法国、瑞士等国举办过画展。

吴作人学贯中西，却坚持“法由我变、艺为人生”的艺术观点，他虽为徐悲鸿、白思天等艺术大师的高足，却遵循“师造化、夺天工”的创作道路。早在青年时代就加入由田汉领导的南国社，积极倡导文艺革新运动。20世纪50年代前，吴作人的绘画成就主要体现在油画上，创作出了《纤夫》、《哥萨克兵》、《窗前》、《华佗》、《出窑》、《祭青海》、《解放南京号外》等一大批油画佳作。50年代后进入了油画、国画创作并行的时期，他“洋为中用”，将西方素描的写形与中国水墨画的写意有机地结合起来，借助中国书法的艺术底力，创新水墨画，并以牦牛、骆驼、熊猫、黑天鹅等古人不常画的动物为题材，创作了《藏原牦牛》、《知白守黑》、《双玄鹄》等动物国画精品，国画《熊猫》早在1963年就被印在邮票上公开发行，而《花中女》则是其中国人物画的代表作。吴作人的中国画更是别具一格，他在中国画上的艺术成就与他对传统中国文化的热爱是分不开的。早在20世纪40年代，他先后赴陕甘青藏写生，临摹敦煌壁画；他选择了以文人画为切入点，然后溯流而上，上溯盛唐雄浑之度，接魏晋风骨，追秦汉古风，直取千年本土文化之精华，创作了一大批中国画杰作，其中以《牧驼图》等为代表。晚年的吴作人专攻国画，并取得了极高的艺术成就，这充分体现了

图 2 吴作人水墨画《熊猫》（50cm × 23cm）

画家对祖国传统艺术的钟爱。图 2 是一幅吴作人的水墨熊猫，这幅创作于 1989 年的水墨画，两只熊猫憨态可掬，形象生动，笔墨高度精练简洁，可以说多一笔则嫌繁、少一笔则过简，其水墨渗化没骨的技法，以水墨点垛造型传神，气韵生动而又应物象形，为传统的中国画或纯粹的西洋画均难以实现之效果，可谓是吴作人水墨画创新风格的充分体现。画作题双款："一九八九年初秋 赵贵同志之属 作人"，并钤朱文印章：吴作人。另钤朱文闲章两枚，其一是："作人写意"，其二是："曾客通天河上"．

吴作人的书法既不是画家字，也非学者字，而是自成一家。其书法行草流畅、圆润厚重、内在含蓄、运笔灵动婀娜而又沉稳、刚健，是书者自然心境的流露。从给徐孝穆的这手札看，吴作人犹如在创作一幅完美的国画，布局精美、运笔独到、语言亲切、儒雅大方、神采飞扬，足见其深厚的艺术修养、文化底蕴和书法造诣。吴作人对书法的倾心，在写给徐孝穆的信札中也有所表露："主席词片，可否烦神在空时为拓数片？"毋庸置疑，毛泽东是当代书法大家，"毛体字"是中国书法的一座山峰。吴作人索要毛泽东主席词拓片是因为"颇有人爱"，但还有另一个原因，就是作为画家的他对毛泽东主席的书法是很感兴趣的。也许是书画同源、书画相通的缘故吧？

"善画者必先善书"，吴作人做到了。

吴作人（1908 — 1997），安徽泾县人。1926 年起先后入苏州工业专科学校、上海艺术大学、南国艺术学院和南京中央大学学习建筑和美术，师从徐悲鸿。1930 年赴欧洲学习，先入巴黎高等美术学校，后考入比利时布鲁塞尔皇家美术学院白思天院长画室学习，获比利时皇家美术学院金质奖章和桂冠生荣誉。1935 年应徐悲鸿先生之邀回国，先后在南京中央大学艺术系、北平国立艺专任教授、教务长。1958 年被周恩来总理任命为中央美术学院院长，长期担任中国美协副主席、中国文联副主席和中国美协主席。

贾兰坡

（1908 – 2001）

三具“北京人”头盖骨的发现者

1936年11月，继裴文中1929年在周口店发现第一具“北京人”头盖骨之后，时任中国地质调查所新生代研究室技佐的贾兰坡连续发现了三具“北京人”头盖骨，震惊国内外，这一年他28岁。从此，贾兰坡就与“北京人”、古脊椎动物和古人类研究终身为伴，直到逝世，他的骨灰葬于周口店的龙骨山，与他研究一生的“北京人”日夜厮守。

早年，贾兰坡因家境贫困，没有上过大学，但他靠勤奋好学而成为世界一流学者，这其中饱含了裴文中等前辈对他的培养。贾兰坡深知好的老师和前辈能给年轻人带来什么，也正因为如此，他对学生既严格要求又倍加关爱，极力提携。图1是一通贾兰坡为学生甄百鸣写的《推荐书》：

推荐书

我荣幸地推荐甄白鸣先生继续申请贵国文部省的奖学金，希望能得到批准。

甄百鸣，现年廿八岁，男性。1982年1月在北京大学地质系地层古生物专业毕业，获得理学士学位。毕业后曾在北京自然博物馆从事古脊椎动物学的研究工作。1982年9月到日本，考取横滨国立大学，攻读硕士学位。目前正在著名的古脊椎动物学家长谷川善和教授的指导下，做硕士学位论文，论文内容为冲绳岛上一洞穴内的第四纪哺乳动物化石以及在更新世晚期中日两国在古动物、古地理和古气候方面的联系。他还准备考取博士学位研究生。

甄百鸣一向勤奋学习，成绩突出，在生物学、地学方面有广泛的知识，日语在说、写、听、看方面都很优秀，英语也能流利的会话和写作。他的品行端正，热心于中日友好，热爱日本人民。他学成归国后一定能在发展中日两国的科学、文化交流上起较大的作用。过去一年已得文部省的奖学金，因此，我负责任地推荐他在1985年继续申请奖学金，希望能得到照顾和支持，继续发给他奖学金，不胜感激。

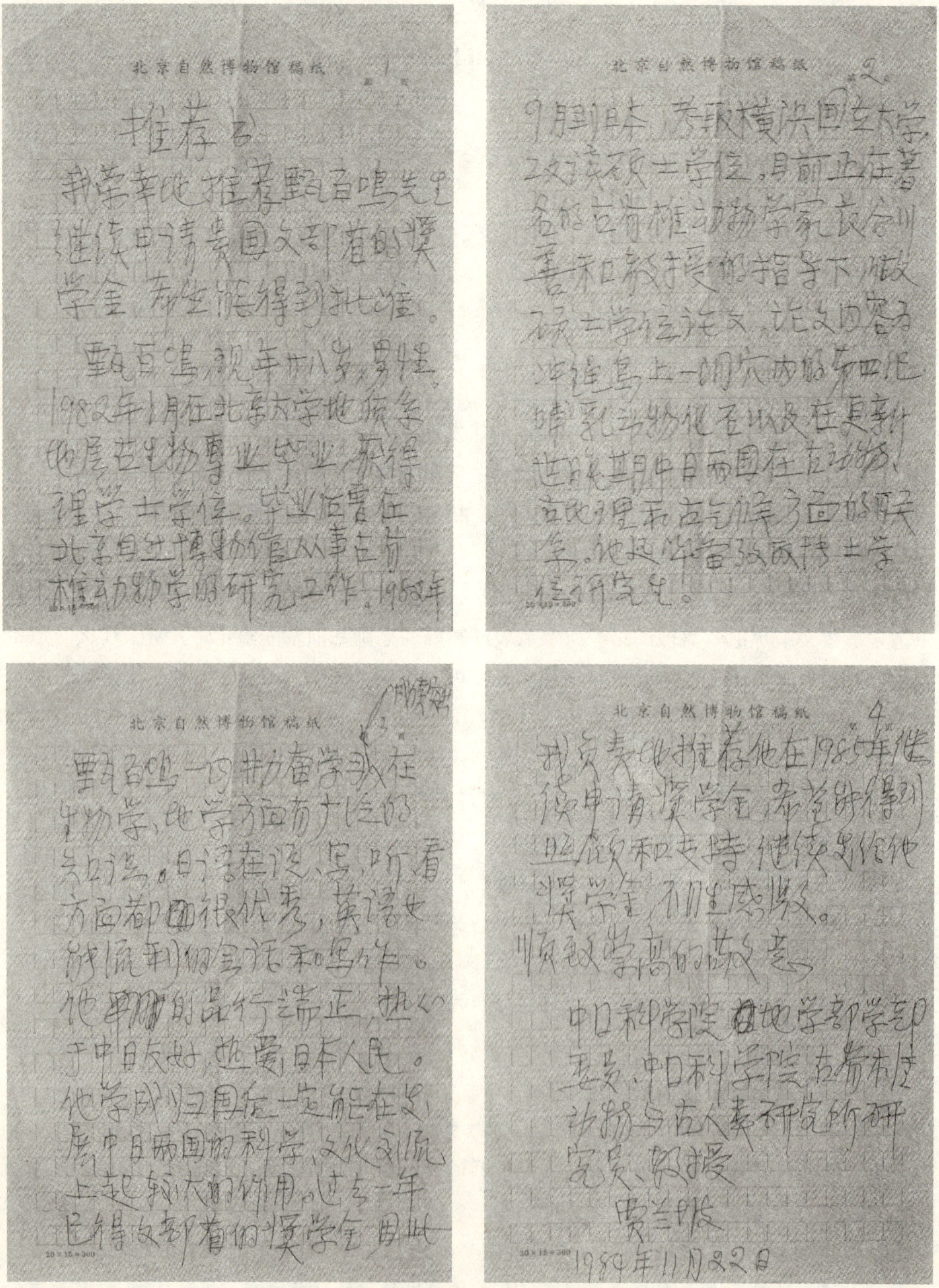

北京自然博物馆稿纸　第1页

推荐书

我荣幸地推荐甄百鸣先生继续申请贵国文部省的奖学金，希望能得到批准。

甄百鸣，现年廿八岁，男性。1982年1月在北京大学地质系地层古生物专业毕业，获得理学士学位。毕业后曾在北京自然博物馆从事古脊椎动物学的研究工作。1982年

北京自然博物馆稿纸　第2页

9月到日本，考取横滨国立大学攻读硕士学位，目前正在著名的古脊椎动物学家长谷川善和教授的指导下做硕士学位论文，论文内容为冲绳岛上洞穴内的第四纪哺乳动物化石以及在更新世晚期中日两国在古动物、古地理和古气候方面的联系。他还准备攻读博士学位研究生。

北京自然博物馆稿纸　第3页

甄百鸣一向勤奋学习，在生物学、地学方面有广泛的知识，日语在说、写、听、看方面都很优秀，英语也能流利的会话和写作。他的品行端正，热心于中日友好，热爱日本人民。他学成归国后一定能在发展中日两国的科学、文化交流上起较大的作用。过去一年已得文部省的奖学金，因此

北京自然博物馆稿纸　第4页

我负责地推荐他在1985年继续申请奖学金，希望能得到照顾和支持，继续发给他奖学金，不胜感激。

顺致崇高的敬意

中国科学院地学部学部委员、中国科学院古脊椎动物与古人类研究所研究员、教授

贾兰坡

1984年11月22日

图1　贾兰坡为学生甄百鸣写的推荐书（26.2cm × 18.5cm × 4）

顺致崇高的敬意

中国科学院地学部学部委员、中国科学院古脊椎动物与古人类研究所研究员、教授 贾兰坡

1984 年 11 月 22 日

贾兰坡的这封《推荐书》满满地写在 4 页红格“北京自然博物馆稿纸”上，字体较大，但字迹工整，因为他晚年患有眼疾，阅读和书写有一定的困难，可是，为了推荐甄百鸣继续获得日本文部省的奖学金，他认认真真写了 500 多字的“推荐书”，对甄的年龄、学历、身份、现状、人品、导师、外语水平，甚至硕士论文内容都了如指掌，一一说明，充分表达自己对甄百鸣的了解和认可，语言诚恳，态度谦卑，其目的只有一个，就是：“负责任地推荐他在 1985 年继续申请奖学金。”这不仅使人想起贾兰坡早年因付不起学费而上不了大学的痛苦经历，他在写这份《推荐书》时，将心比心，以一个长者的全部身心，力争成全一个学生，给人以“一日为师，终身为父”之感。

贾兰坡是世界一流的学者。他是著名的考古学家，他还是第四纪冰川学家和科普作家。他的著作《鲁南考古队在人类学上的特别发现》、《中国猿人》、《旧石器时代文化》、《周口店发掘记》等很有影响。他还致力于科普知识的传播与写作，发表了《周口店——北京人之家》、《从鱼到人》、《人类的黎明》、《化石的发掘和修理》、《中国猿人》、《爷爷的爷爷哪里来》等科普作品。他多次受邀赴美、日、瑞士等国讲学。他所写的《推荐书》，其分量可想而知。贾兰坡先生著作等身，发表的论文多达 300 多篇，1983 年，文物出版社编辑出版了《贾兰坡旧石器时代考古论文选》，图 2 便是这本论文选的签名本，贾兰坡先生在书的扉页右上角用钢笔手书：

三林先生指正

贾兰坡敬赠

84 年 11 月 12 日

贾兰坡的考古足迹遍及全国。其中，对华北地区的研究用力最勤，收获最多。他主持和指导了蓝田人遗址、丁村人遗址、西侯度文化遗址、峙峪文化遗址和许家窑人遗址等重要旧石器时代遗址的发掘工作，对中国远古文化的发掘与研究起了积极作用。

贾兰坡一生与“北京人”头盖骨密不可分，然而令人遗憾的是，1941 年前一直在协和医院解剖科保险柜中保存的“北京人”头盖骨，为了避免其在日本侵华战争中被毁，装箱后由美国海军陆战队用火车运往秦皇岛，准备在那里上船运往美国保存。但就在这时，太平洋战争爆发，装载“北京人”头盖骨的火车被日军截获，“北京人”头盖骨就此神秘失踪。在此

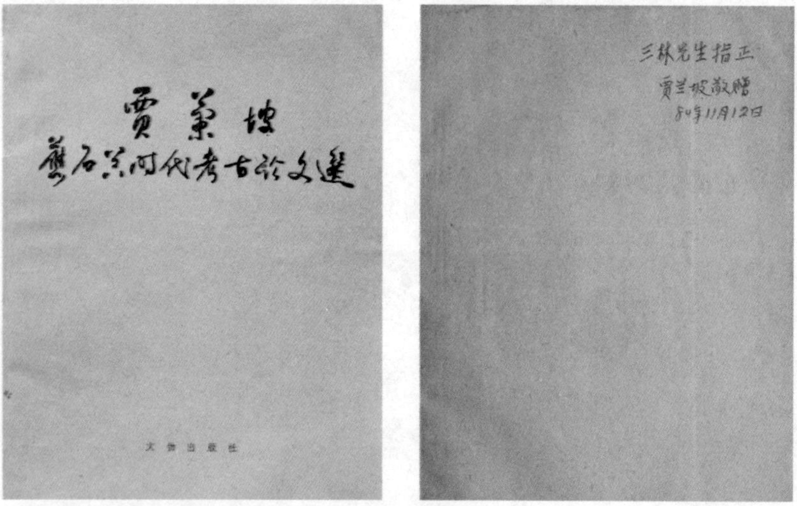

图 2 《贾兰坡旧石器时代考古论文选》的签名本

后的 60 多年里，贾兰坡苦苦寻找犹如他孩子的“北京人”头盖骨，却毫无结果。1999 年，他联合侯仁之等 14 位中科院资深院士在报纸上刊登呼吁书，呼吁世人一起寻找因战乱而下落不明的“北京人”头盖骨，情真意切，为世人动容。

贾兰坡直至临终也未能找到他亲手发掘出的“北京人”头盖骨，但他在 60 多年里为寻找“北京人”头盖骨的珍贵线索和宝贵资料却保存下来，给中国也给世界留下了终有一天会找寻到“北京人”头盖骨的希望。我们期待着那一天的到来。

贾兰坡（1908 — 2001），字郁生，曾用名贾郁生、周龙、蓝九公，河北玉田人。早年就读于北京汇文中学。1931 年考入中国地质调查所新生代研究室，并被派往周口店协助考古学家和古生物学家裴文中从事“北京人”发掘工作。先后任实习生、练习生、技佐、技师。新中国成立后任中国科学院古脊椎动物与古人类研究所副研究员、标本室主任、新生代研究室副主任。1955 年接替裴文中任周口店工作站站长等职。1980 年当选为中国科学院院士，1994 年当选为美国国家科学院外籍院士、1996 年当选为第三世界科学院院士。

张中行

（1909 — 2006）

超然的行者

张中行是一位行者，一位孑身一人行走在茫茫戈壁里的学者和哲人，并最终修炼成了一位智者。

提起张中行，不能不提到他与女作家杨沫的恋情。20 世纪 30 年代，在北大读书的张中行与小他 5 岁的杨沫同居后生了一儿一女，因他政治上的“落后”，最终杨沫与其分手，后来他成了杨沫著名长篇小说《青春之歌》中反面人物余永泽的原型，也正因为此，在“文革”中，张中行受到牵连，被发配到安徽凤阳劳动改造。然而，他很少提及这段往事，总是讲“没有在意”，保持着中国隐士特有的沉默。杨沫去世后，有人曾请张中行去参加她的遗体告别仪式，张中行拒绝了，他说：“是她不再是，或早已不再是昔日的她。”杨沫的儿子老鬼评价张中行说“是个好人”、“老头有骨气”。熟悉张中行的人则说他心地善良，有长者风范。图 1 是一通张中行 20 世纪 90 年代致《新文学史料》主编牛汀的信札：

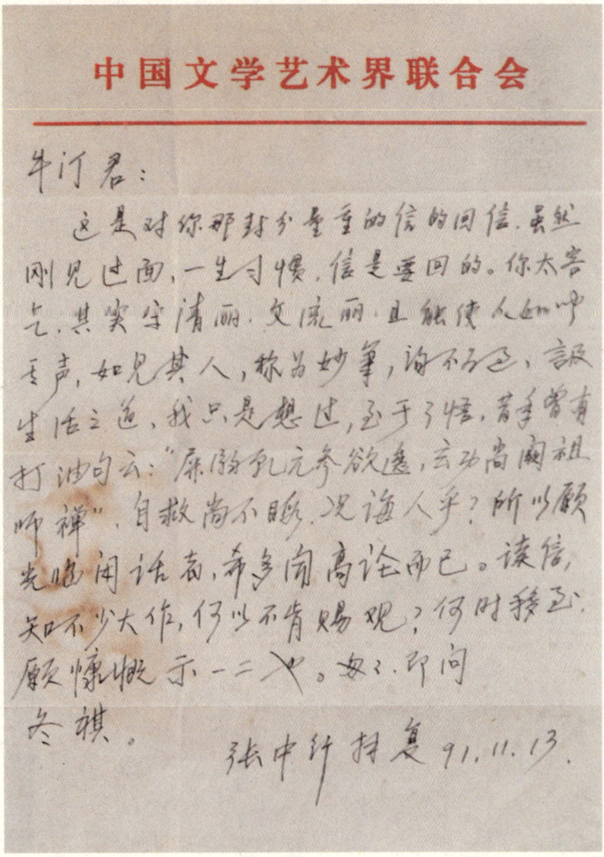
中国文学艺术界联合会

牛汀君：

这是对你那封分量重的信的回信。虽然刚见过面，一生习惯，信是要回的。你太客气，其实字清丽，文流丽，且能使人如闻其声，如见其人，称为妙笔，论不为过。谈生活之道，我只是想过，至于行，昔年曾有打油句云：“[illegible]”，自救尚不暇，况诲人乎？所以[illegible]闲话有，并多闻高论而已。读信，知不少大作，何以不肯赐观？何时移玉，[illegible]示一二也。匆匆，即问

冬祺。

张中行拜复 91.11.13.

图 1　张中行致牛汀信札（25.6cm × 18.3cm）

牛汀君：

这是对你那封分量重的信的回信，虽然刚见过面，一生习惯，信是要回的。

你太客气，其实字清丽、文流丽，且能使人如听其声，如见其人，称为妙笔，均不为过，言及生活之道，我只是想过，至于了悟，昔年曾有打油句云："屎溺乾元参欲透，玄功尚阙祖师禅"，自救尚不暇，况诲人乎？所以愿光临闲话者，希多闻高论而已。读信，知不少大作，何以不肯赐观？何时移至，愿慷慨示一二也。匆匆即问

冬祺

张中行 拜复

91.11.13

张中行的这通硬笔手札写在"中国文学艺术界联合会"的信笺上，文字干净而且非常漂亮，语言流畅，对晚辈称赞、鼓励有加而且气度非凡，一看便知出自大家之手。

张中行一生低调处事、淡泊为人，用他自己的话说就是：一不做官，二不发财，就是希望做点学问、看点书、写点书，安安稳稳地过适然恬淡的生活。他一生清贫，长期寓居女儿家，85 岁时才分到一套普通的三居室，屋里没有装修，摆设也极为简单，除了书几乎别无他物。然而，张中行著述颇丰，为世人留下了不少颇有价值的研究学问和人生心得。主要有：《顺生论》、《文言津逮》、《作文杂谈》、《佛教与中国文学》、《负暄琐话》、《文言与白话》、《负暄续话》、《禅外说禅》、《诗词读写丛话》、《负暄三话》、《横议集》、《月旦集》、《流年碎影》、《散简集存》、《望道杂纂（顺生论）外编》和《说八股》等。图 2 就是张中行先生所著《乡园旧梦》的签名钤印本，他在书名页上用毛笔楷书：

锡桂先生正书

辛巳年中秋张中行

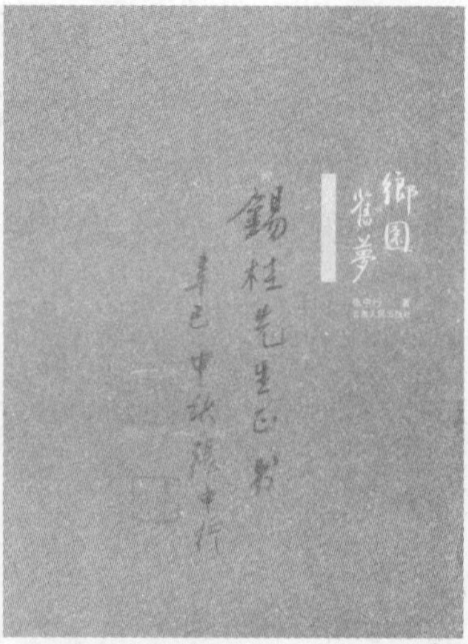

图 2　张中行《乡园旧梦》签名钤印本

并钤朱文：张和朱文：中行印章，其签名、印章与书名页上印刷的著名书法家启功题写的书名黑、白、红相映、浑然一体，十分精美。

张中行在 75 岁以前几乎是默默无闻的，主要是在出版社编教材，而 75 岁之后大器晚成，老有所为，大作一本接一本，一本比一本精彩，20 世纪 80 年代，他的《负

暄琐话》以冲淡平和的笔触，写人记事，怀旧伤远，别具一格，令世人瞩目。此后的《负暄续话》、《负暄三话》又相继出版，被誉为“当今的《世说新语》”。继《佛教与中国文学》后，又接连出版了《禅外说禅》、《顺生论》等专著，说禅道别开生面，论哲理发人深思，在海内外产生了巨大影响。90年代后期，又出版了回忆录《流年碎影》。他检点平生，伤逝感怀，写尽世道人情，字里行间充满沧桑之慨，饱含人生哲理，令人荡气回肠，寻味不尽。此时，另有诗词集《说梦草》及杂文集《散简集存》付梓。再后他的大部分著作结集为《张中行作品集》6卷，计数百万字，由中国社会科学出版社出版。张中行的书拥有广大读者，风靡全国。一时间，他成为了20世纪末学界瞩目的文化老人。他与季羡林、金克木、邓广铭一起被称为“未名四老”。季羡林在《我眼中的张中行》一文中写道：“中行先生是高人、逸人、至人、超人。淡泊宁静，不慕荣利，淳朴无华，待人以诚。”张中行对外界评价他是杂家、语言学家、学者，都不认同，只认为自己首先是一个思想家，因为他认为自己一生清醒、不糊涂，不盲从。就是对待因《青春之歌》给自己带来终身“麻烦”的前女友杨沫，在“文革”那样的政治高压之下，也始终没说过杨沫一句坏话，而且一直替她说好话，这一点不仅使杨沫感动，而且令其后人敬仰，称张中行“有一种知识分子的风骨”，而这对于张中行来说，只是在践行他那句“男女之情是一个人一生之中最重要的情感”的论断。

作为一生与书为伴的书生，张中行还告诫自己的孩子们：要多念书，少信宣传。也许这就是真实的张中行先生——一个超然的行者。

张中行（1909 — 2006），原名张璇，学名张璿，字仲衡，河北香河人。1931年从通县师范学校毕业后考入北京大学中文系。后任教于天津南开中学、保定中学、贝满女中和北京大学，担任过《现代佛学》总编。1949年起任人民教育出版社编辑，长期从事中学教材的编辑工作。退休后任人民教育出版社特约编审。

张岱年

（1909 – 2004）

平和的国学大师

张岱年著作等身、声名卓著，他温厚质朴、平和谦恭、深思谨行、诚恳待人的风范为后人景仰。

冯友兰曾评价说："张（岱年）先生治学之道为'修辞立其诚'，立身之道为'直道而行'，此其大略也"。

冯友兰对张岱年的评价，高度概括了他的学术研究风格和人格魅力。

张岱年出身于书香门第，父亲是光绪进士、翰林院编修；兄长是哲学家、社会活动家、周恩来的入党介绍人张申府。正是受父亲和兄长的影响，张岱年走上了治学之路，先后就读于清华大学、北京师范大学。毕业后被清华大学哲学系聘为助教，开始从事哲学的研究和教学工作，并于20世纪二三十年代写出了《先秦哲学中的辩证法》、《颜李之学》、《中国元学之基本倾向》、《中国思想源流》、《关于新唯物论》、《辩证唯物论的知识论》、《辩证唯物论的人生哲学》、《谭理》等哲学论文，从而引起哲学大家熊十力、金岳霖的注意。张岱年在27岁时完成了《中国哲学大纲》一书，使之与胡适的《中国哲学史大纲》、冯友兰的《中国哲学史》一起成为中国哲学学术研究的三大扛鼎之作。受兄长张申府的"列宁、罗素与孔子三流合一"思想的影响，年轻的张岱年提出了建设社会主义新文化的"综合创造论"思想，探索将马克思主义哲学、中国哲学、西方哲学融会贯通，建设以"创造"为核心的中国新哲学与新文化，从而成为文化哲学研究的先驱。

张岱年一生执著于信念，秉承于治学，20世纪50年代初在北京大学任教时与冯友兰一起共同讲授"中国哲学史"课程，反右运动中被打成"右派"，"文革"中被批判，但他以中国知识分子特有的忧患意识，从没放弃给自己带来厄运的哲学研究，构想着中国哲学唯物、理想、解析的新结合体系。特别是20个世纪80年代，出版了一系列学术著作：《中国哲学史史料学》、《中国哲学史方法论发凡》、《中国哲学发微》、《求真集》、《玄儒评林》、《文化与哲学》、《真与善的探索》、《思想·文化·道德》、《中国伦理思想研究》、《中国古典哲学概念范畴要论》等，6 卷本《张岱年文集》和 8 卷本《张岱年全集》的出版则标志着他作为哲学大师的建树。

张岱年一生没有离开哲学的传道授业，他时刻关注着中国哲学的研究动向，积极奖掖后学。图 1 是张岱年 20 世纪 80 年代致中国社会科学院历史所的唐宇元、步近智的信札，支持召开中国思想史学术讨论会并推荐参会者：

宇元、近智同志：

久未晤，想近况佳胜！

《关于召开中国思想史学术讨论会的设想》久已收到。此会有重要意义，我因体衰事繁不一定能前往参加，但对于此会的召开表示完全支持。

清华大学文史研究室的钱逊、刘鄂培、羊涤生三个同志闻有此会，很愿能够参加，钱逊、刘鄂培、羊涤生三人都是清华大学五十年代初的毕业生，对中国思想史都有一定的研究，请予以考虑，不胜感盼！如限于名额，难以邀请三个人，则就中邀请一人亦可。费神之处，容当面谢！

此致

敬礼

张岱年

83 年 7 月 4 日

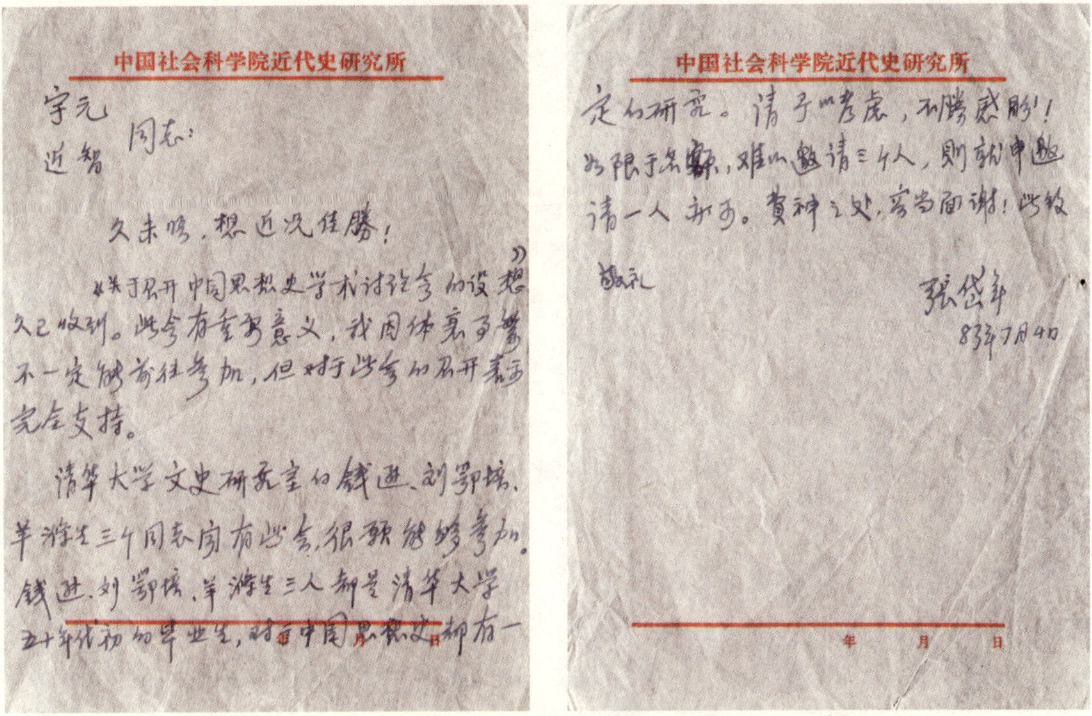
中国社会科学院近代史研究所

宇元
近智 同志：

久未晤，想近况佳勝！

《关于召开中国思想史学术讨论会的设想》久已收到。此会有重要意义，我因体衰事繁不一定能前往参加，但对于此会的召开表示完全支持。

清华大学文史研究室的钱逊、刘鄂培、羊涤生三个同志闻有此会，很愿能够参加。钱逊、刘鄂培、羊涤生三人都是清华大学五十年代初的毕业生，对于中国思想史都有一

年 月 日

中国社会科学院近代史研究所

定的研究。请予以考虑，不勝感盼！如限于名额，难以邀请三个人，则就中邀请一人亦可。费神之处，容当面谢！此致

敬礼

張岱年
83年7月4日

年 月 日

图 1　张岱年致唐宇元、步近智信札（26.3cm × 18.9cm）

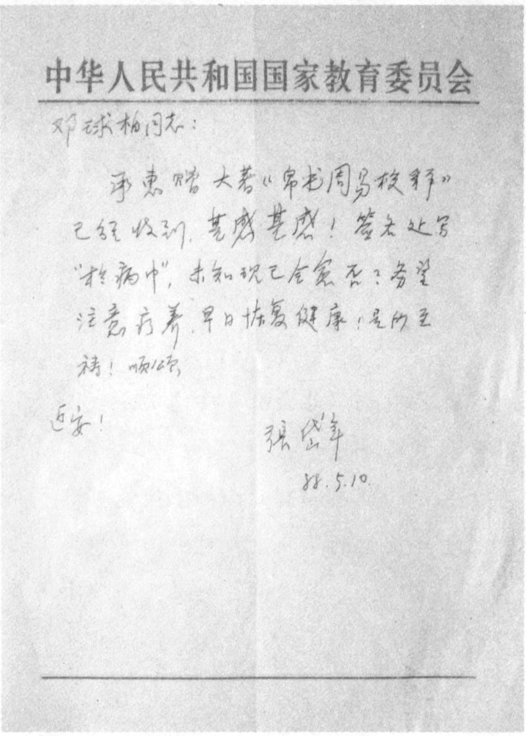
中华人民共和国国家教育委员会

邓球柏同志：

承惠赠大著《帛书周易校释》已经收到，甚感甚感！签名处写"于病中"，未知现已全愈否？务望注意疗养，早日恢复健康！是所至祷！顺颂

近安！

张岱年

88.5.10

图 2　张岱年致邓球柏信札（18.7cm × 12.8cm）

这通信是 1983 年 7 月 4 日写的，当时的中国思想界经历了拨乱反正以后，学术研究氛围逐步宽松，“中国思想史学术讨论会”能有张岱年写信表示支持，无疑是一个莫大的肯定。同时，由中国社会科学院历史所主持召开的会议，具有一定的权威性，与会者自然要有所选择，当时的惯例是以文赴会，即与会者当有一定的学术成果方可赴会研讨交流。其实，张岱年推荐的三位愿赴会者钱逊、刘鄂培、羊涤生，都是在哲学思想研究上有所成就者，其中钱逊是国学大师钱穆之子，曾任清华大学文史教研组主任，著有《论语浅解》、《中国古代人生哲学》等；刘鄂培是清华大学教授，曾主编《张岱年文集》，著有《孔子大传》等；羊涤生曾任清华大学思想文化研究所副所长，著有《中国唯物论发展史》等。举荐上述三位学者赴会，足见张岱年对这个会议的重视和对中青年学者的提携，而且，信中所言极为恳切：“如限于名额，难以邀请三个人，则就中邀请一人亦可”，大师的平和谦卑，跃然纸上。

张岱年还是修养深厚的长者，对他人、特别是晚辈充满关爱。图 2 是另一通张岱年于 20 世纪 80 年代末致湘潭大学哲学系年轻教师邓球柏的信札：

邓球柏同志：

承惠赠大著《帛书周易校释》已经收到，甚感甚感！签名处写“于病中”，未知现已全（痊）愈否？务望注意疗养，早日恢复健康！是所至祷！

顺颂

近安

张岱年

88.5.10

张岱年写此信，一是感谢邓球柏赠书，更主要的是看到邓在签名处写有“于病中”字样而写信问病，并劝邓“注意疗养”，祝其“早日恢复健康”。字里行间洋溢着长者对晚辈的关爱。据北大师生回忆，生活中的张岱年平和、低调，由于老伴身体有病，平时都是他自己上街买菜做饭，对病中的老伴照顾得无微不至。

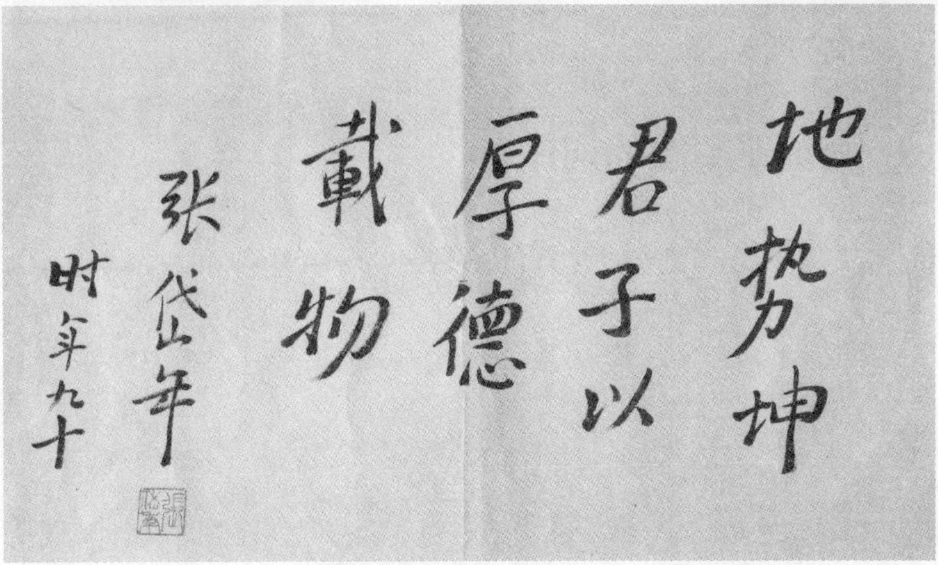

图 3　张岱年书法（40.5cm×24cm）

张岱年还是当代的思想者，他“思考哲学问题，常至废寝忘食”，与他等身的中国哲学问题著述，就是他思考的结果。他常以《周易》的名句“地势坤，君子以厚德载物”为人题词，正是这一中国传统哲学推崇的“增厚美德、容载万物”思想的影响，也因为他喜欢思考、善于思考、凡事心胸宽广、不计个人得失的气度，使他成为一位跨世纪的老人。

图 3 就是张岱年的手书：

地势坤　君子以厚德载物

张岱年　时年九十

钤朱文：张岱年 印章

2004 年 4 月 24 日，95 岁高龄的张岱年安然辞世。

令人感叹的是，追悼会举行的当天，与张先生相濡以沫 70 年的夫人、冯友兰的堂妹冯让兰女士也悄然随夫而逝……

张岱年（1909—2004），字季同，别号宇同，祖籍河北沧县，生于北京。著名哲学家、国学大师。历任北京大学教授、中国哲学史学会会长、中华孔子研究会会长、清华大学思想文化研究所所长兼中国社会科学院哲学研究所研究员。

公木

（1910 — 1998）

解放军军歌的词作者

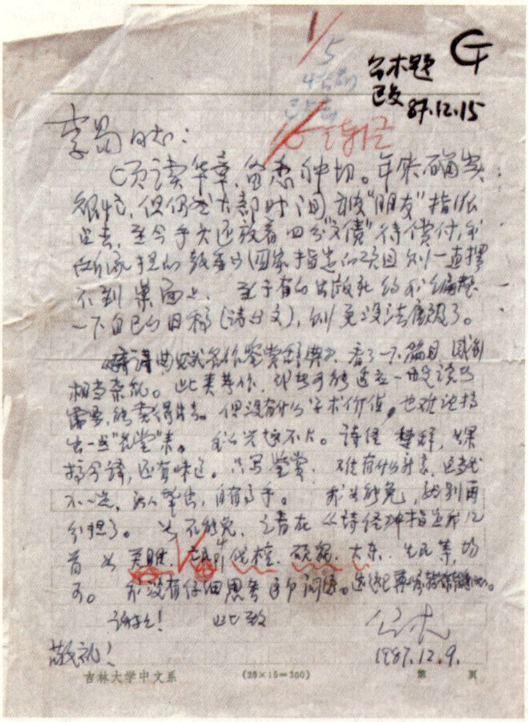

公木题
改 87.12.15

李易同志：

此致

敬礼！

公木
1987.12.9.

吉林大学中文系 (20×15=300) 第 页

图 1　公木致李易信札（26.2cm × 19cm）

向前！向前！向前！
我们的队伍向太阳，
脚踏着祖国的大地，
背负着民族的希望，
我们是一支不可战胜的力量。
……

这首创作于 1939 年的《八路军进行曲》，后来改名为《中国人民解放军进行曲》，再后来成为中国人民解放军军歌，词作者为诗人公木。

公木一生创作了《八路军军歌》、《快乐的八路军》、《炮兵歌》、《骑兵歌》等，出版有《公木诗选》、《公木旧体诗抄》、《我爱——自选诗》、《人类万岁》等诗集；他还是学者，致力于诗经、毛泽东诗词和诗词理论的研究，出版有《诗要用形象思维》、《诗论》、《毛泽东诗词鉴赏》、《诗经全解》、《中国诗歌美学史》、《中国诗歌史论》，他还致力于老庄的研究，著有《老子校读》、《老子说解》、《老庄论集》等，另出版有《公木文集》（六卷本）。

图 1 是一通公木致人民文学出版社古籍室编辑李易的信札，谈的是《诗词曲赋名作鉴赏辞典》的编纂问题（信中提及的徐翰逢，是吉林大学中文系教授）：

李易同志：

顷读华章，备悉种切。年来确实很忙，但仍然大部时间被“朋友”指派占去，至今手头还放着四份“文债”待偿付，前所承担的教委与国家指定的项目则一直摆不到桌面上，至于有的出版社约我编整一下自己的旧稿（诗与文），则更没法顾及了。

《诗词曲赋名作鉴赏辞典》，看了一下篇目，感到相当杂乱。此类著作，或者可能适应一般读者需要，能卖得出去，但没有什么学术价值，也难望搞出一点“名堂”来。我的兴趣不大。诗经、楚辞，如果搞今译，还有味道。只写鉴赏，难有什么新意，这当然不一定，新人辈出，自有高手。我如能免，就别再分担了。如不能免，请在《诗经》中指定我几首如关雎、氓、伐檀、硕鼠、大东、生民等，均可。我没有仔细思考这个问题。选题已遵嘱转徐翰逢同志。

谢谢！　此致

敬礼！

公木

1987.12.9

公木一生治学勤勉，从他这通在77岁时写的信札中可以读出，已逾古稀之年的他仍十分繁忙，“文债”、“项目”、“稿约”不断，但对李易的《诗词曲赋名作鉴赏辞典》却很重视，除提出中肯的意见：“此类著作，或者可能适应一般读者需要，能卖得出去，但没有什么学术价值”外，为了支持编者的工作，还是同意：“如不能免，请在《诗经》中指定我几首”，可见公木作为著名诗人、学者的宽容与谦逊。

公木不仅致力于旧体诗的研究，而且也创作旧体诗。图2就是他旧体诗集《公木旧体诗抄》的签名本，公木在书的扉页上用毛笔手书：

敬之 允贤同志教正

公木

1984.12.16

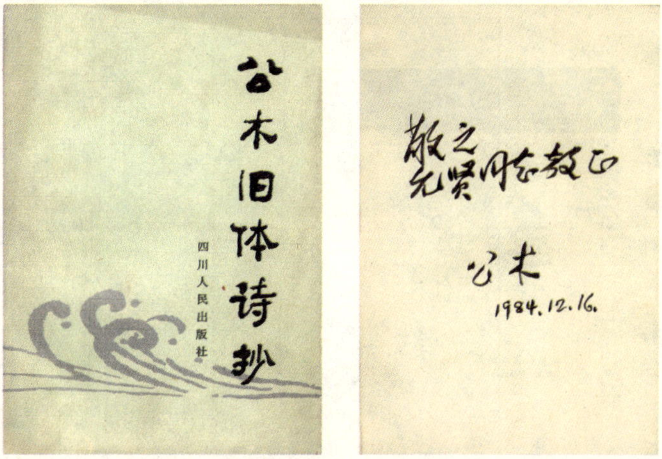

图2　公木《公木旧体诗抄》签名本

公木的秉直和豪气在诗坛是出了名的，20世纪80年代，当许多人对朦胧诗持批判态度时，他却联合艾青等18位老诗人在《诗刊》上发表《为诗一呼》，建议决策层“应该重视新诗，要给予真正的关怀和实际的支持，要通过各种途径和采取各种方法，推动新诗的发展”，他还顶着压力为自己的学生、朦胧诗代表人物之一徐敬亚等呼吁。

公木一贯主张诗歌的人民性、战斗性和进步性，讲求创新，他曾为新中国电影《桥》、《白毛女》、《英雄儿女》等创作了主题歌歌词，其中那首《英雄赞歌》可谓家喻户晓：

烽烟滚滚唱英雄，
四面青山侧耳听。
晴天响雷敲金鼓，
大浪扬波作和声。
……

公木晚年醉心于老庄的研究，对老子的思想倾向、理论体系、阶级属性等诸多问题都能力排众议、标新立异。他一反老子思想属客观唯心主义、老子是没落奴隶主阶级代表的“定论”，以有力的证据提出老子理论体系是朴素唯物主义，老子是当时农业小生产者代言人的结论。为后人研究老子提供了新的视角及理论支撑。

公木一生淡泊名利，他曾是东北师范大学的创始人之一，桃李满天下，可是他很少宣传；《中国人民解放军军歌》被俄罗斯、日本等国翻译并给予仅次于《国歌》的赞誉，但他却从不炫耀；1981年，中央军委专门嘉奖了作为军歌词作者的公木，可他却没有张扬。晚年的公木倾注于家乡的教育、文化事业。1992年，他将日本友人馈赠的礼金全数捐给河北省辛集市设立的“薪火奖学金”，用于奖励家乡的学子；1996年，他又将自己毕生积累的3万多册藏书、手稿和近百幅名家字画捐献给家乡，家乡人民为纪念他，在辛集市建立了公木纪念馆。

公木（1910—1998），原名张永年，又名张松甫、张松如，河北辛集人。考入北平大学第一师范学院并加入“左联”，主编《鏖尔》杂志。抗战爆发后任晋绥区二战区动员委员会主任，敌后游击队宣传股长等。1938年到延安抗大学习，后留校工作，与萧三等发起主持延安诗社。1941年任军直政治部文艺室主任，主编《部队文艺》杂志。1942年调鲁迅艺术学院任教，与孟波、刘识等在陕北采集民歌，并采集到了著名的《东方红》，后与何其芳编成《陕北民歌》。1945年任东北大学教育长、教育学院院长。新中国成立后任鞍钢教育处处长、中国作协文学讲习所副所长。1958年被错划成“右派”下放长春，1961年任吉林大学中文系教授、代理主任，“文革”中被批斗，1978年后任吉林大学中文系主任、副校长，吉林省社科院副院长、中国作协吉林分会主席等。

曹禺

（1910 – 1996）

戏剧天才

曹禺是我国著名的剧作家、戏剧教育家。1933 年，还是清华大学外文系学生的他就发表了处女作《雷雨》，从而奠定了他在现代中国话剧史上的地位。更有人称他为“戏剧天才”。

1910 年，曹禺出生在天津一个没落的封建官僚家庭，原名万家宝。后用姓“万”的繁体字的“草”字头谐音，取笔名曹禺。1922 年入南开中学。学习期间参加戏剧活动，并在话剧演出中担任主角。1928 年曹禺升入南开大学政治学系。1929 年转入清华大学西洋文学系，开始广泛涉猎西方戏剧文学，结交了巴金、靳以等人，并与钱锺书等人一起成为《清华周刊》编辑。1934 年，时在郑振铎主编的《文学季刊》任编辑的巴金在同事靳以处看到《雷雨》后，力主立即发表。《雷雨》在《文学季刊》上发表并在日本公演后，受到了在日本的郭沫若的赞赏。曹禺清华大学毕业后入清华文学院专门从事戏剧研究。1936 年，在巴金等人的鼓励下，正在天津河北女子师范学校任教的曹禺开始《日出》的创作，该剧作发表后，得到了茅盾、巴金、叶圣陶、沈从文、靳以、李广田、朱光潜、陈荒煤、萧乾等的盛赞，随后曹禺赴南京国立戏剧学校任教，1937 年后又创作了《原野》、《全民总动员》、《北京人》、《蜕变》等剧作。新中国成立后，他又创作了《王昭君》、《明朗的天》等剧作，图 1 就是《曹禺戏剧集——明朗的天》的签名本，曹禺在书的扉页上毛笔楷书：

图 1　曹禺《曹禺戏剧集——明朗的天》签名本

张洁同志

曹禺

一九八五、十一月 时年七十五

曹禺和他的戏剧《雷雨》、《日出》、《原野》，标志着中国话剧在20世纪30年代已经走向成熟。

《雷雨》是一部纠缠着复杂的血缘关系和聚集着许多巧合但却透露着必然的悲剧。受希腊悲剧的启示和易卜生戏剧的影响，曹禺以洗炼、纯净、具有丰富潜台词的戏剧语言，成功地刻画了周朴园、侍萍、繁漪、周萍、鲁大海等艺术形象，揭示了中国的资产阶级同根深蒂固的封建传统之间政治、思想的紧密联系，也揭示了中国资产阶级的封建性。特别是对周朴园这个人物形象的刻画，让观众看到了在他那纠集着复杂矛盾的心理和似乎具有人性的外观中的一个可怖的封建暴君的黑色灵魂。

《日出》则由家庭转向社会。曹禺选取了一个豪华大饭店和一个三等妓院作为强烈对比的场景。前者，环绕着一个交际花陈白露以及麇集在她周围的银行经理、富婆、面首、洋教授，展开了上层社会纸醉金迷的生活，而后者则环绕着妓女翠喜以及一个被卖到宝和下处的女孩"小东西"的命运，揭示了人间地狱般的黑暗。通过这种对比的结构，来鞭挞那个"损不足以奉有余"的社会制度。

《原野》一改曹禺以往所擅长表现的都市生活，写了一个发生在旧中国农村的复仇故事。农民仇虎从监狱中逃出来，潜回故乡。而此时活埋他父亲、霸占了他家的土地，将其妹妹卖给妓院，还将其恋人金子强娶为儿媳的焦阎王已死，阎王的妻子眼睛瞎了，只有懦弱的儿子、金子的丈夫、也是仇虎儿时的好友大星，在撑持着焦家的门户。仇虎同金子重逢，引发了一段奇异而泼野的恋情。他那被扭曲被压抑的灵魂，使他急欲杀死大星报仇，让焦家断子绝孙。可是，他又下不了手。当他终于杀了大星，又使焦母误杀了大星前妻所生的孩子后，不但没有得到任何复仇的快感，反而在被追捕逃入树林时，产生巨大的恐惧，继而精神变态。《原野》透过新的角度、新的手法，更深刻地揭示了农民沉重的精神负担，以及农民从反抗到觉醒的曲折而复杂的心灵历程。

这三部被称为曹禺"三部曲"的剧作，以其深邃的内涵、圆熟的技巧，被认为是中国话剧的经典之作，曹禺也因此被称为"中国的莎士比亚"。

1952年，曹禺担任北京人民艺术剧院院长，"文革"中被批斗，在剧院传达室看门。1978年重新担任恢复原名的北京人民艺术剧院院长，直到1996年去世。曹禺在北京人民艺术剧院工作了40多年，把自己的戏剧天分献给了中国的戏剧事业。

作为当代杰出的戏剧家和中国话剧最高艺术殿堂的掌门人，特别是在1978年后百废待兴的中国文化艺术界，曹禺的忙碌是可想而知的，文学刊物向他约稿，他难以交卷的情况也时有发生，图2 是一帧曹禺不能应《新文学史料》主编牛汀先生之邀写稿的致歉信：

牛汀同志：

收到您的信。我并没有写新剧本，只是想写而已。

我收到周而复同志的信，也催我为四月中旬发稿写点东西，但是现在我突得北京全国文联的紧急任务，需要我到朝鲜人民人民（民主）共和国，由三月二十日到四月四日。事情繁杂，回来又要总结，还要准备开全国剧协代表大会，参加全国文联大会，大约都在四、五月间，我实在无时间赶写文章。务请您多多原谅。

匆匆敬祝

撰安

曹禺

1985.3.16 于上海

仅从此札中我们可以读出：1985 年的 3 月至 5 月期间，曹禺有一个出国任务和两个全国性的会议要开，其紧张和繁忙程度是可以想象的，况且，此时的他已是 75 岁的老人了。

曹禺是名人，还难免有题字、贺诗应酬，对此，曹禺均认真对待，图 3 就是曹禺手书的新年贺词：

恭贺新禧

曹禺

钤白文 曹禺 印章

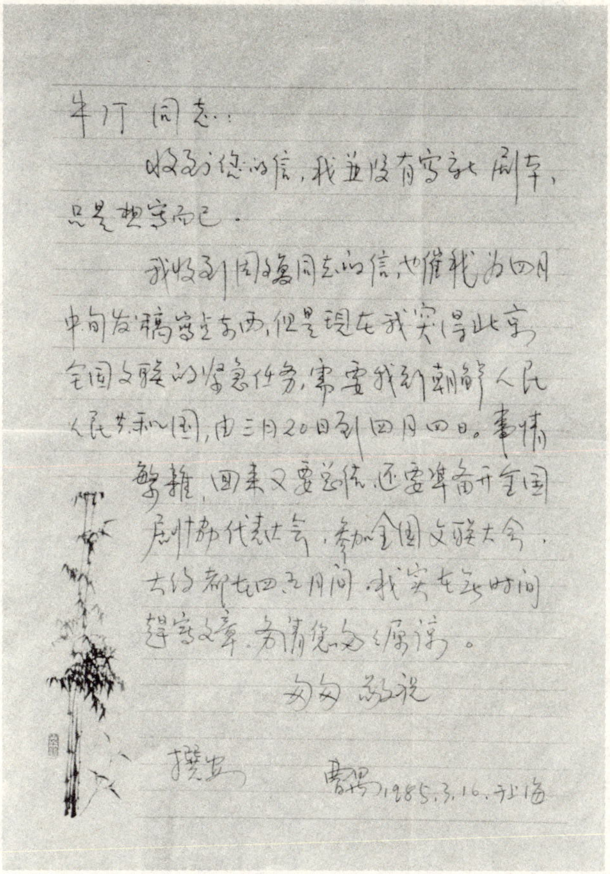
牛汀同志：
收到您的信，我并没有写新剧本，只是想写而已。
我收到周而复同志的信，也催我为四月中旬发稿写点东西，但是现在我突得北京全国文联的紧急任务，需要我到朝鲜人民人民共和国，由三月20日到四月四日。事情繁杂，回来又要总结，还要准备开全国剧协代表大会，参加全国文联大会，大约都在四五月间，我实在无时间赶写文章。务请您多多原谅。
匆匆敬祝
撰安
曹禺 1985.3.16.于上海

图 2　曹禺致牛汀信札（26.2cm × 18.5cm）

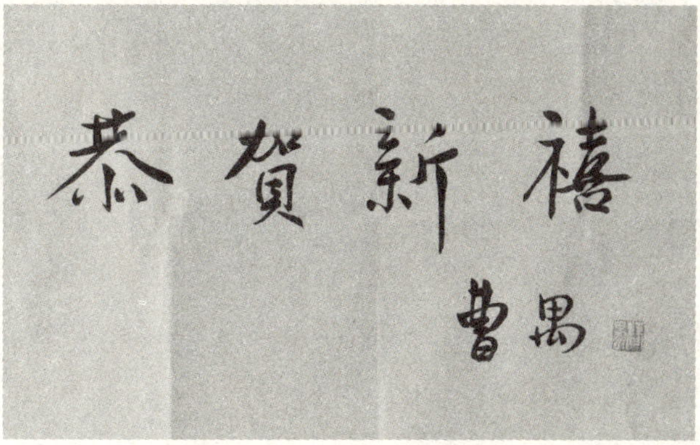

图 3　曹禺书法（50cm × 32cm）

这幅书作写于何年我们已无从考证，但在 1993 年中国文联的贺卡上看到过曹禺这一贺词的印刷本。

1949 年后，由于曹禺担当了许多行政和社会职务，加之历次政治运动，特别是“文革”的冲击，他创作的戏剧作品并不多，但仍倾力于对北京人民艺术剧院的导演、演员和舞台美术工作者的培养，使话剧在中国真正成为综合性的艺术。这是“戏剧天才”对中国戏剧的杰出贡献，而对于“天才”之说，曹禺也有自己的诠释，他在给女儿万方的信中写到：“天才是‘牛劲’，是日以继夜的苦干精神。你要观察，体会身边的一切事物、人物，写出他们，完全无误，写出他们的神态、风趣和生活的语言。不断看出，觉察出来，那些崇高的灵魂在文字间怎样闪光的，你必须有一个高尚的灵魂！卑污的灵魂是写不出真正的人会称赞的东西的。”“戏剧天才”的“秘诀”由此可见。

曹禺（1910－1996），原名万家宝，字小石。祖籍湖北潜江，生于天津一个封建官僚家庭。父万德尊曾任镇守使、都统及黎元洪总统秘书。没上过小学，延师在家，1922年进入南开中学，开始参加戏剧活动。1929年考入清华大学后，任《清华周刊》编辑。1934年，《雷雨》在《文学季刊》上发表。毕业后入清华文学院专门从事戏剧研究。1936年开始《日出》的创作，该剧作发表后赴南京国立戏剧学校任教，1937年开始发表《原野》、《全民总动员》、《北京人》、《蜕变》等剧作。新中国成立后，先后担任中央戏剧学院副院长、北京人民艺术剧院院长等职，并创作了《王昭君》等剧作。

华罗庚

（1910 — 1985）

中国的爱因斯坦

华罗庚是我国著名的数学家、杰出的科学家。

华罗庚自幼喜欢思考，在金坛县立初中读书时就表现出了超人的数学才能，初中毕业后入上海中华职业学校就读，因无钱付学费而退学。此后，华罗庚开始自学高中、大学的全部数学课程。19 岁时，在上海《科学》杂志发表了一篇题为《苏家驹之代数的五次方程不成立的理由》的论文，引起了清华大学数学系主任熊庆来教授的注意，当他得知华罗庚是个 19 岁的店员时，很震惊，主动把华罗庚请到清华大学，指导他学习了 4 年。其间，华罗庚自学了英、法、德文，在国外杂志上发表了三篇论文，被破格任用为助教。1936 年，赴英国剑桥大学留学，其间他对数论进行了深入研究，得出了著名的“华氏定理”。抗日战争期间，他在艰苦的环境下写出了著名的《堆垒素数论》，1946 年后去苏联、美国

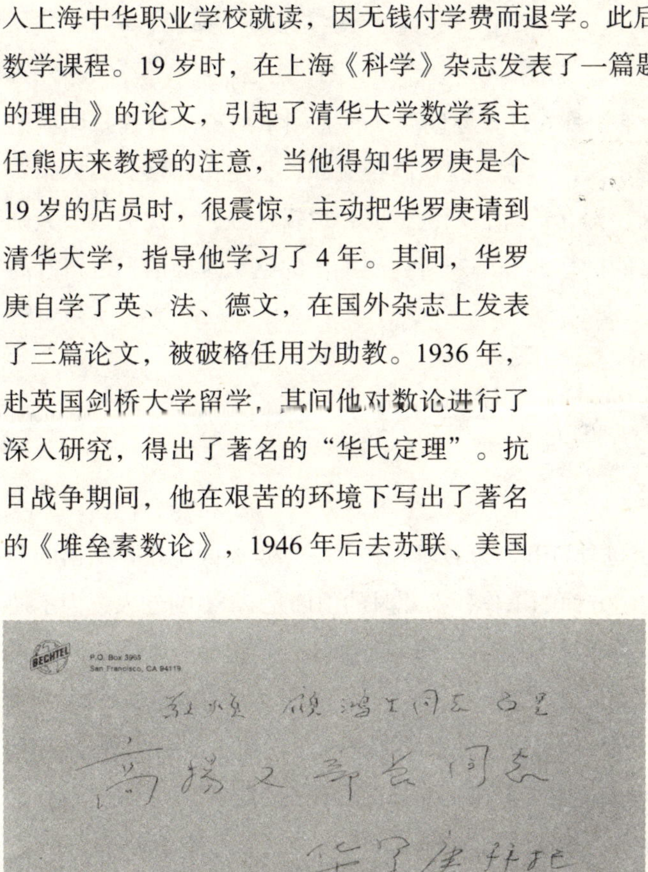

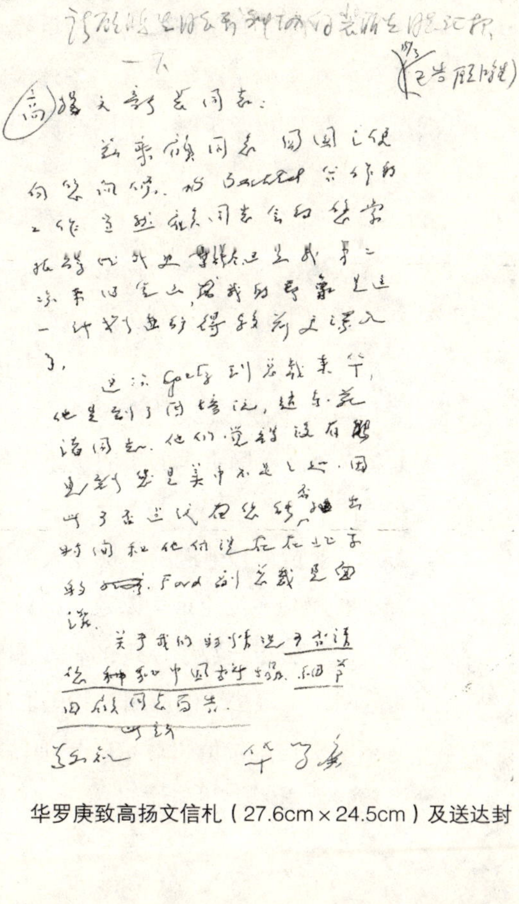

华罗庚致高扬文信札（27.6cm × 24.5cm）及送达封

讲学，1948 年被美国伊利诺大学聘为终身教授。1984 年初，华罗庚曾赴美讲学，并于 9 月 30 日全票当选美国科学院外籍院士。上图是华罗庚在美国期间致时任煤炭工业部部长高扬文的信札，全文如下：

高扬文部长同志：

兹乘顾同志回国之便向您问候。与 Bechtel（贝克特尔集团——引者注）合作的工作，当然顾同志会向您汇报得比我更详尽，这是我第三次来旧金山，给我的印象是这一计划进行得较前更深入了。

这次 Cgoecj 副总裁来华，他见到了周培源、赵东宛诸同志，他们觉得没有能见到您是美中不足之处，因此可否建议您能否挤出时间和他们现在在北京的 Fovd 副总裁见面谈。

关于我们的情况可否请您和中国科协，细节由顾同志面告。

此致

敬礼

华 罗 庚

华罗庚先生的这通信札写在 1984 年 3 月 6 日圣弗朗西斯科总领事的英文日程打印稿的背面，信中涉及与美国知名公司贝克特尔集团合作、建议高扬文部长会见在北京的美方副总裁及自己在美的情况等事宜，条理清晰，语言简练，层次分明，逻辑性强，不愧为数学大师的风格。信中提及了时任中国科协主席的周培源和国家科委副主任的赵东宛。信上还留有高扬文部长阅后的铅笔批示：

请顾鸿生同志到科协向裴丽生汇报一下（15/3 已告顾鸿生）。

（裴丽生时任科协副主席。）

1984 年，我国已开始对外开放，引进外资和对外技术合作是一项重要的工作，从信的内容上看，身在美国讲学的华罗庚正在做这方面的工作，而此时的他已是 74 岁的老人，为了通报在美国的工作情况，身为著名科学家的他亲自写信并托人向国务院有关部门的领导同志报告，其敬业精神和谦逊的品德令人钦佩。

华罗庚是一位注重学以致用的科学家，他十分重视数学方法在工农业生产中的直接应用，经常深入基层指导数学原理的普及和应用，优选法和统筹法就是他把数学原理应用到生产实际的范例，“双法”的应用在我国取得很大的经济效益和社会效益，至今仍被使用着。

华罗庚还是位值得尊重的导师，他发现和培养了王元、陈景润、陆启铿、杨乐、张广厚等优秀的数学家，并与他们一起攻克数学难题，“华－王方法”就是 20 世纪 60 年代由他和王元合作创立的用数论对多重积分进行数值计算的方法，这也是数学史上第一次用中国数学家名字命名的方法。

华罗庚是自学成才的典范，他注重实际而不图虚名，当年，去英国留学就读剑桥大学有机会获得博士学位，可他不愿，只求做个访问学者，因为做访问学者比较自由，可以同时攻读七八门学科，用他自己的话说就是：我来剑桥是为了求学问，不是为了得学位的。正是这种求实的治学态度使他在20世纪40年代就解决了“高斯完整三角和的估计”这一历史难题，得到了最佳误差阶估计（此结果在数论中有着广泛的应用）；他对G.H.哈代与J.E.李特尔伍德关于华林问题及E.赖特关于塔里问题的结果作了重大的改进，至今仍是最佳纪录。华罗庚的数学成就集中在数论、矩阵几何学、典型群、自守函数论、多个复变函数论、偏微分方程及高维数值积分等众多领域。他因此赢得了世界数学界的尊敬，除多所大学授予他荣誉博士、多个国家授予他科学院院士外，美国芝加哥科学馆还把他列为当今世界88位数学伟人之一，美国著名数学家贝特曼则称：华罗庚是中国的爱因斯坦。

华罗庚（1910—1985），江苏金坛人。世界著名数学家，中国解析数论、矩阵几何学、典型群、自守函数论等多方面研究的创始人和开拓者。国际上以华氏命名的数学科研成果就有“华氏定理”、“怀依—华不等式”、“华氏不等式”、“普劳威尔—加当华定理”、“华氏算子”、“华—王方法”等。1936年，赴英国剑桥大学留学，1938年回国到西南联大任教授。新中国成立后，先后任清华大学数学系主任、中科院数学所所长、中国科技大学副校长兼数学系主任、中国科学院副院长、全国政协副主席等职。1985年在日本东京大学数学部做完《数论数学及其应用》的学术报告后，因心脏病突发，不幸逝世。

钱锺书

（1910 － 1998）

走在人生边上

20世纪末钱锺书的辞世，引发了一股不小的“钱学热”，他的著作一时洛阳纸贵，而他的墨迹，哪怕是片纸只字也十分珍贵。图1是一通钱锺书致学姐德君的信札：

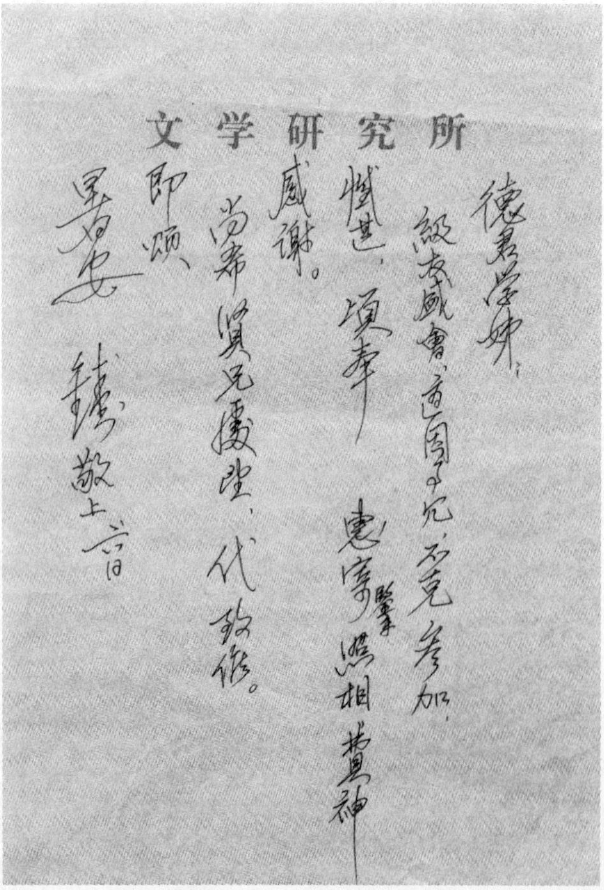

图1　钱锺书致学姐德君信札（18.7cm × 12.8cm）

德君学姊：

级友盛会，适因事冗，不克参加，憾甚。顷奉惠寄（鉴于）照相，费神，感谢。

尚希贤兄处望代致候。

即颂

暑安

钱锺书 敬上

六日

众所周知，钱锺书很少参加社交活动，也很少给别人写字题签。这封写给德君学姐的信就是他婉拒“级友盛会”的，虽然字数不多，却是他低调做人的佐证，弥足珍贵。

钱锺书，原名仰先，字哲良，周岁抓周时，抓了一本书，父亲正式为他取名“锺书”，后又改字“默存”，典出《汉书·扬雄传》“默默者存”之语，有寡言处世之意。钱先生的学识、著述和思想赢得了世界的尊重，法国总统雅克·希拉克曾说："在钱锺书先生的身上体现了中华民族最美好的品质：聪明、优美、善良、开放和谦虚……法国深知这位20世纪的文豪对法国所做的贡献……"

的确，钱锺书的人生是精彩的。出身书香门第的他不仅受过传统的国学教育，而且主学西语又留学英伦，执教清华、北大，终归中国社会科学院，始终处在学术的前沿。他的小说《围城》不仅让国人拍案称绝，也使洋人为之倾倒。他不仅在国内负责《毛泽东选集》、《毛泽东诗词》的英译，而且在代表国家赴欧洲、美国、日本参加学术会议的演讲台上尽显中国人的智慧。据载，他在意大利参加欧洲研究中国协会第26次会议上，用标准伦敦音的流利英语演讲，用英语、法语、意大利语回答问题，英、法、德国的文学典故、民间谚语信手拈来，语惊四座，以至法国学者惊叹："他知道的法国东西，比我还多。"1980年，在日本爱知大学文学部的演讲更是把一个复苏的中国文化现状展现给世人，使人们看到了浩劫之后中国文化的希望，甚至有人称他是中国文化的光荣。

盛名之下，钱锺书追求淡泊的人生境界，近一个世纪的人生历程中，他经历了朝代的更迭，政党的轮换，留过洋，浸淫过国学，见多识广，经历颇多，对祖国的眷恋一直是他割舍不掉的情结。牛津学成后，他携妻杨绛义无反顾地返回烽火连天、灾难深重的祖国；在国民党撤退台湾前夕，更是放弃有人许给他的联合国教科文组织职位，以"只求坐坐冷板凳，粗茶淡饭足矣"的心态留在了大陆。尽管在后来的历次政治运动中遭受了不公正的待遇，但他却在给友人的信中说："人的遭遇，终究是和祖国人民连接在一起的。"他潜心于学问，其著作《谈艺录》、《管锥编》学贯中西，为20世纪重要的学术和文学经典。钱锺书为人低调，不喜张扬，以至法国等国要向他授勋、电视台要拍摄《中国当代文化名人》邀请他接受访谈等，他都予以拒绝。他还从来不参加任何形式的研讨会，他那封致某大学的信函至今令许多名目繁多的会议策划者汗颜："招邀不三不四之闲人，谈讲不痛不痒之废话，花费不明不白之冤钱也……"

钱锺书在自甘寂寞和淡泊的时候追求学问不止，他的著述展现了他惊人的博学和通才，130万字的《管锥编》，引用了4000位著作者加上万种著作中的数万条书证，还有大量英、法、德、意、西的原文。其识见不表现在振臂高呼，而是潜伏于字里行间；他的散文才气纵横，把中国数千年的历史、哲学、文学、艺术和社会学等包罗胸中，融会贯通外国的历史文化、人文哲学，运化于指掌，使读者倍感深邃高远，其语言的锤炼更是炉火纯青，使人感到作者知识的博大精深。正如曹聚仁所说："时人之中，博古通今，精究欧西文艺而能运化中国文艺，辜鸿铭往矣；师友之中，如朱光潜、王了一、吕叔湘、钱锺书诸氏，都有他们的成就，而以钱锺书先生最为湛深"。钱锺书最早是以诗作得名的，他弱冠之年的诗作，民国年间就被近代诗宗陈衍老夫子收入其《石遗室诗话》中，陈称："无锡钱子泉基博，学贯四部，著述等身。肆力古文词，于昌黎、习之，尤哜其胾而得其髓。"后来，钱锺书有《槐聚诗存》出版。图2是钱先生的一帧诗札，毛笔行书的是《午睡》和《骤雨》两首诗：

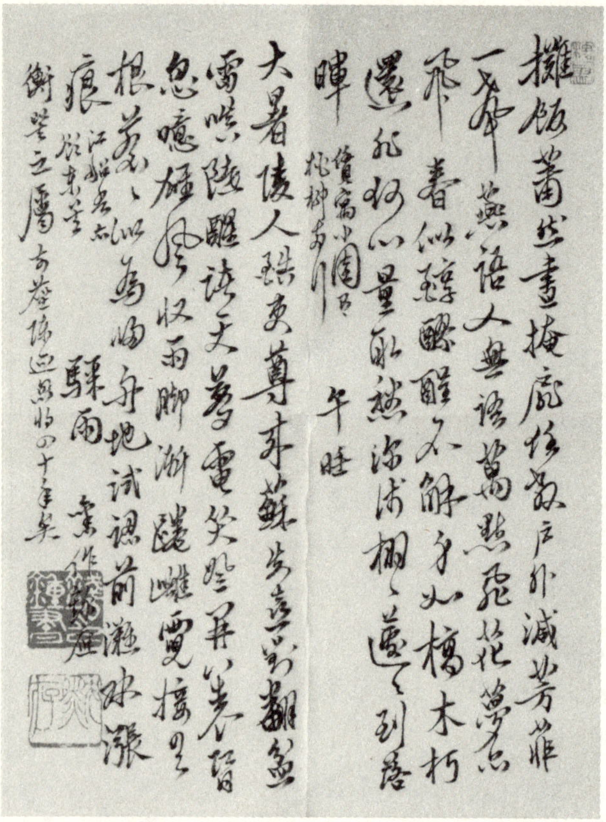

图 2　钱锺书诗札（33.5cm × 26cm）

午睡

赁寓小园有桃柳两行

摊饭萧然昼掩扉，任教户外减芳菲。
一声燕语人无语，万点飞花梦亦飞。
春似醇醪酲不解，身如槁木朽还非。
何心量取愁深浅，栩栩蘧蘧到落晖。

骤雨

大暑陵人酷吏尊，来苏失喜对翻盆。
雷嗔陡醒诸天梦，电笑登开八表昏。
忽噫猛风收雨脚，渐蜷雌霓接云根。
苍苍似为归舟地，试认前滩水涨痕。

落款：旧作录应衡巽之属，前尘陈迹忽将四十年矣

诗札的引首钤印："槐聚"，落款钤白文："钱锺书印"和朱文印章："默存"，是十分罕见的钱锺书墨迹。

钱锺书以连珠妙语写就的散文集《写在人生边上》，让人领略了他书写人生的文采。他辞世前留下遗愿：遗体由两三个亲人送别，不举行任何悼念仪式，不保留骨灰，并恳辞花篮花圈。1998 年 12 月 19 日钱锺书辞世后，20 日发布遗嘱，21 日遗体火化，当晚将其骨灰与其他人的骨灰混在一起深埋，从停止呼吸到火化完毕，仅 57 个小时。这一与众不同的丧事，使人感到他仿佛是一位走在人生边上的行者，轻轻地来，悄悄地走，大智若愚，无牵无挂，令时任国家主席的江泽民也为之动容，他在打给杨绛的致哀电话中说："杨绛同志，非常佩服你们，你们是真正的唯物主义者……。"

钱锺书的离去，标志着一个时代的结束。

钱锺书（1910 — 1998），江苏无锡人。19 岁被清华大学外语系破格录取，毕业后任上海光华大学外语系讲师兼英文刊物《中国评论周刊》编辑。1935 年赴英国牛津大学埃克塞特学院英文系留学。1938 年回国在清华大学外文系任教授。1953 年任北京大学文学研究所教授，后任《毛泽东选集》英译委员会主任委员。“文革”期间被下放河南干校劳动。1972年返京后一直潜心读书、做学问。1982年任中国社会科学院副院长。主要著作有短篇小说《人·兽·鬼》，长篇小说《围城》，散文集《写在人生边上》及《谈艺录》、《管锥编》、《宋诗选注》等。

钱学森

（1911 – 2009）

“两弹一星元勋”的谦谦风范

钱学森是我国成功爆炸原子弹和氢弹、成功发射人造地球卫星的功臣。

1911 年，钱学森出生于上海，3 岁随父母到北京生活。1934 年考取清华大学赴美公费留学生，获航空、数学博士学位后成为一流的火箭专家，并参与了美国的导弹武器项目——“曼哈顿工程”的研发。1954 年出版著名的《工程控制论》，得到了世界控制论权威冯·卡门的肯定。1955 年，在周恩来总理的努力下，中国以释放多名美国被俘飞行员为代价，最终促成了钱学森一家冲破美国当局的迫害和重重阻挠回到祖国怀抱，从而使中国成功发射导弹、原子弹的时间提前了 20 年。

钱学森回国后，建议中央成立导弹研制机构，这便是后来由钱学森担任院长的国防部第五研究院。经毛泽东主席提议，钱学森被授予中将军衔。1959 年，钱学森加入了中国共产党，这使他激动得夜不能寐。以后，他领导了中国的导弹、火箭研究和航天计划。

钱学森是中国科学院、中国工程院的“两院院士”，曾获“W.F. 小罗克韦尔奖章”，中国“国家科学技术进步特等奖”，“国家杰出贡献科学家”、“一级英雄模范奖章”等诸多荣誉。然而，钱学森对中国院士和外国院士这些荣誉称号看得十分淡漠。20 世纪 70 年代末，美国科学院和美国工程院邀请他去美国，拟授予他美国科学院院士和美国工程院院士称号，均被他拒绝。

1985 年，美国总统科学顾问基沃思访华，他在会晤原国家科委主任宋健时表示：钱学森在美国工作过 20 年，对美国的科学技术进步特别是军事科学的发展，做出过很大贡献。联邦调查局的历史档案表明，麦卡锡黑暗时期的美国是欠钱学森的债的。基沃思还表示：我们现在感到很难过。美国政府对钱学森横加迫害，是没有道理的。钱的遭遇和美国“原子弹之父”奥本海默的情况很类似（奥在麦卡锡时期被诬为“苏联间谍”而受审；20 世纪 60 年代美国以授予他“国家勋章”的形式为其“平反”）。美愿邀请钱学森访美，并由政府和有关学术机构表彰他对科学的重要贡献。如钱不去美访问，美方可派美国科学院院长普雷斯来华，授予钱学森"国家勋章"，表彰他的贡献。后来，当钱学森正式接到国防科工委、国家科委和外交部三家的联合请示件以后，他明确表示："这是美国佬要滑头，我不会上当。当年我离开美国，是被驱逐出境的，按美国法律规定，我是不能再去美国的。美国政府如果不公开给我平反，今生今世绝不再踏上美国国土。"钱学森还说："如果中国人民说我钱学森为国家、为民族做了点事，那就是最高的奖赏，我不稀罕那些外国荣誉头衔！"钱学森用自己的一言一行诠释了一位科学家、一个共产党员应该具有的人格品质，这也正是中华民族的灵魂所在。使钱学森最为激动的是，1991 年曾任中组部部长的王任重在为《史来贺传》所写的序言中说："中央组织部决定把雷锋、焦裕禄、王进喜、史来贺、钱学森这五位作为解放 40 年来群众中享有崇高威望的共产党员的优秀代表。"

钱学森一生致力于科学和学术研究，著有《物理力学讲义》、《星际航行概论》、《论系统工程》、《关于思维科学》、《论地理科学》、《科学的艺术与艺术的科学》、《论人体科学与现代化科技》、《论宏观建筑与微观建筑》、《城市学与山水城市》等，其研究领域不仅在自然科学，而且在音乐和绘画艺术、城市规划学、人体科学、系统科学、思维科学等方面也颇有见地。图 1 是 20 世纪 80 年代初钱学森致中国社会科学院研究员吴廷嘉、沈大德同志关于"形象思维"问题的信札：

吴廷嘉同志并沈大德同志：

我很高兴地读了你们的来信和文章。我也很高兴能结识你们这两位青年知识分子。谨提出以下几点看法，供您们参考：（一）我同意一般说来，提出形象思维和抽象思维是指思维形式而并非思维内容，或说我们是要研究其思维规律而不是其具体过程和结果。抽象思维不等于那一篇科学论文。

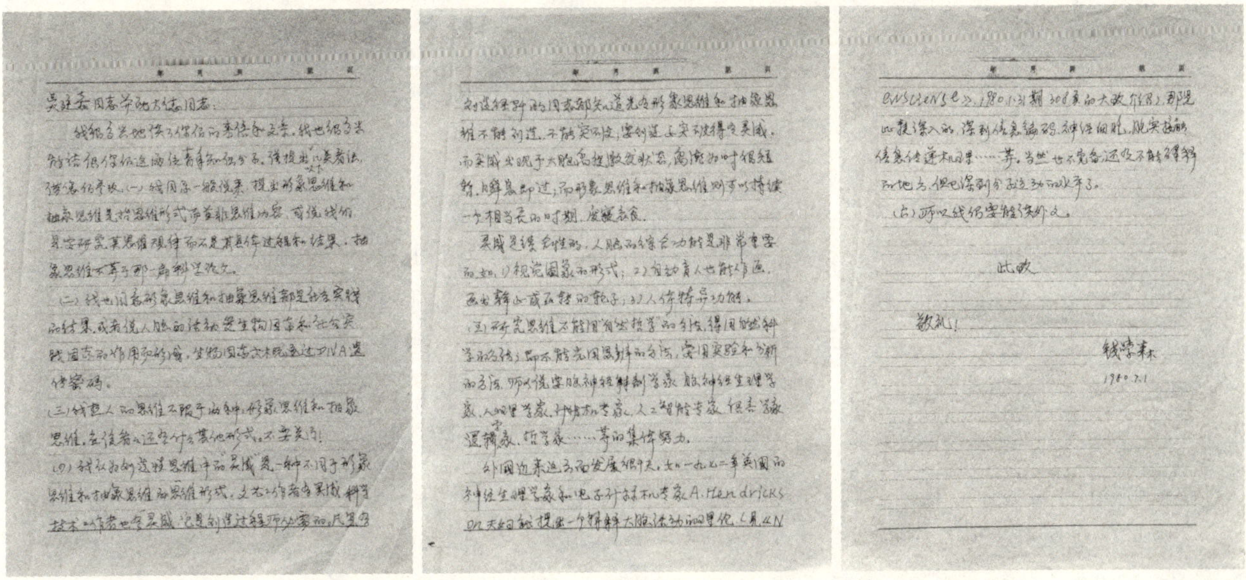

图 1　钱学森致吴廷嘉、沈大德信札（26.4cm×19cm×3）

（二）我也同意形象思维和抽象思维都是社会实践的结果。或者说人脑的活动受生物因素和社会实践因素的作用而形成。生物因素大概通过DNA遗传密码。

（三）我想人的思维不限于两种：形象思维和抽象思维。应该看看还有什么其他形式。不要关门！

（四）我认为创造性思维中的"灵感"是一种不同于形象思维和抽象思维的思维形式。文艺工作者有灵感，科学技术工作者也有灵感，它是创造过程所必需的。凡是有创造经验的同志都知道光有形象思维和抽象思维不能创造，不能突破；要创造要突破得有灵感，而灵感出现于大脑高度激发状态，高潮为时很短暂，瞬息即过；而形象思维和抽象思维则可持续一个相当长的时期，废寝忘食。

灵感是综合性的。人脑的综合功能是非常重要的，如：1) 视觉图象的形式；2) 自幼盲人也能作画，画出静止或在转的轮子；3) 人体特异功能。

（五）研究思维不能用"自然哲学"的方法，得用自然科学的方法；即不能光用思辨的方法，要用实验和分析的方法。所以说要脑神经解剖学家、脑神经生理学家、心理学家、计算机专家、人工智能专家、语言学家、逻辑学家、哲学家……等的集体努力。

外国近来这方面发展很快。如一九七二年英国的神经生理学家和电子计算机专家A. Hendrickson夫妇就提出一个解释大脑活动的理论（见《New Sciense》1980.1.31期308页的大致介绍），那是比较深入的，深到信息编码、神经细胞、胞突接触、信息传递机理……等。当然也不完备，还有不能解释的地方，但已深到分子运动的水平了。

（六）所以我们要能读外文。

此致

敬礼！

钱学森

1980.7.1

钱学森的这通信札写在三页红色横格信笺上，信笺虽极普通，但他的钢笔小楷书写工整、层次分明、逻辑清晰，就仿佛是在解答一道物理试题，尤其是他写的英文，都是一个一个的小字母，就像写汉字小楷一样，是典型的钱氏英文书写风格，透露着大师的平实气质。

新中国成立以来，关于"形象思维"问题有过两次大的论争，一次是在"文革"以前，一次则在20世纪70年代末、80年代初。而第二次论争是在"思想解放"的大环境下展开的，各领域的专家、学者从探讨"形象思维"问题起步，来研究本领域的诸多问题。1980年第3期《中国社会科学》杂志发表了吴廷嘉、沈大德的《想象思维与抽象思维——辩证逻辑的一对范畴》一文，该文发表后，吴、沈二人将文章寄给钱学森征求意见。作为"两弹一星元勋"

的钱学森很快复信给两位"年青的知识分子"，提出了自己的"几点看法"，"供你们参考"，谦谦学者风度，令人感动。

后来，这封信被以《关于形象思维问题的一封信》为题，刊登于1980年末一期《中国社会科学》杂志"学术通讯"栏，再后来，此信被中国思维科学学会的筹备人之一刘奎林教授作为他的著作《灵感——创新的非逻辑思维艺术》一书的序言之一，可见这封信的学术价值所在。

图2 涂元季、莹莹《钱学森故事》，钱永刚签名

钱学森是令国人怀念的科学家和共和国功臣，在他诞辰99年之际，他生前的秘书兼学术助手涂元季和作家莹莹出版了他们合著的《钱学森故事》，图2是这部书的签名本，钱学森之子钱永刚高级工程师在书的扉页下方钢笔手书：

敬阅者惠存

钱永刚 2011.4.19

这是一本客观、真实、全面介绍钱学森的书，向我们展现了较全面深刻的钱学森。

钱学森（1911 — 2009），祖籍浙江杭州，出生在上海。1929年考入交通大学机械工程系。1934年考取清华大学赴美公费留学生，入麻省理工学院航空系学习，后转入加州理工学院航空系学习，后留校任喷气推进中心主任、教授，成为一流的火箭专家。1954年出版著名的《工程控制论》。1955年钱学森一家冲破美国当局的迫害和重重阻挠回到祖国怀抱。回国后，钱学森担任国防部第五研究院院长、第七机械工业部副部长、国防科工委副主任、全国政协副主席等。

胡乔木

（1912 — 1992）

秘书、学者、党内第一支笔

1939 年，毛泽东看到胡乔木在延安《中国青年》第一卷第 2 期上发表的纪念五四运动 20 周年的文章《青年运动中的思想问题》后说：乔木是个人才。（引自：叶永烈著《胡乔木中共中央一支笔》）1941 年，胡乔木成为毛泽东的秘书，这一年他 29 岁，从此，开始了他新的人生轨迹。

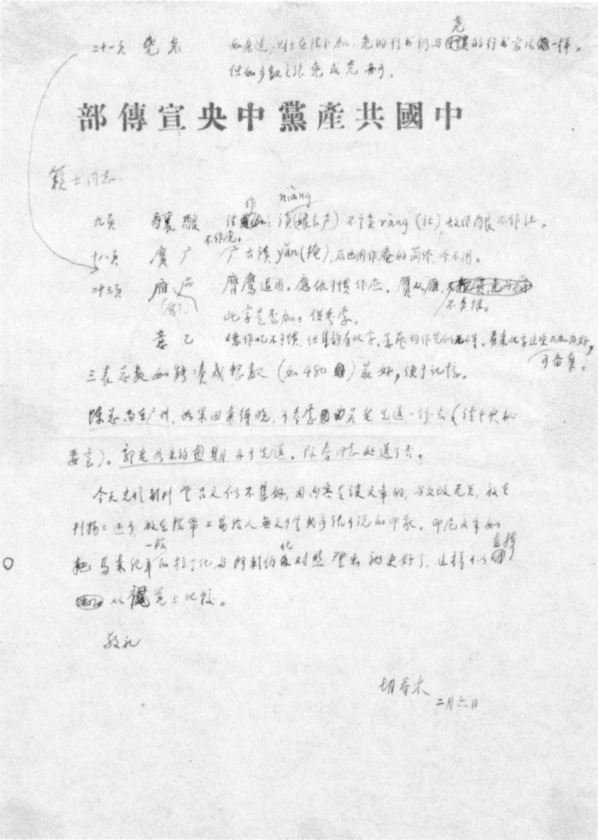
中國共產黨中央宣傳部

胡乔木

图 1　胡乔木致叶籁士信札（27.2cm × 18.7cm）

胡乔木的父亲胡应庚是中华民国的国会议员。胡乔木考入清华大学物理系后转入历史系，与季羡林是同窗。担任毛泽东秘书后，他在主席的领导和指导下参与起草、整理、修改了中国共产党的许多重要决议、文件、社论、讲话和报告等，默默无闻地做了大量工作。他在“文革”中遭到冲击，被迫搬出中南海。1979 年，胡乔木参与起草了《关于建国以来党的若干历史问题的决议》等重要文献，并在党史研究方面作出了巨大贡献。

胡乔木曾任中央文字改革委员会委员、汉语拼音方案审定委员会副主任等职务，在他的参与指导下，国家下发了《关于推广普通话的指示》、《汉语拼音方案》等文字改革的重要文献，对汉字改革起到了至关重要的作用。图 1 是一通胡乔木致中央文字改革委员会秘书长叶籁士的信札，谈的就是几个汉字的发音和书写问题：

籁士同志：

九页 釀 酿 请作：读 niàng（娘去声）不读 ràng（让），故作酿不作让。

十八页 廣 广 不作庑。广古读 yǎn（掩），后也作庵的简体，今不用。

二十一页 堯 尧 如通过，则可在注下加：尧的行书仍与尧的行书写法一样。但如多数主张尭或垚亦可。

二十三页 䧹（應头）応 膺鹰适用。應依习惯作应。赝从雁，不类推。此字是否加？供考虑。

意 乙 噫作叹不习惯，但集韵有此字。薏藝均作艺似无碍。看来此字这次不加为好，可备案。

三表总数如能凑成整数（如 480）最好，便于记忆。

陈总尚在广州，如果回来得晚，可考虑为吴老先送一份去（经中央机要室）。郭老如未约日期亦可先送。际春同志处送了否？

今天光明副刊登吕文似不甚好，因内容是谈文章的，与文改无关，放在刊物上还可，放在报纸上易给人无文可登或无话可说的印象。印尼文章如把马来纪年一段的拉丁化与阿刺伯化对照登出就更好了，这样可以直接从视觉上比较。

敬礼

胡乔木

二月六日

信中，胡乔木对酿、广、应几个字的读音、写法提出了非常具体的意见，对几个汉字的读音、写法予以了确认，有理有据，观点鲜明，用语准确，仿佛是一位学者在阐述学术问题。他还对《汉字简化总表》的征求意见工作做出了指示，分别提到中央文字改革委员会的几位负责同志：陈毅、吴玉章、郭沫若和国务院文教办主任张际春，可见他的严谨认真。最后，还对报纸副刊的用稿问题提出了意见。此札用的是“中国共产党中央宣传部”的老版信笺，文字改革开始于 1956 年，据此判断，此札写于 20 世纪 50 年代中期、胡乔木任中宣部副部长兼文字改革委员会委员期间。

胡乔木热爱文学，关注发表的文学作品。图 2 是一通他在 1980 年读了报告文学家陈祖芬发表的《祖国高于一切》后，就文中几处修辞提出中肯意见的信札（另抄件）：

人民日报社请转陈祖芬同志：

我很受感动地读了你的《祖国高于一切》这篇文章。作为微小的报答，我想从修辞上同你商讨几个词语的用法。

1. 拥有着。有下加着在汉语里是毫无根据的，比方说谁也不说“我有着一个头，你有着吗？”这样的话。虽用来甚久（如鲁迅即喜用），仍应摒绝，拥有之后再加着就更难听了。

2. 人才们。人才不属于可以加“们”的名词。尽管我们说他是一个人材，亦不能为此辩解。

3. 既有老人的涵养和怪癖，又有年轻人的朝气和冲动。在此，涵养似为贬义词，但涵养却是褒义词，我一时也未想起在此很妥贴的用语，你会自己选择的，冲动，在此似应为冲劲。冲动是一次一次的，过去就过去了。

4. 不是母亲给了我们多少。按上文和全文语气，此处应为：不是母亲给了我们什么或（和？）给了多少。

5. 则始终只有一条。全文都是流利的白话文，这里忽然跑出一个则字很伤文体的和谐，建议改却。

以上都是说，假定这篇文章你要收在某一文集中出版。但不再发表，推敲一下也有意思。末了，如果你文末所说王运丰先生被抄的书等等问题解决了，请写信告诉我。如果你在五机部工作，请设法向五机部领导转告，我很关心说的这些问题的处理。否则，不必勉强。这封信本身说明问题可以不必答复，那不过是形式的形式。

敬礼

胡乔木

十月三日（八〇年）

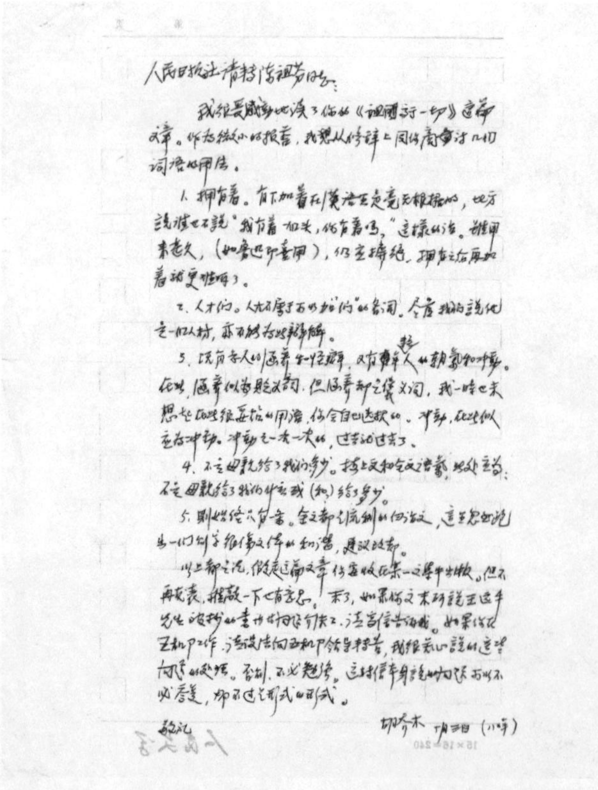

人民日报社请转陈祖芬同志：

我很高兴地读了你的《祖国高于一切》这篇文章。作为微小的报答，我想从修辞上同你商讨几个词语的用法。

1. 抑有着。有下加着在汉语里是毫无根据的，比方说谁也不说“我有着一本书，你有着吗？”这样的话。虽然用来甚久，（如鲁迅即曾用），仍应摒绝。抑有之后再加着就更难听了。

2. 人才们。人才不属于可以加“们”的名词。尽管我们说他是一个人材，亦不能为此辩解。

3. 既有老人的涵养和怪癖，又有年轻人的朝气和冲动。在此，涵养似为贬义词，但涵养却是褒义词，我一时也未想起在此很妥贴的用语，你会自己选择的。冲动，在此似应为冲劲。冲动是一次一次的，过去就过去了。

4. 不是母亲给了我们多少。按上文和全文语气，此处应为：不是母亲给了我们什么或（和？）给了多少。

5. 则始终只有一条。全文都是流利的白话文，这里忽然跑出一个则字很伤文体的和谐，建议改却。

以上都是说，假定这篇文章你要收在某一文集中出版。但不再发表，推敲一下也有意思。末了，如果你文末所说王运丰先生被抄的书等等问题解决了，请写信告诉我。如果你在五机部工作，请设法向五机部领导转告，我很关心说的这些问题的处理。否则，不必勉强。这封信本身说明问题可以不必答复，那不过是形式的形式。

敬礼

胡乔木　十月三日（八〇年）

图 2　胡乔木致陈祖芬信札（另抄件）（26.2cm × 18.6cm）

这封信写于 1980 年，此时的胡乔木已是位 68 岁的老人，对年轻女作家陈祖芬的代表作提出了多处修改意见，而且说“作为微小的报答”，“但不再发表，推敲一下也有意思”，语言亲切，仿佛一位师长在批改学生的作业。他还对《祖国高于一切》的主人公王运丰被抄的书等问题的解决予以关注。这是一位身居要职的领导对作者作品中反映问题的关注，表现了强烈的责任感。

胡乔木是官员、学者，更是文人，他关心知识分子的命运和生活，尽可能地帮助身处逆境的文人，大作家沈从文、历史学家顾颉刚、诗人聂绀弩、作家丛维熙、演员于蓝等都得到过他的帮助。

胡乔木一生写过许多文献，编过许多著作，《毛泽东选集》、《周恩来选集》、《朱德选集》、《刘少奇选集》、《邓小平文集》等都凝结了他的智慧和心血。邓小平就曾说：乔木是我们党内第一支笔……

胡乔木（1912－1992），原名胡鼎新，江苏盐城人。1930年考入清华大学，1931年任共青团北平市委宣传部长。1937年到达陕北，先后任“西北青救会”宣传部长、副主任，《中国青年》杂志社主编兼社长，后担任毛泽东主席秘书。1948年起开始兼任新华社总编辑和社长。新中国成立后，在担任毛泽东主席秘书的同时，兼任新闻总署署长、中宣部副部长、书记处候补书记，1981年开始任中国社会科学院院长。1982年当选中央政治局委员。

启功

（1912 — 2005）

秉直、谦恭的一代宗师

在中国书法家协会的历任主席中，有一位出身皇族的一代宗师——启功，他有着传奇般的人生。

启功是清雍正皇帝的第九代孙，属满族正蓝旗，幼年时，为祈福，曾拜雍和宫的一位老喇嘛为师，做记名的小喇嘛，后入私塾。因家道中落，中学辍学后发奋自学。师从贾羲民、吴镜汀、戴姜福等学习书画和古典文学，后受业于辅仁大学校长陈垣学习考证之学，被聘为辅仁中学教员。尔后在陈垣的提掖下，只有中学文化程度的启功担任了辅仁大学助教、讲师兼故宫博物院专门委员、北京师范大学副教授。1958年，启功被打成“右派”，“文革”中又受到冲击。20世纪80年代至21世纪初是启功学术、著作、诗词和书画等诸方面达到顶峰的时期，可谓厚积薄发，不但出版了《启功丛稿》、《书法概论》、《古代字体论稿》、《诗文声律论稿》、《论八股》等诸多著作，而且其书画作品更是风靡海内外，可谓一字千金，一画难求。

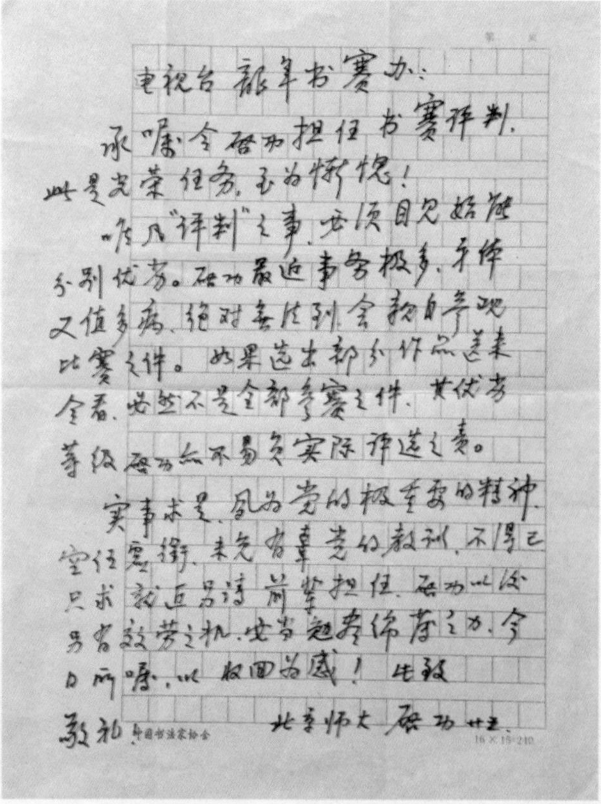
电视台龙年书赛办：

承嘱令启功担任书赛评判，此是光荣任务，至为惭愧！

唯凡“评判”之事，必须目见始能分别优劣。启功最近事务极多，年衰又值多病，绝对无法到会亲自参观比赛之件。如果选出部分作品送来全看，必然不是全部参赛之件，其优劣等级启功亦不易负实际评选之责。

实事求是，乃为党的极重要的精神。空任虚衔，未免有辜党的教训，不得已只求就近另请前辈担任。启功以后另有效劳之机，必当勉尽绵薄之力。今日所嘱，以敬回为感！此致

敬礼

北京师大 启功 廿三

图1 启功致某省电视台信札（29cm×21cm）

难能可贵的是，启功虽为著作等身的学者、大师级的书画大家和地位显赫的社会名流，但他常以“逊国王孙”自警，谨言慎行。他的秉直、谦恭和幽默为后人所敬仰，有图1、图2两通手札可以为证。图1为启功致某

省电视台的信札：

电视台龙年书赛办：

承嘱令启功担任书赛评判，此是光荣任务，至为惭愧！

唯凡“评判”之事，必须目见始能分别优劣。启功最近事务极多，身体又值多病，绝对无法到会亲自参观比赛之件。如果选出部分作品送来令看，必然不是全部参赛之件，其优劣等级启功亦不易负实际评选之责。

实事求是，夙为党的极重要的精神，空任虚衔，未免有辜党的教训，不得已只求就近另请前辈担任，启功以后另有效劳之机，必当勉尽绵薄之力，今日所嘱，以收回为感！此致

敬礼！

北京师大 启功

廿五、

这是一封谢绝信。是身为中国书协主席的启功谢绝某省电视台书法大赛评委之职，理由是“唯凡‘评判’之事，必须目见始能分别优劣。启功最近事务极多，身体又值多病，绝对无法到会亲自参观比赛之件。”这是启功秉直个性的率真体现，而且，他在信中接着写道：“如果选出部分作品送来令看，必然不是全部参赛之件，其优劣等级启功亦不易负实际评选之责。”这更表达了启功希望书法大赛公平、公正，要对每位参赛者负责的愿望。

启功的幽默是出了名的，在这封信中也有体现：开头“承嘱令启功担任书赛评判，此是光荣任务”，结尾“实事求是，夙为党的极重要的精神，空任虚衔，未免有辜党的教训”，幽默诙谐。

其实，启功作为中国书法界的泰斗，要谢绝一个地方电视台的“评判”邀请，可以有许多方式，但是，他却亲笔手书信函，并祈求“今日所嘱，以收回为感”，足见他的谦恭与负责。

更能体现启功谦恭的是图 2 启功致杨仁恺的信札：

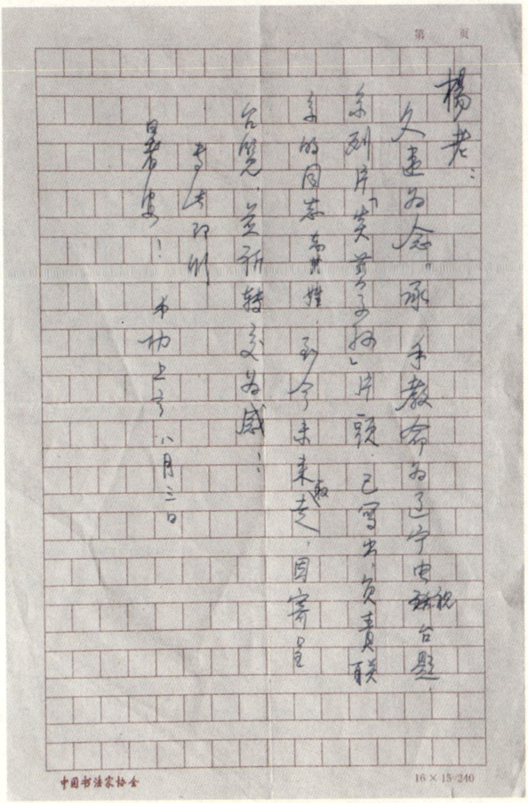

图 2　启功致杨仁恺信札（26.2cm × 18.2cm）

杨老：

久违为念。承手教命为辽宁电视台题系列片“炎黄子孙”片头，已写出。负责联系的同志（忘其姓）到今未来取走，因寄呈台览，并祈转交为感！

专此即颂

暑安！

弟功上言

八月三日

“杨老”即鉴定家、辽宁省书法家协会主席、辽宁省博物馆长杨仁恺。其实，启功年长杨仁恺 3 岁，且是包括杨仁恺在内的中国古代书画七人鉴定小组的负责人，却尊称杨仁恺为“杨老”，可见他的谦恭。启功的谦恭不仅表现在对人的称谓上，还具体在做事上，对杨仁恺“手教”命为辽宁电视台系列片的片头题字一事，在粗心的联系人“到今未来取走”的情况下，亲自寄给此事的发端人杨仁恺，“寄呈台览，并祈转交为感”，这对于在当时中国“一字难求”的启功来说，真可谓是谦恭之至，读后使人为之动容。

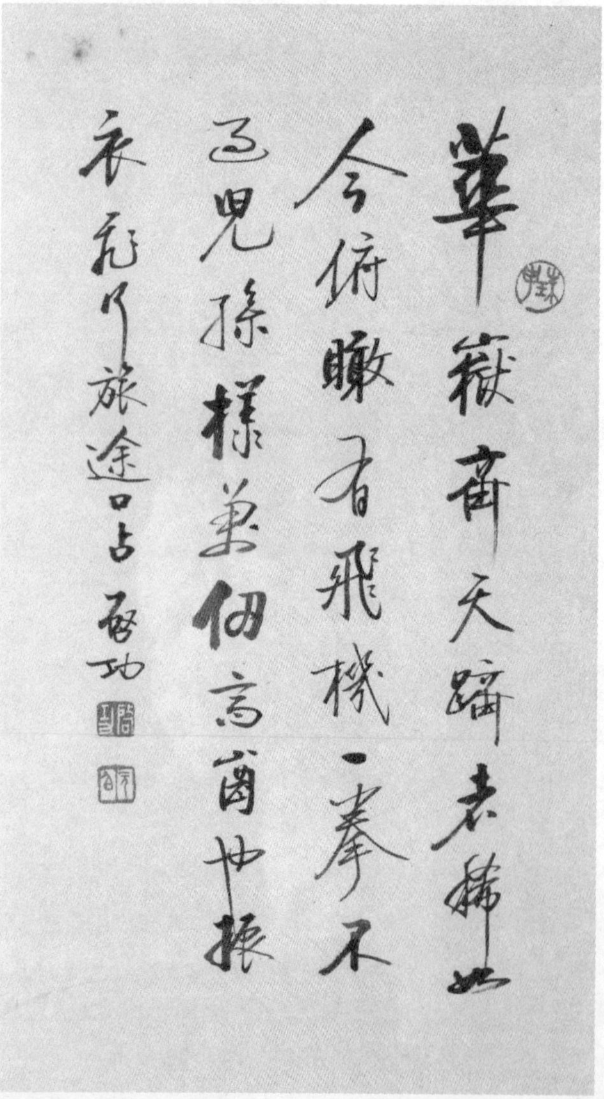

图 3　启功手书自作诗条幅（24cm × 45cm）

两通信函，涉及两家同为省级的电视台，一通主要内容是婉言谢绝，一通则是主动照办。第二通信里不排除受人之托的情面因素，但当“评判”是启功自认力所不及的职务，所以谢绝；而题字则能够办到的。力所不及则谢绝并写信说明原因，寄予希望，而能够办到则全力照办到位，这就是书界一代宗师启功的原则、灵活和人品所在。

启功不仅是书法大家，还是一位诗人，图 3 就是他手书的一首自作诗：

华岳齐天跻者稀，如今俯瞰有飞机。

一拳不过儿孙样，万仞高岗也振衣。

飞行旅途口占　启功

启功一生博古通今，除了享有书画巨匠、

鉴定大家和诗人等盛名之外，他还在北师大创建了文献学专业，把古典文学与版本目录学、音韵训诂学等有机地结合在一起而成为一门独立的学科。启功淡泊名利，将卖书画的收入捐给北师大设立“励耕奖学金”，以解决贫困生的学资，他为北师大制定的“学为人师，行为世范”的校训砥砺着一代又一代的莘莘学子。

启功(1912—2005)，字元白，也作元伯，满族，清雍正皇帝九世孙，北京人。幼年入私塾。因家道中落，中学辍学后发奋自学。后被聘为辅仁中学教员、辅仁大学助教、讲师兼故宫博物院专门委员。1949年任辅仁大学国文系副教授兼北京大学博物馆系副教授。1952年任北京师范大学副教授。1978年被聘为教授。先后担任中国书法家协会主席、国家文物鉴定委员会主任委员、西泠印社社长、中央文史馆馆长、全国政协常委等。

关山月

（1912 – 2000）

第二代“岭南画派”的代表

在近代，有一个著名的中国画派——岭南画派。是自清中叶以来，以岭南的画家特别是广东籍的画家为中心组成的一个中国画派。尤其是高剑父、高奇峰、陈树人等由日本学成归国后，在西方艺术思潮的影响下，主张冲破传统，反对国画停滞拘泥于临摹，提倡师法自然，注重写生，融合中西、创新古今，以饱满的革命热情和强烈的时代责任感改进中国画，形成了布局重视空白、用笔注重骨法、画面赋色艳丽、背景着色渲染、地方特色浓厚等为特色的中国画派。画家关山月即是“岭南画派”第二代的杰出代表。左图是一帧关山月先生写给原中国文联书记处书记、《中国新文艺大系》副总编李庚的信札：

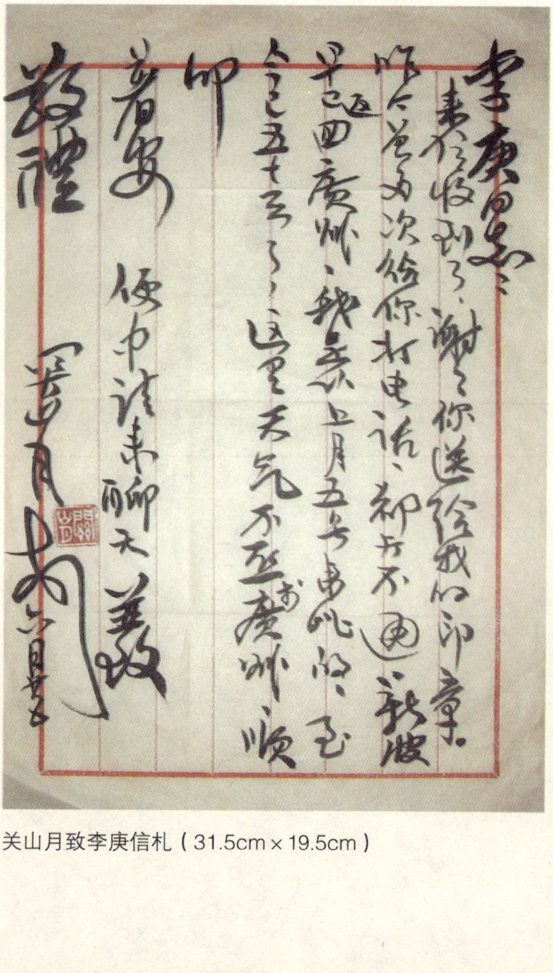

关山月致李庚信札（31.5cm × 19.5cm）

李庚同志：

来信收到了，谢谢你送给我的印章。昨天虽多次给你打电话，都打不通，新波早已返回广州，我是从上月五号来此的，至今已五十天了，这里天气不亚于广州。

顺叩

著安

便中请来聊天，并致敬礼！

关山月顿首

六月廿五

关山月写这封信的年代已无从考证，但从信的内容上看：“来信收到了，谢谢你送给我的印章”、“便中请来聊天”等语，可以看出关、李二人是相熟的朋友。李庚是著名的作家，是《中国新文艺大系》副总编，这部大系中肯定要有“岭南画派”的章节，因此，他与关山月的书信联系是必然的，而且关山月在信中有“顺叩”、“著安”的问候，也许指的就是李庚彼时在编著的《中国新文艺大系》。信中提及的“新波”即美术家黄新波。综观关山月的书法，可以说是典型的画家书法。笔力遒劲，字形俊秀，古拙中见高雅，自辟门径，独树一帜。

关山月在任小学教师时，其绘画才能被“岭南画派”的创始人之一高剑父发现，遂被吸收进春睡画院学画。1939年，其画作《渔民之劫》参加了苏联中国美术展。1940年，他首次在澳门、香港和湛江举办了个人画展。1948年，又在香港、上海、南京等地举办了关山月西南、西北及南洋写生画展，并出版《关山月纪游画集》。新中国成立后，曾先后在日本、澳大利亚举办画展，1991年，捐资中国美协设立“关山月中国画教学创作基金”，捐赠作品成立了深圳“关山月美术馆”。

关山月作为“岭南画派”的代表人物，秉承岭南画派“折中中西，融贯古今”的精神，具有鲜明的时代感和写实性，以山水画和画梅见长。他的艺术风格可以分为三个时期：第一时期，20世纪30代末至40年代末。这个时期他足迹遍布桂、黔、云、川、甘、青、陕等地，并在敦煌石窟临摹过壁画，而后又赴新、马、泰写生，其作品视野开阔、时代风貌强烈、生活气息浓，作品受到西方绘画的影响，强调写实性，注重形体刻画，吸收了西方绘画中的构图法和明暗技巧，虽仍以水墨为主，但在描绘场景时采用焦点透视的手法，而不是传统国画的散点透视，现实感强烈。这个时期的主要作品有：《拾薪》、《侵略者的下场》、《嘉陵江码头》、《岷江之秋》、《黄河冰封》及《祁连放牧》等；第二时期，20世纪50年代至70年代。这个时期关山月以饱满的革命热情，用画作描绘新中国的景象。这时的作品立意高远，而且理论修养深厚，格调高雅，作品仍然有很强的写实性，充满浓厚的生活气息和地区色彩，同时加强了笔墨的表现力。这个时期的主要作品有：《江山如此多娇》《疾风知劲草》《春到雁门》《俏不争春》《天山牧歌》等；第三时期，20世纪80年代至90年代末。“文革”结束后，关山月重新开始了创作。虽然已是古稀之年，但他仍创作不断，达到了新的水平。这个时期的作品在保持写实性的同时，也加入了笔墨、意境等传统中国画的成分。笔触更为老辣奔放，构图更为简洁，画面更为丰富、含蓄。从对“形”的关注升华为对“神”的关注，注重笔墨意趣。这个时期的主要作品有：《巨榕红棉赞》、《乡土情》、《榕荫曲》、《天香赞》、《碧浪涌南天》、《轻舟已过万重山》、《岭南春色》、《香港回归梅报春》等，成为当代“岭南画派”的代表作。有人评价说：关山月的审美意识和艺术成就超越了他的恩师高剑父，并与黎雄才、赵少昂、杨善深一起被誉为当代“岭南画派”的“四大画家”。

早年为了生活和抗战捐款，关山月卖过画。新中国成立后，他担任了大学教授，衣食无忧，专心于艺术，极少卖画，目前在市场上流通的作品大多是关山月捐给慈善机构的义卖作品和一些当做礼物送给各界人士的礼品，所以，今天能收藏到关山月的精品十分不易。

关山月（1912－2000），原名关泽霈，广东阳江人。1933年广州市立师范学校毕业后，任小学教师，1946年被聘为广州市立艺术专科学校教授兼中国画科主任，新中国成立后，历任中南文艺学院教授兼中南文联美术部副部长、广东美术学院教授兼副院长、中国美术家协会副主席、美协广东分会主席、广东画院院长等。

孙犁

（1913 — 2002）

荷花般质朴的文学大家

孙犁是当代中国文学中著名的流派——“荷花淀派”的代表人物。

孙犁高中毕业后去北平，在图书馆读书或在大学旁听，曾用“芸夫”的笔名在《大公报》上发表文章。后来他到河北安新县小学教书，开始对白洋淀一带人民群众的生活有所了解。抗日战争爆发后，孙犁在中国共产党领导的冀中地区从事革命文艺工作和创作。1944 年去延安，在鲁迅艺术文学院工作和学习，并发表《荷花淀》、《芦花荡》等小说，引起文艺界注意。他与《小二黑结婚》的作者赵树理、《暴风骤雨》的作者周立波、《创业史》的作者柳青被誉为描写农村生活的“四大名旦”和“四杆铁笔”。

孙犁的文学创作以小说和散文为主，他的小说朴实无华，写战争题材却很少描写复杂的战场，而是更多地揭示战争中人物心灵的美，展示大自然的可爱，其荷花般质朴的写作风格被誉为“荷花淀派”。每次阅读他的作品，都会体验到一种“善良的东西，美好的东西”，带给人一种艺术的喜悦和快感。对读者来说，孙犁最可贵的艺术品质就是对于美的崇尚和追求。读过孙犁作品的人，都难免被一种独特的艺术美所打动，这不仅表现在描述上的诗情画意，构思上的精巧别致，语言上的简洁秀美，更表现在作品中透露出来的艺术家倾心于美的情致。读了《荷花淀》，就会使人想起古人《爱莲说》中的意韵：“出淤泥而不染，濯清涟而不妖。”孙犁的散文被称作“写人生”的散文，他的散文作品膺服古典散文“避虚就实”的原则，重“实”而轻“虚”。他认为散文是“老年人”的文体，不靠“感情”而只凭“理智”即可成文，反映了他重“理”、言“志”的总体倾向；他的散文之精髓在于以“真”、“美”，以真的心地写真的景象，直抵“真”的极致；而平易冲淡，睿智幽默则是孙犁散文在语言表现上的个性风格。《晚华集》、《秀露集》、《澹定集》、《尺泽集》等散文集追忆战争、思念故乡，怀人记事，其人生感悟，深刻而富于哲理，一度“散文大家”的名声盖过他“荷花淀派”创始人的名声。图 1 是一通孙犁致《新文学史料》总编牛汀的信札，回复的就是赠送散文《无为集》及题字之事：

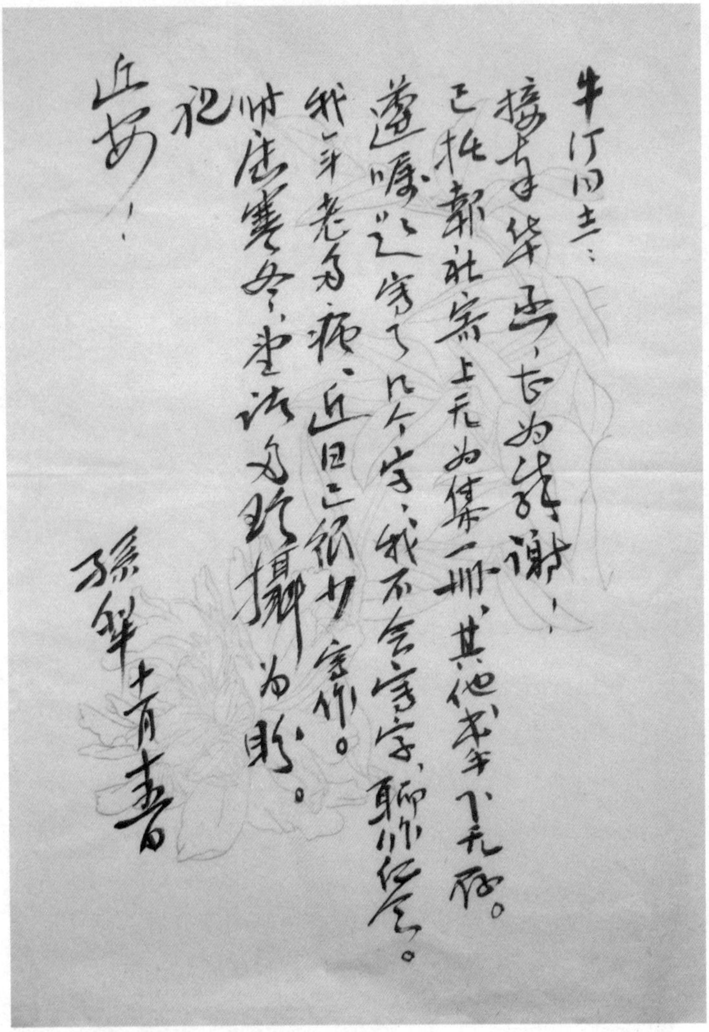

图 1　孙犁致牛汀信札（28.3cm×17.6cm）

牛汀同志：

接奉华函，甚为感谢！

已托报社寄上《无为集》一册，其他书手下无存。遵嘱题写了几个字，我不会写字，聊作纪念。

我年老多病，近日已很少写作。

时届寒冬，望诸多珍摄为盼。

祝

近安

孙犁

十一月十五日

孙犁的散文《无为集》是 1989 年由人民文学出版社出版的，因此可以判断，此札是他 1989 年后写的，那时的孙犁已是 76 岁以上高龄的老人。通读此札，思路清晰，格式严谨，字体清秀，笔锋硬朗，颜体书法的形神兼备，且少碑帖的制约，没有师宗的界限，自如挥洒，含蓄内敛又不缺少灵气，散发着文人的气质，洋溢着人文精神，足见孙犁扎实的书法功力。

孙犁的书斋名耕堂，源自孙犁的名“犁”。孙犁博览群书，并将读书的心得体会记载下来，从经、史、子、集到丛书、小说、散文无所不包，后来，孙犁将这些读书小记集结出版名《耕堂读书记》（上、下），可谓是孙犁思想精髓的集中反映。图 2 就是这部书的钤印本，在印有孙犁“爱图书”藏书票的扉页左下方钤白文：

孙犁 印章。

朴实无华一如他的人品，弥足珍贵。

孙犁不喜欢官场，远离热闹、自甘寂寞。除写作外，便是通过《天津日报》文艺副刊培植青年文学作者。他一生淡泊名利，深居简出，牛汀在《我仍在苦苦跋涉——牛汉自述》一

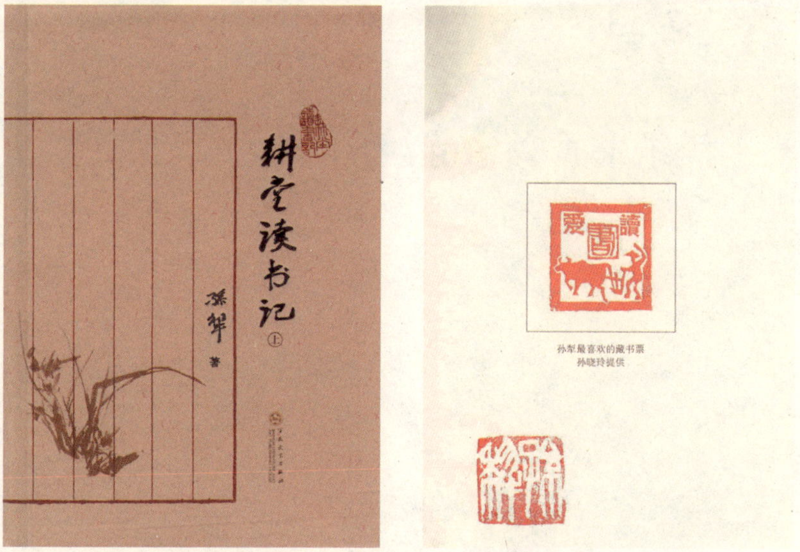

图2 孙犁《耕堂读书记》钤印本

书中这样描述孙犁：“我到天津找过孙犁两次……他住的平房是《天津日报》的房子，很破，没有暖气，家里乱七八糟，看着难受……他活得异常清白、清醒。作协开会他不参加，不参加什么社会活动。晚年写得很好，对人生的回忆、杂感，写的深隽，很有艺术特色……我晚年很佩服的几个作家：丰子恺、沈从文、孙犁、施蛰存、彭燕郊，当然还可以提一些名字。他们默默而存（说到此，老牛纠正是“默默者存”），思考，他的作品会留下去的……晚年的孙犁先生，对人生确实有了彻底的感悟。”

在孙犁致牛汀的信札中我们还可读出孙犁身为文学大家却低调为人的一面：“遵嘱题写了几个字，我不会写字，聊作纪念。”“我年老多病，近日已很少写作。”但年迈的孙犁仍没有丧失如他作品一样特有的人文关怀：“时届寒冬，望诸多珍摄为盼。”情真意切，温暖如春。试问：在被戏称为“文坛如江湖”的今天，像孙犁这样的文学大家还有几人？

孙犁（1913－2002），原名孙树勋，河北安平人。14岁考入保定育德中学。1936年到河北安新县小学教书。1944年去延安，在鲁迅艺术文学院工作和学习。新中国成立后，在《天津日报》工作。1958年出版了《白洋淀纪事》小说与散文合集，此后有《远道集》、《无为集》等散文集。2004年，人民文学出版社出版了11卷本的《孙犁全集》。曾任中国作家协会天津分会主席、中国作协名誉主席。

梁斌

（1914 — 1996）

满纸书香，宁静淡泊

在中国当代文学史上，有一位作家，以一部长篇小说确立了自己的历史地位，他便是1957年出版的小说《红旗谱》的作者梁斌。

长篇小说《红旗谱》描述了在大革命失败前后十年的历史背景下，中国冀中平原两户农民朱老忠、严志和三代人同地主冯老兰一家两代人的斗争，以“反割头税”、“二师学潮”为中心事件，艺术地概括了20世纪30年代中国北方农民的革命斗争，反映了中国农民革命由自发反抗到有组织斗争的历史进程，总结了两千多年来农民斗争的历史经验，是五四以来反映农民问题小说的集大成者，尤其是农民英雄朱老忠的形象，是长篇小说作品中不多见的成功典型。整个作品凸显了浓郁的民族风格。《红旗谱》一经中国青年出版社出版，即在社会上引起了强烈反响，郭沫若诗赞《红旗谱》：“红旗高举乾坤赤、生面别开宇宙新。”茅盾则评价说：“梁斌有浑厚之气，而笔势健举，有浓郁的地方色彩……全书有浑厚而豪放的风格……”东北大学校长丁浩川在给梁斌的信中写道：“你将受到全国人民的尊敬……”

在今天看来，像《红旗谱》这样的农民题材小说也许已被许多人忘却或不被人问津，但它在中国当代文学史上的里程碑意义是难以否定的。值得称道的还有梁斌作为20世纪杰出作家的代表所具有的艺术修养和个人品格，这在下图梁斌致当时刚刚从“五七”干校返京工作、后成为人民文学出版社《新文学史料》主编牛汀先生的信札中可以再现：

牛汀同志：

接手书尽知一切。知你到了工作岗位上，算是完成一件大事。

回津后，夏初曾到京一行，看了看在京的人们。身体不好亦不敢谈及工作，不敢接授什么任务。

工作问题，早按排和晚按排，有工作岗位和无工作岗位，在我们来说都是一样。反正是愿写了写，愿画了画，有人来访照样接待。宣传毛泽东思想是我们的责任。

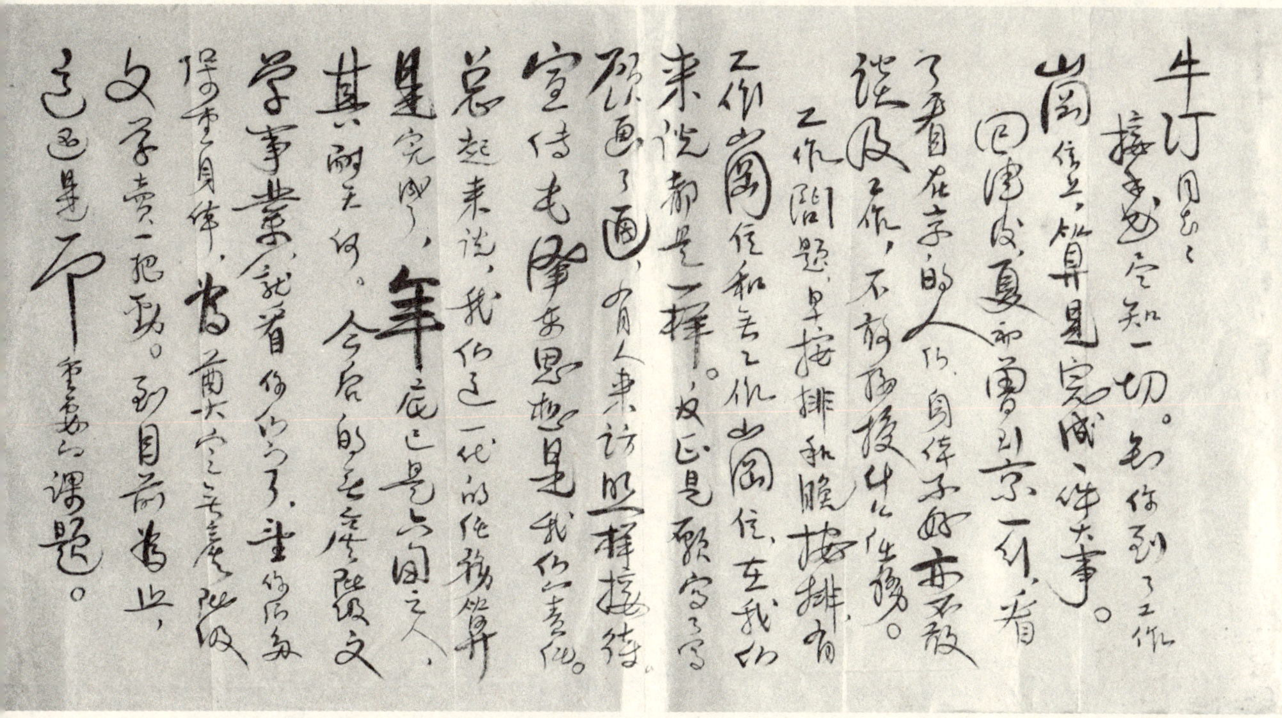

牛汀同志：
接来信，知一切。知你到了工作
岗位上，算是完成件大事。
回津后，夏和曾到京一行，看
了看在家的人，你身体不好，要不敢
谈及工作，不敢接收什么任务。
工作问题，早安排和晚安排，有
工作岗位和去工作岗位，在我们
来说都是一样。反正是[illegible]
[illegible]，有人来访照样接待
宣传也要安思想是我们责任。
总起来说，我们这一代的任务算
是完成了，年底已是六旬之人，
其奈天何。今后的[illegible]从文
学事业，就看你们了。望你们多
保重身体，[illegible]
文学责一把劲。到目前为止，
还是[illegible]课题。

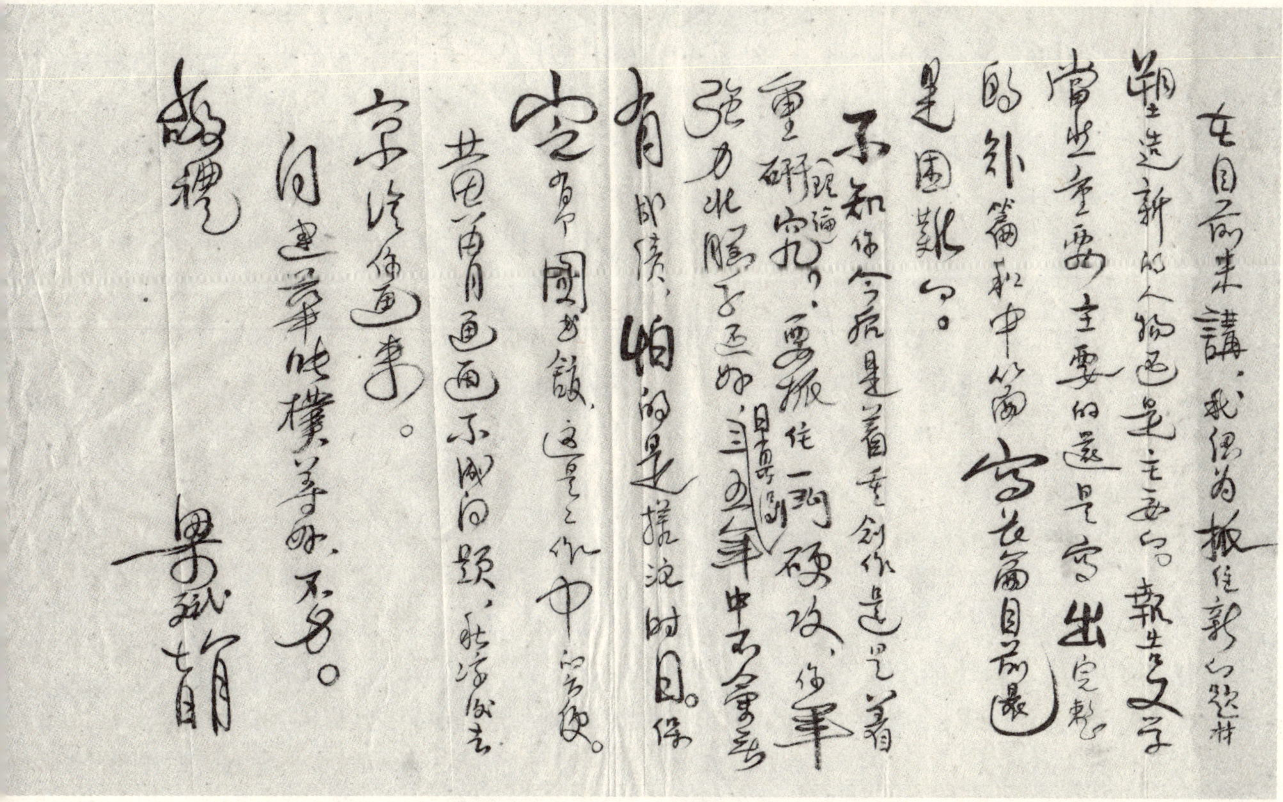

在目前来讲，我们为振作新的题材
塑造新的人物还是主要的，新生文学
当然重要，主要的还是写出完整
的外篇和中篇，写长篇目前最
是困难的。
不知你今后是着重创作还是着
重研究（理论），要振作一部硬攻，你笔
强力能写好，（目前是）三五年中可拿出
有即债，怕的是搞泥时日。你
[illegible]，这是工作中的方便。
[illegible]通过不成问题，[illegible]
写信你面来。
[illegible]，不另。
敬礼
梁斌 七月

梁斌致牛汀信札（46cm × 26cm × 2）

总起来说，我们这一代的任务算是完成了，年底已是六旬之人，其耐（奈）天何。今后的无产阶级文学事业，就看你们的了。望你们多保重身体，为奠定无产阶级文学卖一把劲。到目前为止，这还是一个重要的课题。

在目前来讲，我认为抓住新的题材塑造新的人物还是主要的。报告文学当然重要，主要的还是写出完整的短篇和中篇，写长篇目前还是困难的。

不知你今后是着重创作还是着重（理论）研究？要抓住一门硬攻，你年强力壮，脑子还好，日有所得，三五年中不会无有成绩，怕的是搓沱（蹉跎）时日。保定有个图书馆，这是工作中的方便。

黄胄画画不成问题，秋凉后去京给你画来。

问建华、张朴等好，不另。

敬礼

梁斌

八月七日

梁斌的这帧手札四百余字，毛笔宣纸写成，行草字体，书写流畅，不拘一格，堪称信札中的精品。

珍贵的还有信的内容。依据信中“知你到了工作岗位”和“年底已是六旬之人”两句，并参考何启志、李晋西编撰《我仍在苦苦跋涉——牛汉自述》中所载“从干校回来，我（牛汀——引者注）分到资料室抄卡片”，以及王洋、田英宣著《梁斌传》所记，梁斌生于1914年等可推测，写信的日子当是1974年8月7日。那时的中国仍在阴霾之中，刚刚走出牛棚的牛汀能把自己重新上岗的情况告诉身在外地，与自己命运相似的长者梁斌；而年近六旬的梁斌对年少自己的牛汀寄予“无产阶级文学事业”的厚望、希望他“保重身体”，并与牛汀探讨写作题材、形式等问题，鼓励牛汀“抓住一门硬攻”，还爽快地答应了牛汀想请画家黄胄画画的要求，字里行间充满了一位长者的关爱、严肃、坦诚和热心。一位已在中国文坛占有举足轻重地位的大家对工作、事业，对写作和生活的那份淡定、从容、大度和豪爽，跃然纸上。

梁斌的老家梁庄还出了另一位大艺术家，即后来成为长安画派代表人物之一，担任过中国画研究院副院长，创办了炎黄艺术馆的国画大师黄胄，他们是堂兄弟。梁斌从小萌生“作家梦”，并在保定二中读书期间开始学习文学创作，这一时期他参加了地下党的外围组织“反帝大同盟”，后又在北平加入左翼作家联盟。抗战爆发后，梁斌在家乡参加抗日战争，并担任过游击队长。1953年开始酝酿长篇小说《红旗谱》。为了专心创作，梁斌决定辞掉官职。他主动向组织提出请求，辞去《新武汉日报》社社长职务，这是他为《红旗谱》第一次辞官。于是，他被调到北京中央文学研究所，在那里写成了《红旗谱》的初稿。为了修改好《红旗谱》，他又要求辞去中央文学研究所机关党支部书记职务，去《红旗谱》的背景地——河北省专门从事创作，这是他为《红旗谱》第二次辞官。之后他又谢绝组织和领导让他担任天津市副市长和留在《北京日报》社工作的机会，毅然回到了河北省文联专事小说创作。这也是他为《红旗谱》的第三次辞官。1957年11月，三易其稿的鸿篇巨著《红旗谱》出版，引起轰动，并被改编成话剧，电影、电视剧，还被翻译成十多国文字，而后又出版了长篇小说《播火记》。“文革”中梁斌受到迫害和摧残，下放农场，就是在这样恶劣的环境下，他仍写出了长篇小说《翻身记事》。同时，他寄情于笔墨，创作了大量的书画作品，并在平反后在天津、北京、石家庄等地举办了书画展。晚年，他把卖字画的50万元巨资捐给了家乡，盖了梁庄希望小学。

读梁斌的手札，引人思考，在当今的作家中像他那样有一部伟大的作品存世，为了一部小说而弃舍仕途和一切利益，毅然返回家乡专心写作，而且能画得一手好画、写得一手好书法的人，能有几人？

读梁斌的手札，只觉满纸书香，宁静淡泊。

梁斌（1914－1996），河北蠡县人。1927年参加共青团，并参加了地下党的外围组织“反帝大同盟”，后在北平加入左翼作家联盟。1937年加入中国共产党。抗战爆发后，梁斌在家乡参加抗日战争，并担任过游击队长。1938年起担任抗日剧团“新世纪剧社”社长，而后又担任中共蠡县县委领导职务。1948年随军南下，历任湖北襄阳地委宣传部长、《新武汉日报》社社长。著有《红旗谱》、《播火记》、《翻身记事》等小说。曾任中国作家协会河北分会主席等。

徐迟

（1914 — 1996）

报告文学之父

1978 年，徐迟发表了报告文学《哥德巴赫猜想》，引起轰动，从此，他与报告文学结下了不解之缘，后又写出了《在湍急的旋涡中》、《生命之树常绿》等，被称为“报告文学之父”。

1934 年，徐迟开始发表诗作《寄》、《诗拔萃》等，1936 年起发表散文《理想树》等。抗战期间，曾发表《在前方——不朽的一夜》、《太湖游击队》等特写、通讯，并创作了《三大都会的毁灭》等小说，还在香港与袁水拍、冯亦代、叶浅予、乔冠华等编辑《耕耘》。新中国成立后出席第一次文代会，在《人民中国》编辑部负责对外报道，并赴抗美援朝前线采访，写出了《战争·和平·进步》等通讯和特写。

徐迟涉足文坛是从写诗、译诗开始的，1945 年在重庆，毛泽东曾给他题词：“诗言志”。图 1 徐迟在致人民文学出版社的信札中提及的《毛泽东颂》，就是他见到来重庆谈判的毛泽东后写下的一首诗。

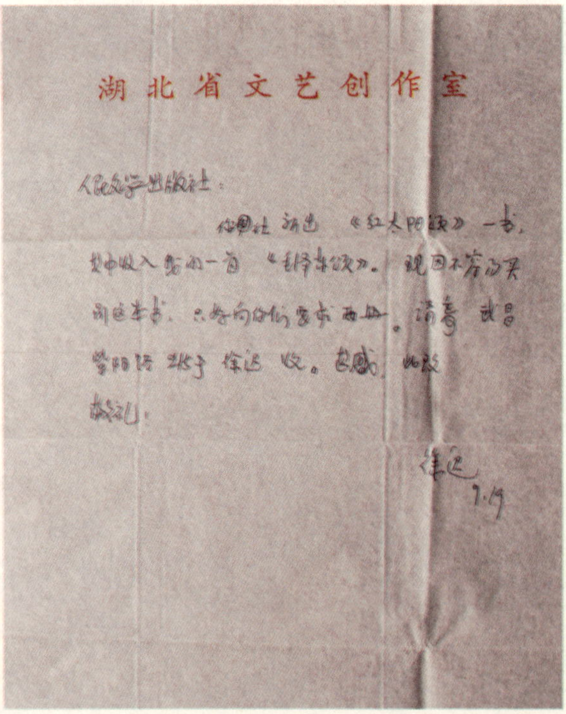

湖北省文艺创作室

人民文学出版社：

你社新出《红太阳颂》一书，其中收入我的一首《毛泽东颂》。现因不容易买到这本书，只好向你们要求两册。请寄武昌紫阳路215号徐迟收。甚感。此致

敬礼！

徐迟

9.19

图 1　徐迟致人民文学出版社信札（26.3cm × 19cm）

人民文学出版社：

你社新出《红太阳颂》一书，其中收入我的一首《毛泽东颂》。现因不容易买到这本书，只好向你们要求两册。请寄武昌紫阳路 215 号徐迟收。甚感。

此致

敬礼

徐 迟

9.19

此札写在“湖北省文艺创作室”的便笺上，钢笔小楷，字数不多，言简意赅。人民文学出版社的《红太阳颂》一书出版于1977年8月、手札的落款是“9.19”，据此判断，这通手札写于1977年9月19日。

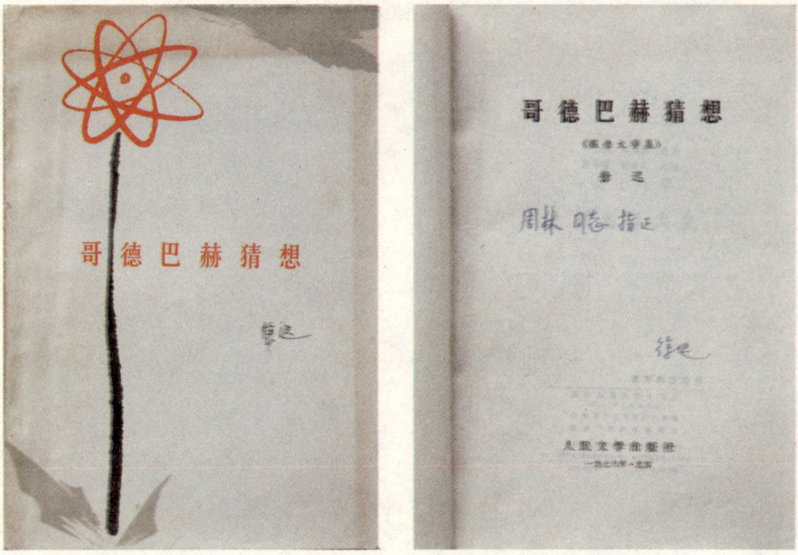

图2 徐迟报告文学集《哥德巴赫猜想》签名本

徐迟还是位优秀的翻译家。年轻时就翻译了海明威的《永别了，武器》，后来又翻译了司汤达的《巴玛修道院》、《托尔斯泰传》等。尤其是他翻译的美国作家梭罗的《瓦尔登湖》堪称中国翻译史上的经典之作。

徐迟引领了20世纪70年代末的报告文学创作，从《地质之光》到《哥德巴赫猜想》，已60多岁的他以诗人特有的激情深入生活、投入创作，不仅让国人认识了身处逆境刻苦钻研的数学家陈景润，唤醒了社会尊重知识、尊重人才的良知，也感动和激励了年青一代为实现科学梦想而发奋学习的热情，他也因此获得了“全国优秀报告文学奖”。图2就是徐迟报告文学集《哥德巴赫猜想》的签名本，他在书名页上钢笔手书：

周林同志指正
徐迟

徐迟的晚年是痛苦的，妻子的过早离世，第二次婚姻的失败和病痛的折磨，使他痛不欲生，最后选择了极端的离世方式——自杀，于医院六楼的窗户纵身跳下，留下了他没有写完的自传《江南小镇——我的文学生涯》。

2001年，中国报告文学学会设立了“徐迟报告文学奖”，以褒奖优秀的报告文学作家和新作。这是继以鲁迅、茅盾、冰心、冯牧等著名作家之后命名的全国创作领域的荣誉奖项，也是对“报告文学之父”——徐迟的纪念。

徐迟（1914—1996），原名徐商寿，浙江湖州南浔人。1931年考入东吴大学文学院，九一八事变后，弃学赴东北抗日，行至北京受阻，而入燕京大学借读。抗战胜利后，回家乡任南浔中学教导主任和英文教员，业余时间翻译、写作。新中国成立后出席第一次文代会，在《人民中国》编辑部负责对外报道，1957年开始担任《诗刊》副主编。1960年调湖北省任《万里长江》编辑部主任并定居武汉，后历任中国作协理事、湖北文联副主席、《外国文学研究》主编等。

王世襄

（1914 – 2009）

低调的收藏大家

2007年，王世襄在《俪松居长物志——自珍集》一书的“自序”开篇说：“人或称为收藏家，必起立正襟而对曰：‘实不敢当！实不敢当！’古代名家，姑置勿论。近现代允称收藏家者，如朱翼庵先生之于碑帖，朱桂辛先生之于丝绣，张伯驹先生之于书画，周叔弢先生之于古籍，学识之外，更雄于资财。以我之家庭背景、个人经历，实不具备收藏家条件。此集所录，除舅父、先慈所作书画及师友赐赠翰墨文物外，大都掇拾于摊肆，访寻于旧家，人舍我取，微不足道，自难有重器剧迹。在收藏家心目中，不过敝帚耳。而我珍之，岂不正合‘敝帚自珍’一语。”这段话，王世襄表达了自己有别于其他收藏大家，所有收藏只是“敝帚自珍”之意，充分反映了他低调的为人和平民情结。

王世襄出身官僚之家，却一生坎坷，“三反五反”运动中蒙冤被审查10个月后自谋出路。他学识渊博，对文物研究涉猎甚广，书画、雕塑、烹饪、建筑、古琴、家具、玩具、铜炉等无所不通，著作颇丰，先后有《中国画论研究》、《髹饰录解说》、《明式家具珍赏》、《中国古代漆器》和《清代匠作则例》（8卷）等出版，下图是一通王世襄先生的信札及送达封，即在写作《清代匠作则例》期间致中国文物研究所姜佩文、王振铎、王辉三位所长的：

姜佩文、王振铎、王辉三位所长：

近两年来，世襄曾着手汇编清代工匠则例，这批材料大约散见在七十多种则例中，范围涉及建筑及工艺美术等方面，共计有四十个匠作，约二百万字，书名暂定为《清代匠作则例汇编》。编辑的办法是将同作的材料汇录编排，逐条编号，每作前有简略的说明。待全书编成，卷首加一篇总说明及采用则例提要，卷末附总索引，使其成为一种资料工具书。目前已编成十个作，约占全书工作量三分之一，今后拟用业余时间，将它编完。

函陈个人想法，请求领导上同意，倘认为尚属可行，拟请开介绍信一封，以便

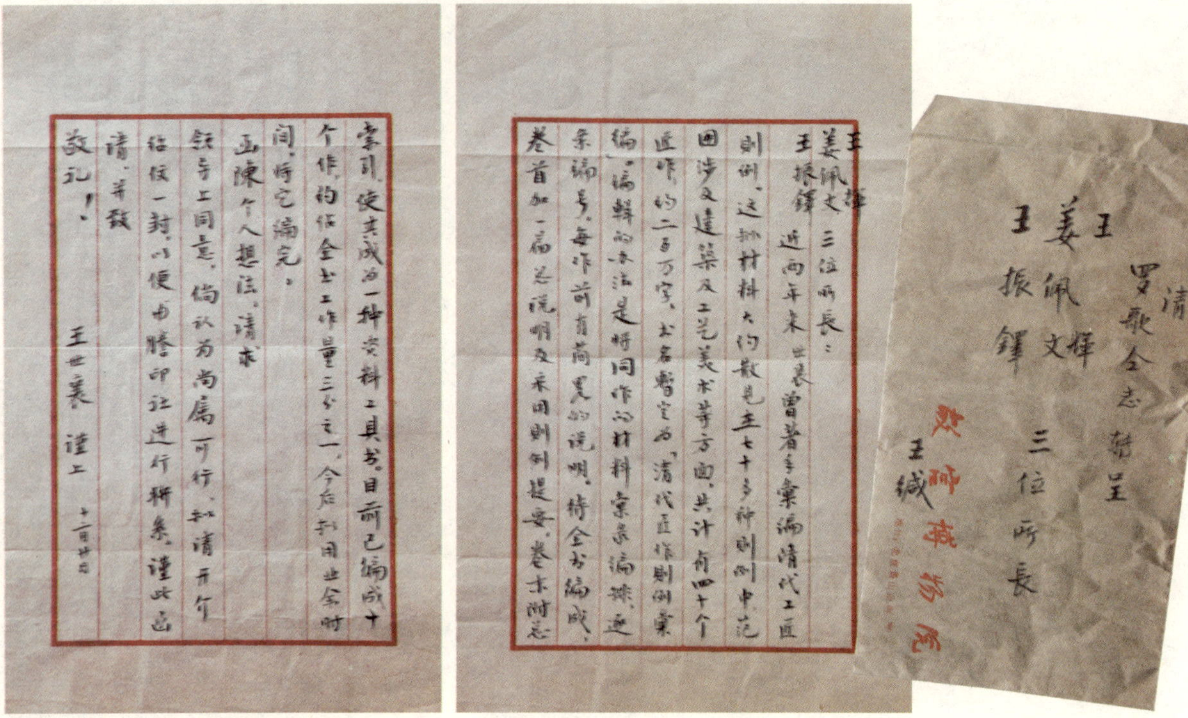
王辉
姜佩文
王振铎　三位所长：
近两年来世襄曾着手汇编清代工匠则例，这批材料大约数量在七十多种，则例中范围涉及建筑及工艺美术等方面，共计有四十个匠作的二百万字，书名暂定为「清代匠作则例汇编」，编辑的办法是将同作的材料汇集编排，逐条编号，每作前有简略的说明，待全书编成，卷首加一篇总说明及采用则例提要，卷末附总索引，使其成为一种资料工具书。目前已编成十个作的，约全书工作量三分之一，今后利用业余时间，将它编完。
函陈个人想法，请求领导上同意，倘认为尚属可行，拟请开个介绍信一封，以便由誊印社进行联系，谨此函请，并致
敬礼！
王世襄　谨上
十二月廿日

罗歌同志　转呈
王辉
姜佩文
王振铎　三位所长
王缄
故宫博物院

王世襄致姜佩文、王振铎、王辉信札（26.3cm × 17.3cm × 2）及送达封

与誊印社进行联系。

谨此函请，并致

敬礼

王世襄谨上

十二月廿日

这通手札写在两页八栏纸上，小楷字体，十分精到，与印有“故宫博物院”字样的牛皮纸信封相配，完美和谐，堪称信札中的精品。王世襄的高祖、祖父、父亲均在朝廷为官，其父曾任北洋政府国务院秘书长，母亲金章是大家闺秀，鱼藻画家，大舅金城是中国北方画派领袖。王世襄的书法是文人书法，师宗唐楷，有欧体的高古、柳体的瘦劲、颜体的方正端庄和褚体的瘦金隽秀，且有宋“馆阁体”的典重、工到。三联书店出版的《王世襄自选集——锦灰堆》三卷本，其中第三卷《畅安吟哦》收录了他诗词一百余首，全部由其小楷手书影印，堪称杰作。这通手札与《畅安吟哦》有异曲同工之妙，是王先生的手札珍品。《清代匠作则例》是8卷本的巨著，从这通写给中国文物研究所的三位所长的信札里能读出王世襄的低调与谦逊。信是通过原文物部联络员罗歌转呈的。信的开端，以传统的尺牍格式将姜佩文所长名字居中，王振铎、王辉两位所长分列左右，充分体现对三位领导的尊敬。信中，王世襄用简练而准确的语言报告了自己正在做的“汇编”《清代工匠则例》工作，“汇编”的范围、体例、

成书的字数、书名及成书后的用途是“一种资料工具书”。并说明书的进展情况以及今后的打算是“拟用业余时间将它编完”。最后在征求“领导上同意”的情况下，要求“开介绍信一封，以便与誊印社进行联系。”

其实，早在20世纪40年代，王世襄就曾在由朱启钤创办、梁思成主持的营造社任研究员，开始随建筑大师梁思成等研究古建筑，耳濡目染和亲身的野外调查实践，使他积累了丰富的建筑学实践经验和理论知识。2000年，《清代匠作则例》这部有关建筑、营造并涉及清代社会诸多方面重要文献的一、二卷由大象出版社出版，赢得了学术界的好评。后来，中国书店出版社又予再版，同样是好评如潮。

王世襄一生坎坷，但他苦中寻乐，被称为“京城第一大玩家”。他玩物而不丧志，在玩收藏中发现，在玩收藏中研究，并上升为文化知识，著书立说启迪后人，尤其是对明家具的研究得到了世界的公认。他在获得荷兰王国“克劳斯亲王奖最高荣誉奖”10万欧元奖金后，将全部奖金捐给了希望工程，用于建立一所“中荷友好小学”。

王世襄一生淡泊名利，享年95岁。他德高望重，交友众多，桃李满天下。生前留下遗愿：去世后不举行遗体告别仪式，家中不设灵堂。其遗体于作古第二天上午火化，与世人低调告别，留下的是：大家风范。

王世襄（1914—2009），号畅安，祖籍福建福州，生于北京。小学至高中就读北京美国学校。1941年获燕京大学文学院硕士。1943年任中国营造学社助理研究员。1945年任南京国民党政府教育部清理战时文物损失委员会平津区助理代表。1947年任故宫博物院古物馆科长及编纂。1948年赴美国、加拿大考察博物馆，后谢绝弗利尔美术馆、匹兹堡大学的聘请，回故宫博物院任古物馆科长及陈列部主任。1953年任中国音乐研究所副研究员。1961年在中央工艺美术学院讲授《中国家具风格史》。1962年任文物博物馆研究所、文物保护科学技术研究所副研究员。1980年平反后任文物局中国文物研究所研究员。1986年被聘为国家文物鉴定委员会委员。1994年任中央文史研究馆馆员。

杨沫

（1914 — 1995）

新文学的新女性

1958 年，一部以女性知识分子为主人公的长篇小说获得了各方面的好评，50 年来，这部小说共印了 500 万册、被改编成话剧、评剧，拍成了电影，译成了 18 种文字，这部小说影响了 20 世纪五六十年代、七八十年代两代人，尤其是“文革”后，处在文化饥渴中的亿万青年，有许多人是听着这部小说的广播连播入眠的，这就是杨沫的《青春之歌》。

然而，《青春之歌》在发表之初却历经不顺，几近夭折。1956 年，毛泽东主席提出的“艺术上要百花齐放、学术上要百家争鸣”的新文艺思想救了这部 40 万字的长篇小说，在时任总理办公室副主任、中国文联秘书长的阳翰笙和《人民文学》副主编秦兆阳的推荐下，小说最终由作家出版社出版，引起轰动。杨沫也从此跻身著名女作家之列，成为新女性的代表。

杨沫出生于北京，17 岁时，为反抗包办婚姻，拒绝嫁给小军阀而离家出走，后结识在北大读书的张中行，两人同居并生下一子一女。杨沫是一位新时代的新女性，在民族危亡时挺

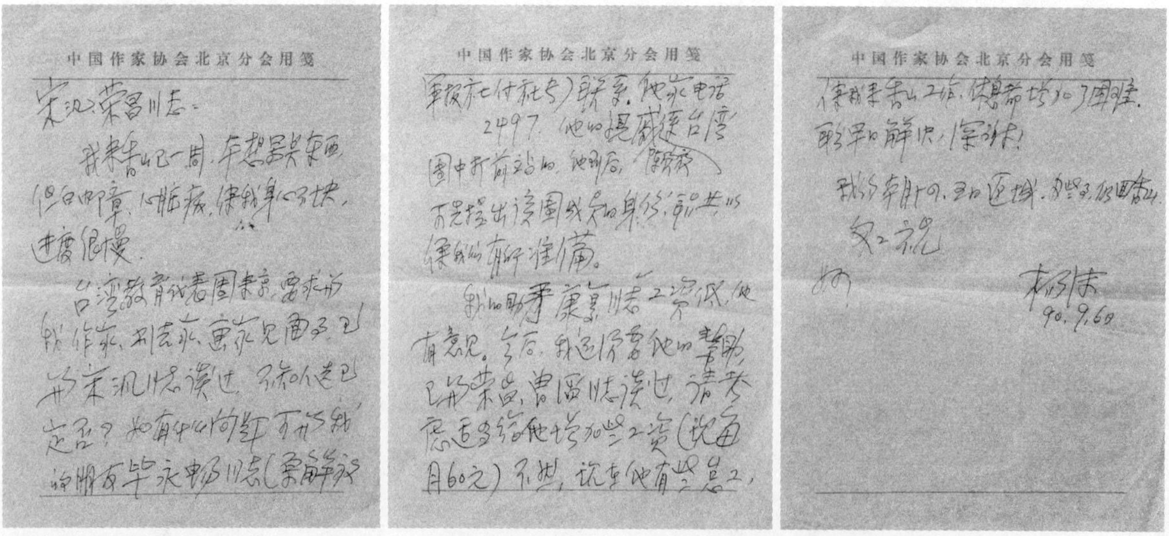

中国作家协会北京分会用笺

宋汎、荣昌同志：

我来香山已一周，本想写些东西，但白日时常心脏疼，使我身心不快，进度很慢。

[illegible]

中国作家协会北京分会用笺

[illegible]

中国作家协会北京分会用笺

[illegible]

杨沫

90.9.6日

图 1 杨沫致宋汎、邵荣昌信札（28.3cm × 19cm × 3）

身而出，关心国家大事，不愿当家庭妇女，她敢爱、敢恨，追求浪漫的爱情。

新中国成立后，杨沫长期生活在“政治挂帅”的年代，又担当一定的领导职务，其严肃、偏激是可想而知的，但她晚年路见不平、拔刀相助、热心帮人也是出了名的，有人说晚年的杨沫回归了她女性、母亲、长者的真实。图 1 是一通杨沫致北京市作协党组书记宋汎、副书记邵荣昌的信札，也许能从一个侧面折射出她的真实一面：

宋汎、荣昌同志：

我来香山已一周，本想写点东西，但白内障、心脏病，使我身心不快，进度很慢。

台湾教育代表团来京，要求与我作家、书法家、画家见面事，已与宋汎同志谈过，不知人选已定否？如有什么问题可与我的朋友毕永畅同志（原解放军报社付社长）联系，他家电话 ×××2497，他的亲戚陈欣放系台湾团中打前站的，他到后，可先提出该团成员的身份、职业，以便我们有所准备。

我的助手康复同志工资低，他有意见。今后，我还须要他的帮助，已与荣昌、曾滔同志谈过，请考虑适当给他增加些工资（现每月 60 元），不然，现在他有些怠工，使我来香山工作、休息都增加了困难。盼早日解决，深谢！

我约本月十四、五日返城，办些事，仍回香山。

匆匆祝

好

杨沫

90.9.6 日

这通信札写在三页“中国作家协会北京分会用笺”上，谈了接待台湾教育代表团和自己助于薪水等两件事，杨沫虽为北京市作协领导，却完全用商量的口气与班子的同事沟通事先已与宋汎、邵荣昌谈过的两件事，是督促也是再商量，可见她的做事风格认真而又扎实，态度平易而又亲切，信的开头和结尾还报告了自己的身体和心情，以及日后的安排，首尾相应，条理清晰，字迹洒脱，虽为一般往来信函，却体现出大家风采，十分难得。

杨沫一生经历了许多喜怒哀乐，体味过荣耀与孤独，她的人生历程堪称中国当代女作家、女知识分子曲折人生历程的缩影，这一历程集中体现在她 44 岁发表的长篇小说《青春之歌》里，可以说《青春之歌》是中国长篇小说的经典，也是中国新女性的人生缩影。《青春之歌》以“九一八”事变到“一二九”学生运动这一历史时期为背景，以学生运动为主线，成功地塑造了林道静这一在 20 世纪 30 年代觉醒、成长的革命青年的典型形象。小说生动地描绘了林道静由一个小资产阶级知识分子逐步成长为一名无产阶级革命战士所经历的曲曲折折、反反复复的人生历程，从中透视出整整一代革命知识分子所走过的艰难历程。

杨沫是位勤奋而又富正义感的作家，继《青春之歌》的成功之后，仍不停地写作，《东

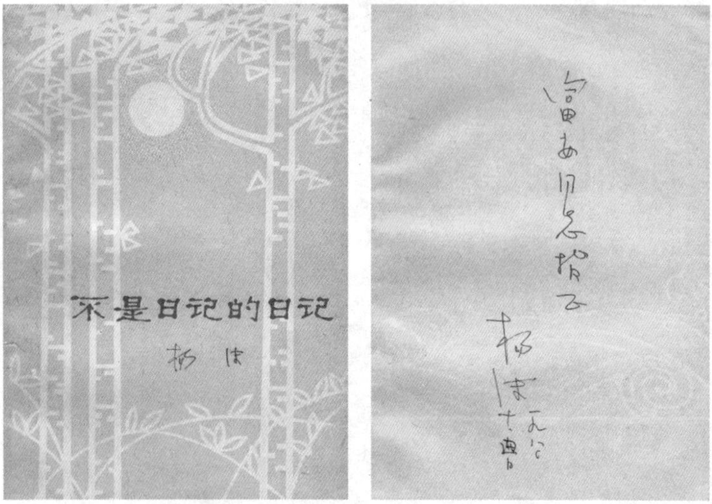

图 2 杨沫《不是日记的日记》签名本

方欲晓》、《芳菲日记》等先后问世，尤其是在 1980 年发表了在当时颇有影响的报告文学《不是日记的日记》，描述了她参与一场科研争论的详细经过，图 2 就是这部报告文学的签名本。杨沫在书的扉页上硬笔竖书：

富安同志指正

杨沫

一九八〇．十．四日

晚年的杨沫将自己的版权、部分书籍和一部分稿费、积蓄捐给了中国现代文学馆，在此之前，国内外著名作家少有捐献著作版权的先例，这也反映了杨沫的与众不同。

杨沫（1914 — 1995），原名杨成业，祖籍湖南，生于北京。早年在北京第 22 小学、第 14 小学和温泉女子中学求学。1934 年开始文学创作，发表散文《热南山地居民生活素描》。1936 年加入中国共产党并参加抗日斗争，任妇救会宣传部长。1942 年在华北联合大学中文系学习，后任《晋察冀日报》编辑。新中国成立后，历任北京市妇联宣传部长、北京电影制片厂编辑、北京市作协副主席、文联主席。先后创作了长篇小说《青春之歌》、《东方欲晓》、《芳菲日记》、《英华之歌》，中篇小说《苇塘纪事》，短篇小说《红红的山丹花》，报告文学《不是日记的日记》，散文集《自白——我的日记》等，出版有《杨沫文集》。

谷牧

（1914 – 2009）

改革贤者，艺界良友

邓小平、叶剑英、胡耀邦、万里、谷牧、习仲勋、项南和任仲夷被称为中国“改革八贤”。而“改革八贤”中，曾分管对外开放工作的副总理谷牧，是将中国引向世界的执行者。

谷牧 9 岁丧父，1931 年参加共青团，1932 年转为中共党员，开始从事地下工作。1934 年后到北平，在北平地下团委书记谷景生领导下从事“左联”工作。1936 年，被党派到东北军从事兵运工作，亲历了“西安事变”。新中国成立后，先从地方干起，1975 年后，担任国务院副总理，分管对外经济贸易工作，期间，正值中国改革开放之初，1979 年后他还兼任两个重要职务：国家进出口委员会、国家外国投资管理委员会主任，这其实是中国对外开放前线的总指挥。正是在任上，他坚决贯彻邓小平的改革开放政策，于 1978 年率新中国成立后中央向西方国家派出的第一个政府经济代表团出访法、德、瑞士、丹麦、比利时等国。回国后向中央提出了利用西方国家的贷款和吸引外商投资的建议，并于 1979 年赴日本谈成改革开放后第一笔外国政府贷款，开了引进外资的先河。

谷牧还是创办深圳、珠海、汕头、厦门等经济特区的具体实施者和海南建省的筹备人，后人称他是特区建设的“总工程师”。他在邓小平、叶剑英等中央领导的支持下，逐步将中国沿海的 14 个城市、4 个经济特区和海南岛对外开放，最终将沿海市、县全面对外开放。2004 年，由全国政协办公厅编写、中央文献出版社出版了《改革开放的岁月——一九七八年以来的谷牧》一书，这本书较全面地反映了谷牧为中国经济的发

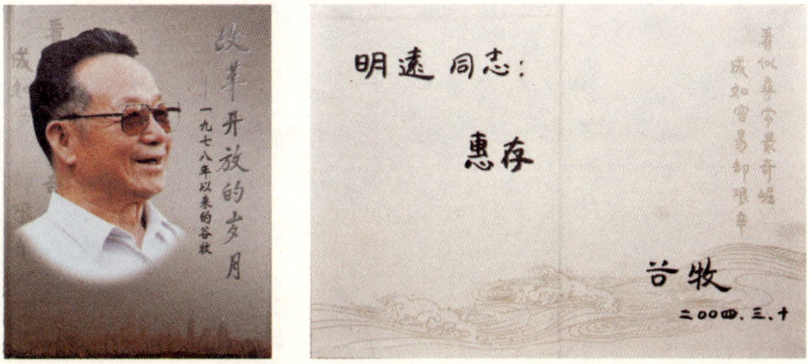

图 1 《改革开放的岁月——一九七八年以来的谷牧》签名本

展做出的巨大贡献。图 1 就是《改革开放的岁月——一九七八年以来的谷牧》一书的签名本。谷牧在书的扉页上毛笔手书：

明远同志：

惠存

谷牧

二〇〇四、三、十

谷牧还是位学养丰厚的高级干部。他曾受周恩来总理之命为抢救北京恭王府、改建琉璃厂文化街和建设北京图书馆新馆倾注了不少精力，并与文化艺术界人士结下了深厚的友谊。图 2 是一通谷牧致书画大师刘海粟助手袁志煌的信札：

袁志煌同志：

来信悉，正好吴南生同志在此开会，他说您所要的两件，他全有复制品，他回去找到给您寄去。如有问题，您再来信，我当设法完成任务。

最近较忙，迟复了，请谅。

刘老回沪否？便中转达我对他的问候。

谷牧

四月廿一日

谷牧作为一国的副总理，可谓日理万机，但他对艺术界人士的来信能亲笔回复，并要设法完成来信人交予的“任务”，其谦逊人品可见一斑。信中提及的吴南生时任广东省委书记。另据国画大师黄胄家人的记述，谷

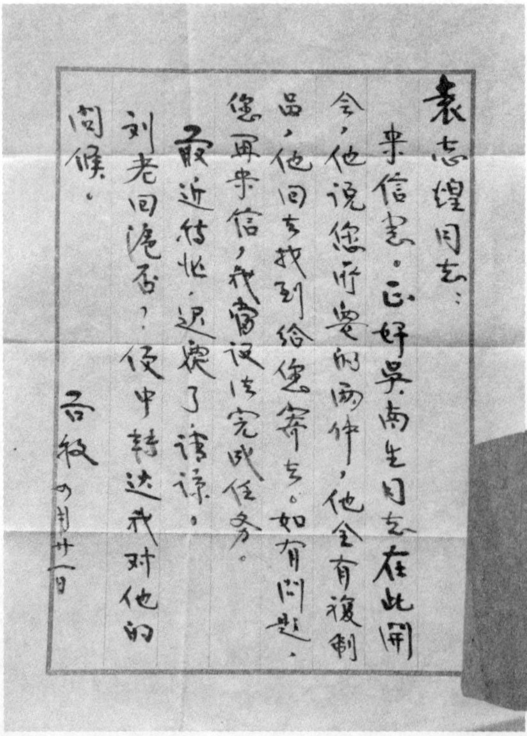

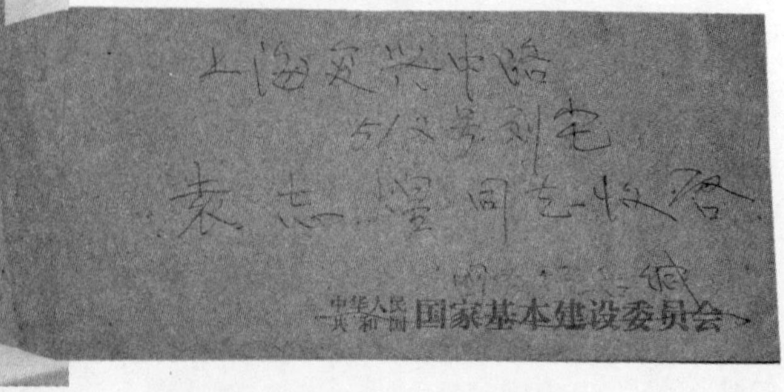

图 2 谷牧致袁志煌信札（28.5cm × 19.8cm）及送达封

牧与黄胄等画家交往有加，并常尽力帮助解决事业、生活上的困难。当黄胄筹建的炎黄艺术馆建成后，他将自己历经多年收藏的约有100位画家所画的《百梅图》共四大手卷等珍品捐给炎黄艺术馆，以丰富馆藏。他还在1983年提议恢复“古代书画鉴定小组”的工作，为鉴定、收藏和保护国家文物起到了重要作用。

谷牧既是领导者又是专家，他善于处理各种复杂的矛盾和关系，1984年9月，由邓颖超提议，经中共中央批准，中国孔子基金会在谷牧指导下于山东曲阜市成立。1994年，谷牧又组织推动了国际儒学联合会的成立。他高瞻远瞩，通过国际儒联这样一个平台，把全世界的汉学家都聚拢团结起来，对促进中外文化交流起到了积极的推动作用。

谷牧结交了许多文人朋友，并与他们建立了深厚的友情。2008年，97岁高龄的季羡林为95岁高龄的谷牧写下了“相期以茶” 的约定（ 中国文人将八十八岁称之为“米”寿，将一百零八岁称之为“茶”寿）。季羡林对谷牧的评价是：在知识分子心中，他是“可以推心置腹、无话不谈的党内领导”。（引自：2009年11月7日《广州日报》：《谷牧是可以无话不谈的领导》）。

人们常说只要是为国家为民族为人民做过好事的人，人民就不会忘记他。2009年11月6日谷牧逝世，在北京305医院的灵堂内外，每天摆满花篮，上至原国家主席李先念的夫人林佳楣、毛泽东主席的女儿，下至普通百姓，不仅有日本驻华大使宫本雄二，还有谷牧生前居家附近的邻居，甚至有附近中学的几个高中生，前来吊唁的中外各界人士络绎不绝。在11月16日的送别仪式上，数不清的人从四面八方赶来为他送行，寒风凛冽中人头攒动，可谓备极哀荣。

谷牧（1914 — 2009），本名刘家语，出生在山东威海卫宁津所（现荣成市宁津乡）东墩村一个农民家庭。7岁时到外祖父办的私塾读书。1930年进荣成县立第一小学五年级学习。1931年参加共青团，后入文登乡师学习。1932年转为中共党员，开始从事地下工作。1934年到北平从事“左联”工作。1936年被党派到东北军从事兵运工作。抗日战争期间，先后任中共山东局秘书主任、统战部长、一一五师统战部长、滨海地委第二书记、第二军分区政委等职。解放战争期间，任滨海地委书记、军分区政委、华东局秘书长、鲁中南区副书记和副政委。新中国成立后，任济南市委书记、市长。后又在上海、华东局、国家建委、国务院第三办公室、国家计委等担任领导职务。“文革”中受到冲击。1973年后，在国家基本建设委员会、国家计委担任领导职务。1975年后，担任国务院副总理、中央书记处书记、全国政协副主席等。

欧阳山尊

（1914 — 2009）

中国话剧的奠基人之一

欧阳山尊生前被称为中国话剧的“活化石”，这是因为他是中国话剧的奠基人和北京人民艺术剧院的创始人之一。

欧阳山尊，幼年过继给伯父——话剧艺术家欧阳予倩，深受中国戏剧艺术的熏陶，上中学时便参加戏剧活动。抗战爆发后，积极参加抗日救亡运动，并到杭州参加“五月花”剧社，考入浙江大学，与金山等人组织剧社演出《 都市三角》、《雷电》等话剧。投奔延安后，先在抗日军政大学学习，后赴前线，在八路军 120 师战斗剧社工作。曾参加延安文艺座谈会，后经时任陕甘宁和晋绥联防军司令员的贺龙点将调入陕甘宁晋绥联防军政治部宣传队。新中国成立后参与创建北京人民艺术剧院，并一直担任副院长、副总导演，与焦菊隐、夏淳、梅阡并称为“北京人艺四大导演”。

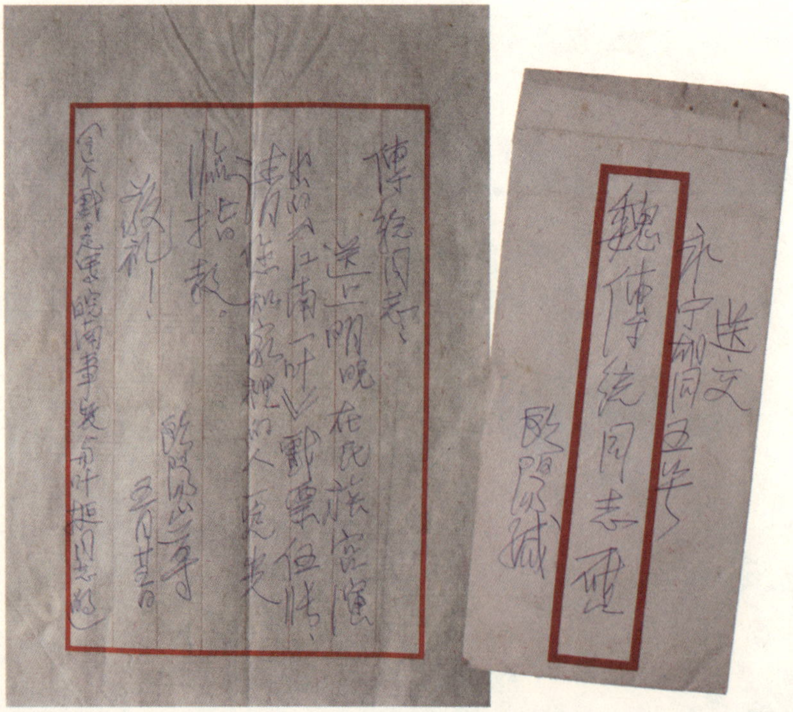

图 1　欧阳山尊致魏传统信札（26cm × 18.3cm）及送达封

欧阳山尊几乎参与了中国话剧由诞生、成长、发展到辉煌的全过程，在中国话剧界有着奠基人之一的历史地位。为推动话剧事业的发展，他致力于话剧人才的培养和优秀剧目的扶植。图 1 是一通他致时任解放军总政治部副主任、解放军艺术学院院长的魏传统将军的信札，邀请魏将军观看由他担任艺术顾问的话剧《江南一叶》：

传统同志：

送上明晚在民族宫演出的《江南一叶》戏票伍张，请您和家里的人一定光临指教。

敬礼！

欧阳山尊

五月廿五日

（这个戏是写皖南事变与叶挺同志的）

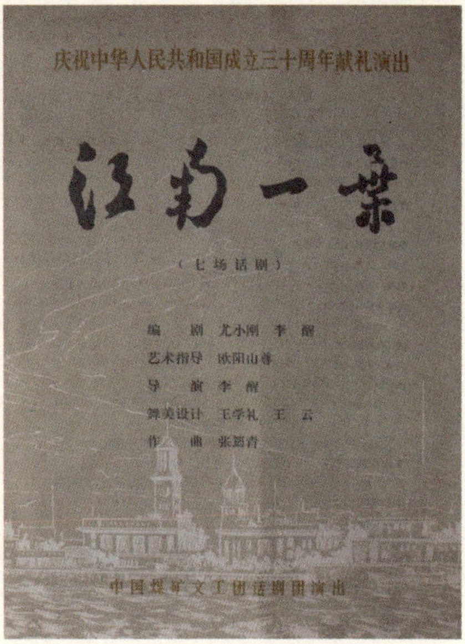

图 2　《江南一叶》剧目单

这通信札用蓝色圆珠笔竖写在红八格纸上，字迹苍劲挺拔、笔力坚实俊美，一如欧阳山尊的刚毅性情和追求完美的艺术家气质。从此信的送达封和图 2《江南一叶》剧目单上判断，这封信写于 1979 年，并由专人连同戏票一起送到魏传统将军的府上。足见欧阳山尊对魏将军和这部戏的重视。

欧阳山尊支持话剧团体创作、爱惜话剧人才、扶植新人在话剧圈内是出了名的。从《江南一叶》的剧目单上可以看出，演出单位是名气不大的中国煤炭文工团话剧团，导演尤小刚当时也名不见经传，就是这样一个团体排练的话剧，欧阳山尊不但担任其艺术指导还亲自写信、送票邀请在文化艺术界德高望重的魏传统将军去观看，可见他的良苦用心。在欧阳山尊 70 多年的艺术生涯中，培养了诸如顾威、尤小刚等一批导演，捧红了朱旭、濮存昕等一批明星，而他却说："我的一生是生于忧患、老于安乐、留得余年、报效祖国。"这是当今艺术家少有的境界。

欧阳山尊（1914 — 2009），原名欧阳寿，湖南浏阳人。上中学时就参加戏剧活动。抗战爆发后，积极参加抗日救亡运动，并到杭州参加"五月花"剧社。后考入浙江大学。 1938 年在延安抗日军政大学学习，并担任抗日军政大学总校文工团副团长，后奔赴前线，任八路军 120 师战斗剧社社长。1943 年调入陕甘宁和晋绥联防军政治部宣传队。新中国成立后任北京人民艺术剧院副院长、副总导演。导演了《白毛女》、《春华秋实》、《日出》、《带枪的人》等 50 多部话剧。

杨仁恺

（1915 — 2008）

儒雅的学者

20 世纪 90 年代初，我有幸陪同来吉考察的辽宁省文史馆名誉馆长杨仁恺一行。在短短一天的接触中，杨老睿智、亲切、和善、儒雅的学者风范令人难忘。

在杨仁恺的行程里，我们安排了一个他与吉林著名书法家的交流活动。午餐之后，大家谈书论画、吟古诵今。杨仁恺的诸多观点和丰富、独特、严谨的学识，令人钦佩。其间，不时有人拿来书画请杨仁恺鉴定或请他泼墨留念。尽管我也非常喜欢杨仁恺的行草书法，但考虑到杨老已高龄，没好意思启齿，每每想起总有几分遗憾。

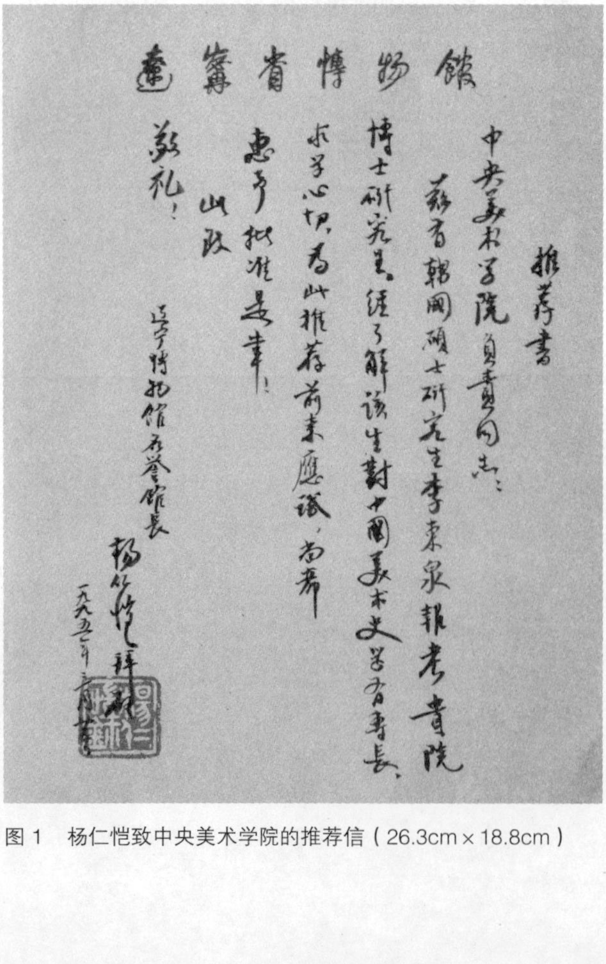

图 1　杨仁恺致中央美术学院的推荐信（26.3cm × 18.8cm）

图 1 是杨仁恺的一封推荐信：

推 荐 书

中央美术学院负责同志：

兹有韩国硕士研究生李东泉报考贵院博士研究生。经了解该生对中国美术史学有专长，求学心切，为此推荐前来应试，尚希惠予批准是幸！

此致

敬礼！

辽宁博物馆名誉馆长

杨仁恺 拜 启

一九九五年三月廿五日

杨仁恺是文博界泰斗，早在1984年即被聘为中央美术学院的客座教授、研究生导师，介绍学生去中央美术学院读博是极具权威的推荐。令人羡慕的是，被推荐者是一位韩国硕士，可见在举贤纳士方面，他是一视同仁而无国界之限的。杨仁恺所推荐的李东泉不负厚望，成了中央美院博士，学成归国后成为韩国汉城明知大学艺术鉴定系的知名教授。这是中韩文化交流的一段佳话。

图2是一封感谢和拜年的信，收件者是书画大师刘海粟的助手袁志煌：

志煌同志：

　　海老签名的文稿已经收到，为我所主编的图录增色，非常感谢！

　　春节将届，特向海老、夏先生阖府拜节，请为转致鄙忱是幸！

　　专此即颂

新春愉快！

仁恺　顿首

元月廿七日

信中感谢刘海粟的文稿为书增色，并请袁志煌转达对刘海粟及其夫人夏伊乔的新春祝福，充分体现了杨仁恺对刘海粟的敬重，谦谦儒者风度尽显无余。

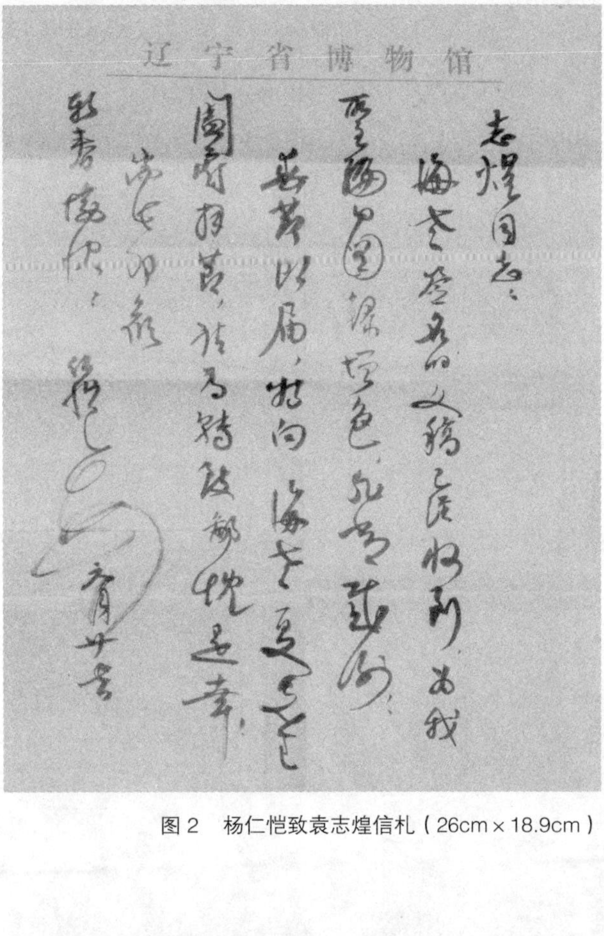
辽宁省博物馆

志煌同志：

海老签名文稿已经收到，为我所主编图录增色，非常感谢。

春节将届，特向海老、夏先生阖府拜节，请为转致鄙忱是幸。

专此即颂

新春愉快

仁恺　顿首

元月廿七日

图2　杨仁恺致袁志煌信札（26cm × 18.9cm）

杨仁恺自幼读私塾，少年酷爱书画，青年时在多所中学及专科学院执教，编辑《说文月刊》，并任《文物》杂志顾问。抗战期间，他移居重庆，与郭沫若、徐悲鸿、沈尹默、谢无量、张大千、黄宾虹、潘大寿、傅抱石等多有接触，耳濡目染、受益颇多。移居北平后，与文化、文物界名人张伯驹、陈半丁、邓拓等交流甚多。后经郭沫若推荐，转任东北局文化部研究员。从此，杨仁恺在东北、天津等地从事文博工作。他是新中国文博事业的开拓者，在文物收集方面的贡献之一就是负责末代皇帝溥仪散失的《故宫散失佚目》中的大量国宝的追缴与考证工作，并明察暗访追寻大量散失于海外的国宝，使其回归祖国。在文物鉴定方面，发现并鉴定了失踪多年的北宋张择端的《清明上河图》、《簪花仕女图》、《虢国夫人游春图》等国宝，影响深远，为中国文化事业的发展做出了重要贡献。杨仁恺与史树青、启功、徐邦达并称为“中国四大权威鉴定专家”。在学术研究方面，杨仁恺创立了鉴定学这门独立的学科，并出版了《国宝沉浮录——故宫散失佚目考》、《书画鉴定学稿》、《沐雨楼文集》、《聊斋志异原稿研究》等千万字的著述。他不屈服于权威，坚持自己的观点。在鉴定《簪花仕女图》年代时，与他的好朋友、同为鉴定权威的谢稚柳产生争执。谢稚柳认为，《簪花仕女图》并非周昉作品，也非唐人作品，而是五代南唐的作品。为此两人在报刊上展开多次交锋，论辩中表现出的互相尊重与严谨态度令人感动。《聊斋志异》手稿转到了杨仁恺手里后，他首先判断笔迹的真伪，再对内容进行分析，收集了很多相关资料及旁证，又用3个月的时间对25万字的半部书稿逐字逐句校勘。经过多方研究考证，他确认手稿是蒲松龄真迹，并交由东北图书馆珍藏。

杨仁恺（1915—2008），号遗民，笔名易木，斋名沐雨楼，四川岳池人。青年时在多所中学及专科学院执教，编辑《说文月刊》，并任《文物》杂志顾问。1945年任北平市政府技正。1950年转任东北局文化部研究员。后历任辽宁省博物馆副馆长、名誉馆长，中国古代书画七人鉴定小组成员，辽宁省文史馆名誉馆长，鲁迅美院、中国人民大学等多所大学的名誉教授、教授，辽宁省书协、美协名誉主席等职。被授予“人民鉴赏家”称号。

季羡林

（1911 – 2009）

学品犹在的大师

“学问铸成大地的风景……最难时也不丢掉良知。”这是季羡林获得 CCTV – 2006 年感动中国年度人物时，评选委员会给他的颁奖词中的两句话。其实，这也是季羡林非凡人生的缩写。

1911 年，季羡林出生于贫寒的农民家庭，6 岁便背井离乡投靠在济南的叔父求学。1930 年，考入清华大学西洋文学系，毕业后回中学母校省立济南高中任国文教员。后考取德国哥廷根大学研究生，从此“留德十年”学习梵文、巴利文、吐火罗文等，并获哲学博士学位。

季羡林留德期间正值第二次世界大战，战火硝烟、饥饿贫困、生命无保，但他仍专心治学，成为著名梵文学者瓦尔德米特教授的唯一听课者，终于在吐火罗文研究方面取得成果。

1946 年，季羡林回到祖国，被聘为北京大学教授，创建东方语系并任主任。新中国成立以后，他的学术研究和成果得到了党的重视，1956 年，他成为中国科学院哲学社会科学学部委员，并在印度研究方面取得了可喜成果，“文革”前，这方面的译著已有 10 部之多。

“文革”中，他被关进牛棚，受到批斗和折磨，在逆境中开始翻译巨著《罗摩衍那》，20 世纪 80 年代，这部 7 卷本的史诗出版。1978 年，季羡林出任北京大

图 1　季羡林《另一种回忆录》签名钤印本

学副校长，同时，也迎来了他学术研究的春天，其研究成果涉及语言文学、文化学、历史学、佛学和比较文学等诸多领域，仅 1996 年出版的《季羡林文集》就有 24 卷之巨，而在散文创作方面的成就更令一些专业作家望尘莫及，仅 1999 年出版的《季羡林散文全编》就有 4 卷之多。图 1 为季羡林著《另一种回忆录》的签名钤印本。

晚年的季羡林不居功于学界泰斗的虚名，而是担当起中华文化和国学文明的传承责任。图 2 是一通他致著名出版家、时任教育部高校司司长的季啸风的信札，从中可以了解到他在这方面的躬亲努力：

啸风同志：

我现在主编一个大型的丛书《神州文化集成》，其中包括中国文化的各个方面。我们认为书院这个形式的教育机构，在中国历史上起过重大作用，想写一本《中国书院文化》，最有资格担任这工作的，我认为，就是你领导下的那一批专家，他们是真正的专家。因此我想把这部书约你来写，至于你再找什么人，我们不干涉。

每一部书十万字左右。书写成后，立即拍成电视，向海内外发行，目的是弘扬中华文化。至于怎样写，有什么内容，请你酌定。

我想你不会拒绝的。

即祝

撰安

季羡林

1990.12.17

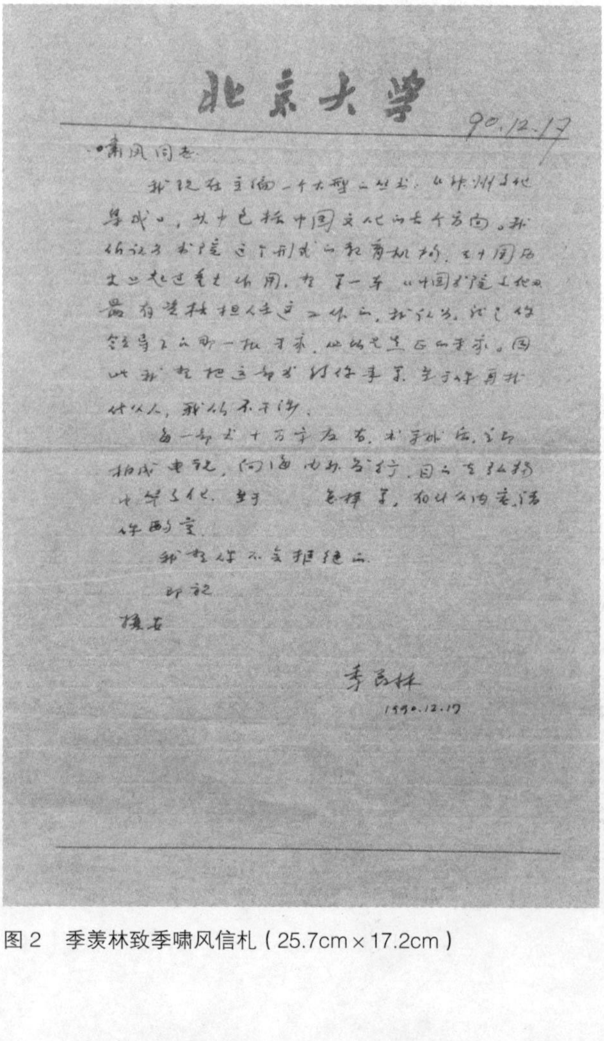

图 2 季羡林致季啸风信札（25.7cm×17.2cm）

这是一封约稿信，语言平实、亲切、实事求是，且大度宽容，诚恳中让你难以推辞或拒绝。这也是季羡林的人格魅力所在。在 20 世纪 50 年代末那场反右运动中，面对某些人再三让他揭批老师陈寅恪和前辈的劝说，季羡林始终保持沉默，没有出卖良知。即便对“文革”中打他折磨他、造谣污蔑他的人，也以德报怨，宽容他们。这也许与他多年来秉承佛教，以慈悲为怀的学养有关。

季羡林的佛学造诣极深，其墨迹也充满了禅意，因此为许多人神往。2008 年初，有朋友从台湾游览归来，为笔者带回一枚加盖了台北故宫邮戳的《古代佛像邮票首日封》，笔者十分珍爱，梦想着请季羡林先生签名留念。于是，请在北京的友人帮忙联系。没想到2008年春节刚过，就收到了友人寄来的季羡林先生的签名封（见（图3），真是大喜过望。

图3　季羡林签名封

就是在这一年的春节，温家宝总理第五次去医院看望季羡林，这也是一国总理与学界泰斗的交往佳话。

一段时间里，我常把这枚珍贵的签名首日封拿出来把赏。今天再次捧读它时，季先生已驾鹤西去。他以学品、人品铸成的英名和著述已成为东方文化的一道靓丽的风景。

季羡林（1911 — 2009），字希逋，又字齐奘，山东清平（今临清市）人。1930年考入清华大学西洋文学系。1935年考取德国格丁根大学研究生，获哲学博士学位。1946年回祖国，被聘为北京大学教授，创建东方语系并任主任。新中国成立后，当选中国科学院哲学社会科学学部委员。翻译有《罗摩衍那》等巨著。1978年起，任北京大学副校长等。

任继愈

（1916 — 2009）

诚信不欺，宠辱不惊

1959年的一天深夜，时任北京大学教授的任继愈接到了中南海的通知：中共中央主席毛泽东召见他。在毛泽东的那间大书房里，对哲学颇有研究的伟人毛泽东称赞这位43岁的北大教授是“凤毛麟角、人才难得”。毛泽东对任继愈说：你写的书我都看过。他还给任继愈一个任务：组建世界宗教研究所。正是为了完成毛泽东的这一嘱托，1964年，任继愈离开母校北京大学到中国科学院筹建中国第一所宗教研究机构——世界宗教研究所并担任所长，从此，他在钻研宗教学、培养宗教学人才方面甘于寂寞，不遗余力。他从不因主席的称赞和授命而自傲，而是几十年如一日，凌晨即起工作，即使在眼疾日重，右眼几近失明时，仍坚持不懈。

任继愈勤于治学，著作等身。他早年的著作4卷本《中国哲学史》已翻印十多次，是权威的大学哲学教材。仅他领导整理、编纂的《中华大藏经（汉文部分）》就有106册，1亿多字。他主持编纂的《中华大字典》有7亿多字。此外，他还主编了《宗教大辞典》、《佛教大辞典》等工具书、并发表了大量的文章。图1为任继愈著《墨子与墨家》签名钤印本。

图1　任继愈《墨子与墨家》签名钤印本

任继愈在学术上的最大贡献是坚持以科学无神论为思想基础，用唯物史观研究中国佛教，并提出了“儒教是教说”，主张还中国传统文化以本来面目。

任继愈出生在一个殷实的军官家庭。“继愈”这个名字是上学时老师给起的，取“继承韩愈”之意。1934年，他考入北京大学哲学系，1941年，于西南联大北大文科研究所研究生毕业。1942年起在北京大学哲学系任教长达22年。“文革”中，虽然几经波折后被送到河南信阳干校接受“教育”，但他从没有因此而放弃做学问的信念。从1987年起，任继愈担任国家图书馆馆长，开始领导有世界第二大图书馆之称的中国国家图书馆。虽然担任了行政职务，但他的治学、研究工作从没停止过，他组织领导了大规模的传统文化资料的整理工作。

图2是任继愈在甲申年（肖猴）与国家图书馆5位副馆长一起签名寄赠给时任中宣部副部长、广电总局局长徐光春的贺年卡，从贺卡签名可知，当时与任继愈一起领导着国家图书馆的还有：詹福瑞、张彦博、张雅芳、陈力、张晓星。

图2 任继愈等签名贺卡

任继愈是一位严谨的学者，他的老师熊十力评价他说：“诚信不欺，有古人之风”。图3是一通任继愈致《哲学研究》杂志编辑部的信札，从中可以读出任继愈的诚信品格：

哲学研究编辑部：

送来稿子两篇《略论魏晋玄学》和《略论孙中山的唯物主义自然观》。我下月初将出国访问，行前要处理许多杂务，还要集中学习，时间不够，只看了其中一篇，意见附上，供参考。另一篇来不及看了。原稿两篇随承附上。

此致

敬礼！

任继愈

1979.5.26

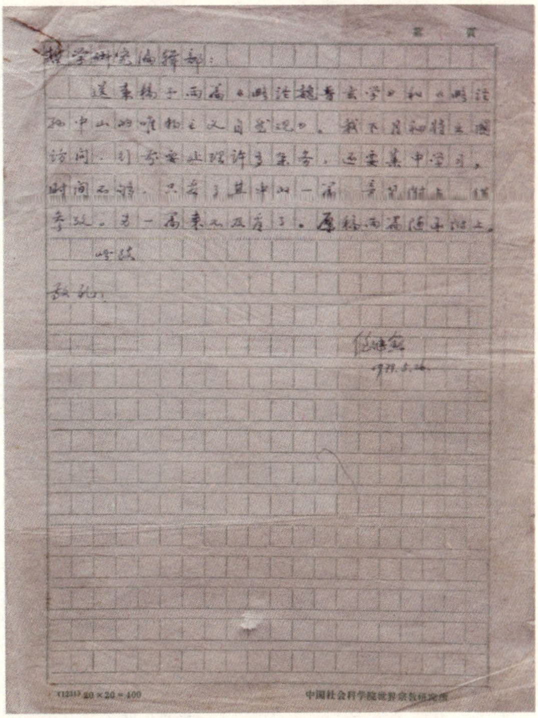
图3 任继愈致《哲学研究》杂志编辑部信札（26cm×9.2cm）

任继愈曾兼任《哲学研究》杂志的编委，审稿是他的工作，但由于准备出访，不能审阅编辑部送来的两篇文稿中的一篇，便写信说明原因，实事求是，不遮不掩。

任继愈始终牢记老师熊十力的勉励："做学问就要立志做第一流的学者，要像上战场一样，义无反顾，富贵利禄不能动其心，艰难挫折不能乱其气。"这是先师对学生宠辱不惊的境界要求。可以告慰自己老师的是：一代大师任继愈用他93年的人生之路实践了恩师对他的要求。

任继愈（1916－2009年），原名任又之，山东平原人。1934年，考入北京大学哲学系。1941年于西南联大北大文科研究所研究生毕业。1942年起在北京大学哲学系任教。1964年，负责筹建中国科学院世界宗教研究所并任所长。1987年后，任国家图书馆馆长等职。著有《中国哲学史》等。

丁聪

（1916 — 2009）

严肃的漫画大家

在许多人看来，丁聪是位以讽刺漫画见长的漫画家，其实，他更是一位严肃的漫画大家，即便是他画了众多的讽刺漫画，那也不过是在以讽刺之笔揭示社会严肃的问题，令人深思，发人深省，与众不同，其终极仍归于严肃。

下图是丁聪《我画·你写·他评》一书的手稿。其中，图1是文学巨匠巴金的漫画像，简洁的眼镜下是张严肃、宽厚、慈祥的笑脸，使人想起那位敢讲真话的作家。这幅漫画的落款是丁聪的别名：小丁。在漫画的左侧空白处是丁聪亲笔摘录的“你写·他评”手迹：

巴金：

自述：我写作一不是为了谋生，二不是为了出名，虽然我也要吃饭，但我到四十岁才结婚，一个人花不了多少钱，我写作是为了同敌人战斗。

冰心：巴金有点忧郁时，就是他最自然的时候。

曹禺：你是光，你是热，你是二十世纪的良心。

萧乾：他并不光号召人们讲真话，他自己掏心窝说了真话。

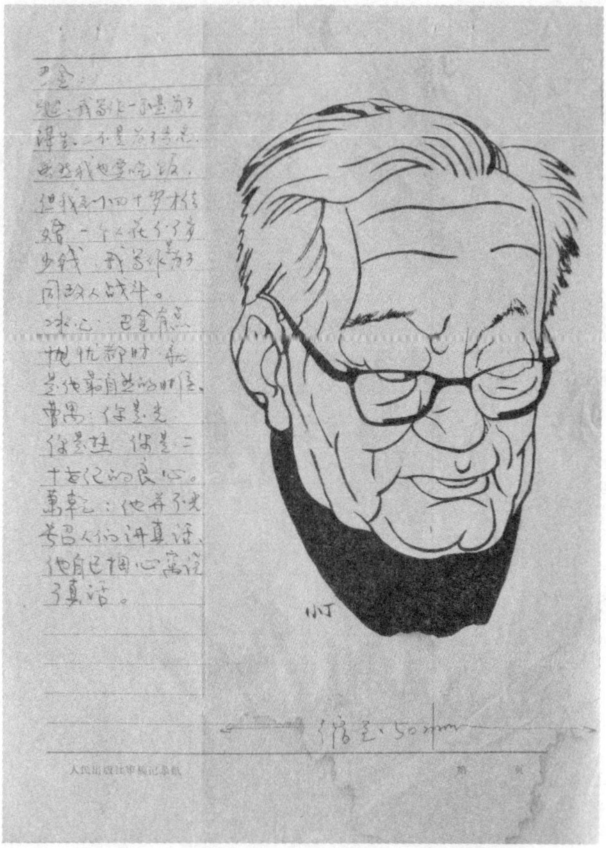

图1　丁聪《我画·你写·他评》中巴金漫画像手稿（26.7cm×19.3cm）

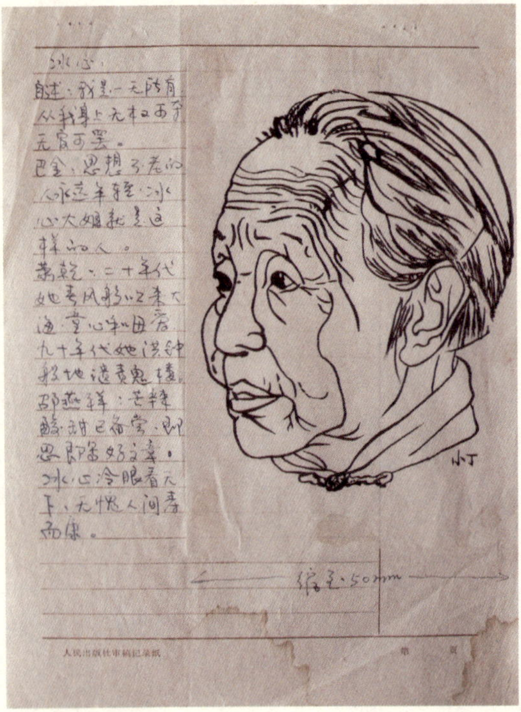

图 2 丁聪《我画・你写・他评》中冰心漫画像手稿（26.7cm × 19.3cm）

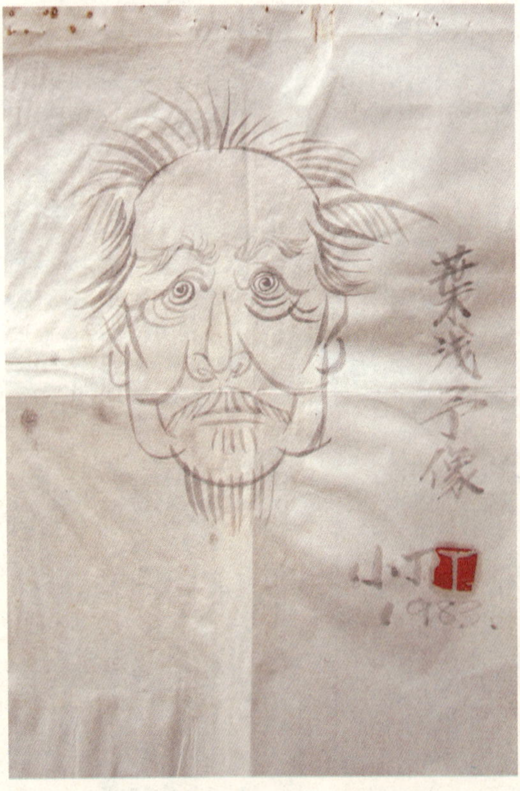

图 3 丁聪"叶浅予像"手稿（26.3cm × 188.8cm）

图 2 是文学大师冰心的漫画像，老人家沧桑的脸上流露着冷艳、深邃、安静之美，使人对这位心如玉壶一样纯洁的世纪母亲充满了敬畏，漫画的落款也是"小丁"。左侧同样是丁聪亲笔摘录文字的手迹：

冰心：

自述：我是一无所有，从我身上无权可夺，无官可罢。

巴金：思想不老的人永远年轻，冰心大姐就是这样的人。

萧乾：二十年代她春风般吹来大海、童心和母爱，九十年代她洪钟般地谴责鬼楼。

邵燕祥：苦辣酸甜已备尝，即思即写好文章。冰心冷眼看天下，无愧人间寿而康。

这两件手稿虽然都是人物头像漫画，但都突出了人物的特点，笔墨精练，有写真，但不苛刻；有夸张，但不过分，人物鲜明，画面传神。而且，无论是画面还是旁白都是严肃的，堪称丁聪严肃漫画的代表作。

丁聪的父亲丁悚是中国现代漫画的先驱之一，曾任上海美术专科学校教务长，是中国第一个漫画协会的组织者之一。受父亲和张光宇、叶浅予等漫画前辈的影响，丁聪开始创作漫画并到上海美专自学漫画。抗战爆发后，他到香港及西南后方画了许多抗战宣传画，后又发表了许多以"争民主"为题材的讽刺画。从 1979 年开始，《读书》开辟了丁聪漫画专栏。丁聪还出版了《鲁迅小说插图》、《丁聪插图》、《古趣集》等 30 多种集子，其著作还被译成英、法、德、日等文字。

丁聪的漫画大都是 16 开的，尺寸间将人物、事件等表现得淋漓尽致。图 3 是画在一张 16 开普通白纸上的画家叶浅予漫画像，将叶浅予特有的背发、弯弯的眉毛、圆大的眼睛和美丽的胡须以简洁、幽默的笔法表现出来，线条优美、结构简洁、画面明快，叶浅予漂亮的外表和浪漫的性格被丁聪夸张却很严肃地表现出来了，其独到之处非一般画家所能为之。

丁聪一生坎坷，年富力强、事业中天时被打成“右派”，严酷的政治环境几乎泯灭了漫画家的灵性，20多年的劳改、监管生活几乎改变了画家的习性，令他难能快乐和幽默，不得不以冷静和严肃来附世。这也决定了他晚年漫画的严肃风格，无论是鲁迅小说插图、老舍的《四世同堂》插图，还是《文人画家》等，都是严肃之作，这也将丁聪逐渐炼就成了严肃的漫画大家。正如吴冠中所说：丁聪另辟蹊径，漫画也一笔不苟，一本正经，严肃认真揭穿灵魂真相，……丁聪的严肃认真体现在他所有的各类作品中……

丁聪（1916—2009），别名小丁，上海市金山区枫泾镇人。早年在上海美专自学漫画，编辑《良友》、《大地》、《今日中国》等画报，创作了《阿Q正传插图》、《现象图》等。1945年在上海主编《清明》文艺杂志。新中国成立后，任《人民画报》副总编、中国美协理事、漫画艺术委员会主任等职。1957年被打成“右派”，下放农场劳动改造，后任《北大荒文艺》编辑。平反后，继续漫画创作。

王任重

（1917 — 1992）

“华北第一才子”

王任重生前深受毛泽东主席的赏识、器重，因为他是河北省景县王瞳人，所以，毛泽东主席称他是“华北第一才子”。他 32 岁任湖北省政府副主席，35 岁任武汉市委第一书记，37 岁任湖北省委第一书记，这在新中国成立后的中共高级干部中实不多见。他的家人曾问他这其中的缘由，王任重回答说：“大概是‘农家出身、师范学生、土生土长（的革命者）’这三点和毛泽东主席比较相似；更主要的是，毛泽东主席喜欢说实话、干实事、重调查、动脑筋的人。”（引自：王晓平著《忆慈父》）。左图是一通王任重在任国务院副总理兼国家农业委员会主任时，致国家农业委员会副主席李瑞山的信札，可以从一个侧面反映他说实话、干实事、动脑筋的特点：

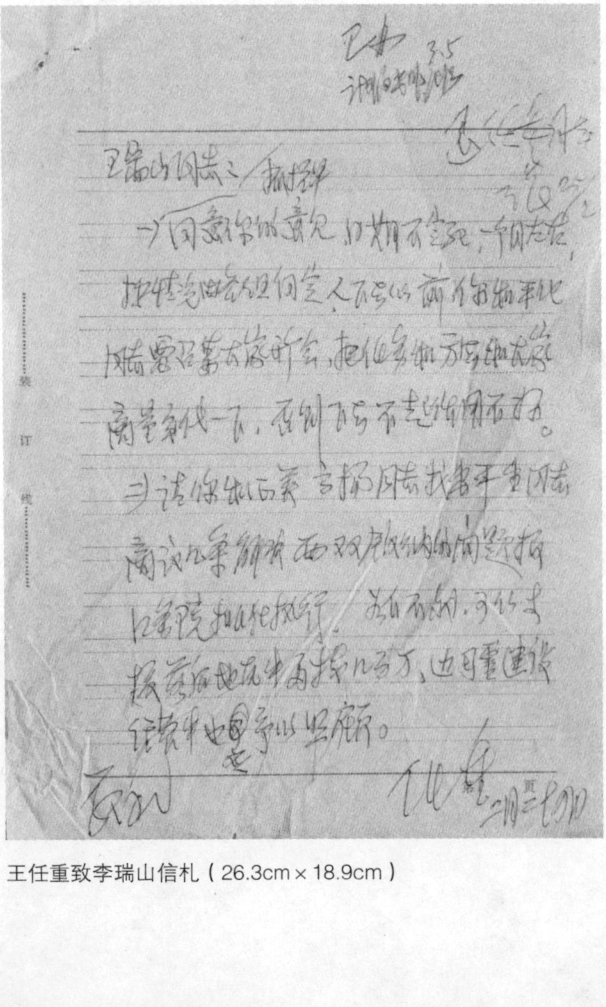

王任重致李瑞山信札（26.3cm × 18.9cm）

瑞山同志：

一）抓抗旱同意你的意见，日期不定死，一个月左右，按情况由各组自定，人下去以前你和平化同志要召集大家开个会，把任务和方法和大家商量交代一下，否则下去不起作用不好。

二）请你和正英高扬同志找安平生同志商议几条解决西双版纳的

问题报国务院批准执行，如若不然，可从支援落后地区中再拨几百万，边疆建设经费中也应予以照顾。

敬礼

任重

二月二十四日

王任重的这帧信札是一封部署工作的信函，他向李瑞山交代了两项工作，一是关于派工作组下去指导抗旱工作，二是解决西双版纳问题，思路清晰，任务明确具体，落实的方法切合实际。仿佛是在给下属安排任务，又好似在商量工作，但都实实在在、注重落实，很便于执行者操作。从中我们可以读出王任重的领导艺术和工作风格。信中提及的"平化同志"即时任国家农委副主任张平化、"正英"即时任水利部长钱正英、"高杨同志"即时任农垦部长高杨、"安平生同志"即时任云南省委书记安平生，都是与抗旱和西双版纳问题密切相关的省部级干部。

王任重是一位爱思考的领导人，他有一句名言："读书、谈心、想问题"。他在任国务院副总理期间主管农业工作，积极推进农村经济体制改革，鼓励发展个体经营，提倡农工商一体化。在他主管农业工作期间提出了走中国特色农业现代化道路的具体措施，他还主张要切实维护农民的利益。王任重曾在湖北、武汉工作十多年，对如何解决长江的洪涝灾害问题费尽心血，他于1954年指挥领导了武汉的抗洪抢险工作，并从此极力主张建设三峡水利工程，直到生命的最后阶段。

根据王任重的遗愿，他的骨灰撒进了三峡水库大坝的中堡岛岸旁的江流中……

王任重（1917—1992），出生于河北景县一农民家庭。在景县师范学校读书时加入地下党组织。1938年起任中共冀南地委宣传部长、区委副书记、行署主任。新中国成立后，任武汉市委第一书记、代市长、湖北省委第一书记。"文革"中遭迫害入狱。平反后历任山西省委第一书记、国务院副总理、中央书记处书记兼中央宣传部部长，全国人大副委员长、全国政协副主席。

吴运铎

（1917 — 1991）

中国的保尔·柯察金

吴运铎在战争年代的兵工厂为前线生产弹药时，多次负伤，失去了左眼、左手，右腿致残，身上留有几十块弹片，但他仍以顽强的毅力坚持工作在生产一线。1951年10月5日，《人民日报》发表专题报道《钢铁是这样炼成的——介绍中国的保尔·柯察金兵工功臣吴运铎》。从此，“吴运铎——中国的保尔·柯察金”家喻户晓。

吴运铎是新中国第一代工人作家，20世纪50年代出版的自传体小说《把一切献给党》先后印了1000万册，陶冶了几代人，离休后担任了许多学校的校外辅导员和一些刊物、群众团体的顾问，热心从事思想教育工作。图1是一通吴运铎致中国肢残人协会副主席、作家、中央人民广播电台“残疾人之友——孙大姐信箱”栏目特邀主持人孙恂的信札：

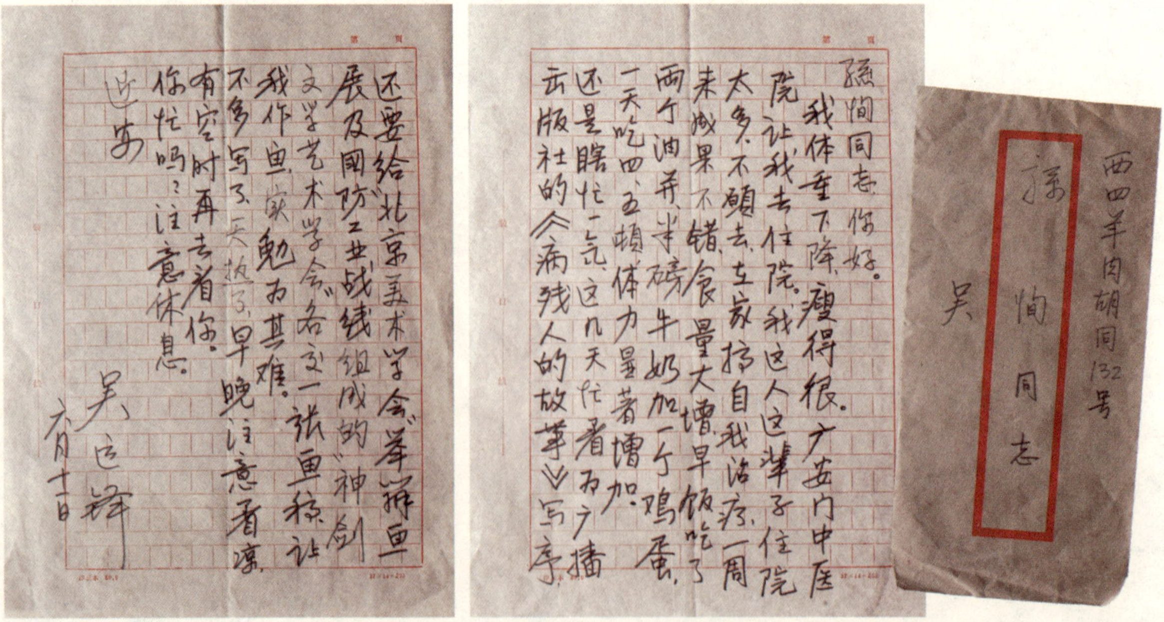

孙恂同志：你好。

我体重下降，瘦得很。广安门中医院让我去住院，我这人这辈子住院太多，不愿去，在家搞自我治疗，一周来效果不错，食量大增，早饭吃了两个油条，半磅牛奶加一个鸡蛋，一天吃四五顿，体力显著增加。还是瞎忙一气，这几天忙着为广播出版社的《病残人的故事》写序，还要给北京美术学会、举办画展及国防工业战线组成的“神剑”文学艺术学会，各写一张画稿，让我作画，实勉为其难。不多写了，天热了，早晚注意着凉，有空时再去看你。你忙吗？注意休息。

近安

吴运铎

六月十日

西四羊肉胡同132号

孙恂同志

吴

图1　吴运铎致孙恂信札（26.4cm × 19cm × 2）及送达封

孙恂同志，你好。

我体重下降，瘦得很。广安门中医院让我去住院。我这人这辈子住院太多，不愿去，在家搞自我治疗，一周来成果不错，食量大增，早饭吃了两个油并（饼）半磅牛奶加一个鸡蛋，一天吃四、五顿，体力显著增加。

还是瞎忙一气，这几天忙着为广播出版社的《病残人的故事》写序，还要给“北京美术学会”举办画展及国防工业战线组成的“神剑文学艺术学会”各交一张画稿，让我作画，实勉为其难。

不多写了，天热了，早晚注意着凉，有空时再去看你。

你忙吗？注意休息。

近安

吴运铎

六月十一日

从信纸上印有“津三本 80.6”字样判断，这封信是 20 世纪 80 年代后写的，那时的吴运铎已经 60 多岁了，信中我们可以读出，与病魔作斗争的他仍然在工作着，写书序、作画……而且对残疾人朋友充满了友爱和关心：“早晚注意着凉，有空时再去看你”、“注意休息……”我想孙恂在读这封信时会与我们一样：很亲切，很感动。

吴运铎是新中国兵工事业的开拓者，他是新四军第一支步枪的制造者，第一发子弹的制造者和枪榴弹的制造者，他还发明了专打砖石炮楼的平射炮，在对日军作战中发挥了重要作用。1947 年，中国共产党独立创建的第一个兵工厂在大连秘密成立，吴运铎被任命为引信厂长。为了取得炮弹引信的数据，他多次冒死实验。他领导的引信厂自制成功的八八式引信为制造解放战争所需的炮弹起到了至关重要的作用。他曾三次负伤，第一次是为了修复前方急需的炮弹，被炸掉了四个半指头、炸瞎了左眼，身上布满了弹片，昏迷了 15 天才苏醒过来；第二次负伤是研制枪榴弹时，枪管爆炸，膝盖骨被炸掉；第三次负伤是在大连引信厂试验时，被突然爆炸的炮弹炸断了左手腕、右腿膝盖骨被炸劈……三次负伤的吴运铎身上共留下伤口 100 余处。

1949 年冬，组织上送吴运铎去苏联治疗，在苏联，他的事迹感动了无数人，《钢铁是怎样炼成的》作者奥斯特洛夫斯基的夫人听到了吴运铎的事迹后，专程去医院看望了他，苏联政府还在莫斯科高尔基大街 14 号建立了“中国保尔纪念馆”，表达对吴运铎的崇高敬意。

吴运铎的事迹感动过中国几代人，雷锋以及中国残疾人协会的两任主席邓朴方、张海迪等就是深受吴运铎事迹的感染而成为楷模和强者的。吴运铎经常以在报刊上发表文章或公开发表与青年朋友的通信等方式与青年交流，1983 年，工人出版社出版了《人生絮语》一书，收集了他发表的 30 多篇文章。图 2 便是这本书的签名本，在书的扉页上吴运铎用钢笔竖书：

图 2　吴运铎《人生絮语》签名本

𡩋坚同志指正
吴运铎
一九八三年十月二十五日

在庆祝共和国建立60周年前夕，中宣部等11个部门评选“100位为新中国成立作出突出贡献的英雄模范人物”，吴运铎以高票入选。

吴运铎（1917－1991），祖籍湖北武汉，生于江西萍乡。早年在安源煤矿、湖北大冶源华煤矿当工人。抗日战争爆发后参加新四军，先后任修械所车间主任、淮南抗日根据地子弹厂厂长、军工部副部长、华中军工处炮弹厂厂长、大连联合兵工企业引信厂厂长、株洲兵工厂厂长。新中国成立后，历任中南兵工局副局长、机械科学研究院副总工程师、五机部科学研究院副院长等。

吴祖光

（1917 – 2003）

著名的剧作家，严谨的学者

人民文学出版社编辑的《新文学史料》于1978年创刊，创刊号上刊登的文章都是中国文坛大家的力作，茅盾、楼适夷、萧乾、杨沫等赫然在列，吴祖光的《话说〈沁园春·雪〉》一文也在其中，写的是他1945年在重庆担任《新民报晚刊》副刊“西方夜谭”编辑时，首先发表毛泽东主席词《沁园春·雪》的回忆。图1是一通吴祖光致《新文学史料》编辑组的信札，谈的就是有关《话说〈沁园春·雪〉》一文注释的事：

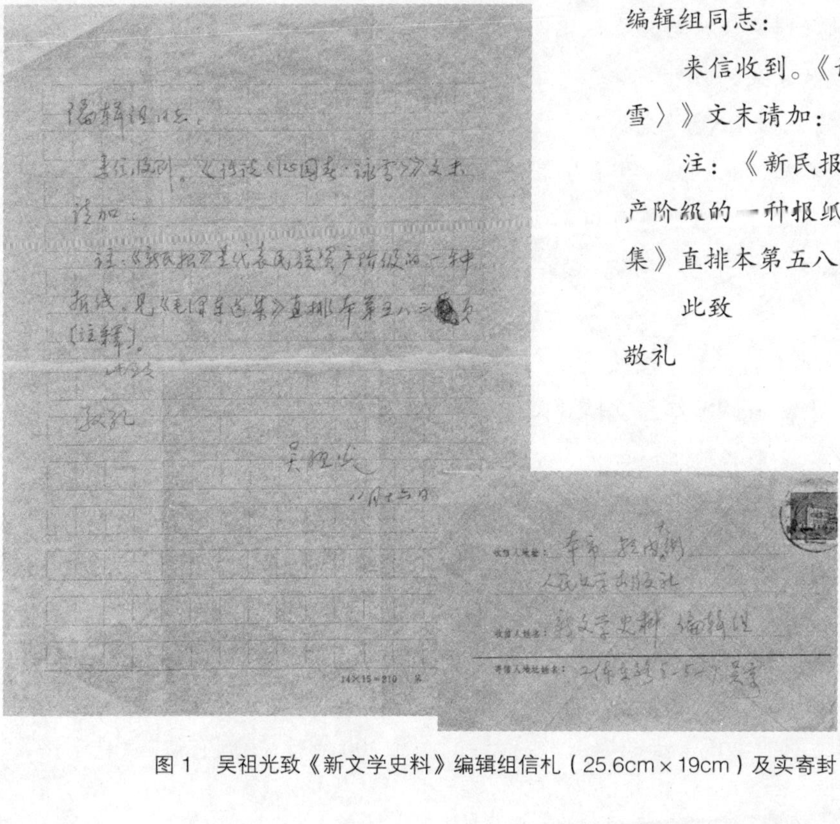

编辑组同志：

来信收到。《话说〈沁园春·咏雪〉》文末请加：

注：《新民报》是代表民族资产阶级的一种报纸。见《毛泽东选集》直排本第五八三页〔注释〕。

此致

敬礼

吴祖光

11月十六日

图1　吴祖光致《新文学史料》编辑组信札（25.6cm × 19cm）及实寄封

该信的文字不多，但言简意赅，明确说明了要在文章里加注的内容，而且提供了加注内容的出处是《毛泽东选集》，其可信性几乎不容置疑，俨俨学者风格足见一斑。吴祖光信中所写内容被编辑采用，刊印在《新文学史料》创刊号（1978.1）《话说〈沁园春·雪〉》一文中。

吴祖光早年曾在重庆和上海做了两年报纸副刊编辑。1945 年抗战胜利后，蒋介石迫于各方的压力，三次电邀毛泽东主席到重庆进行和谈。毛泽东毅然率周恩来、王若飞飞赴重庆与蒋进行了 43 天的谈判，签订了著名的“双十协定”。毛泽东在重庆期间会见各界名流，与各界人士交换意见，也与文人墨客有诗词唱和，其中就有与诗人柳亚子“咏雪”的“和词”，一时传为佳话。由于毛泽东身处重庆那个特殊的环境，而且他本人不愿意让别人知道他能写旧体诗词，他认为旧体诗词太重格律，束缚人的性灵，不宜提倡。当柳亚子要求《新华日报》把他的和词与毛泽东原词一并发表时，《新华日报》碍于毛泽东的想法只发表了柳亚子的《和毛润之先生咏雪词》，而此时，身为《新民报晚刊》副刊编辑的吴祖光得到了传抄的毛泽东《沁园春·雪》的大部分词文，即被深深打动，他难以抑制激动的心情，只有一个想法：“只有这一个人才能写出这一首词”。于是他跑了许多地方，最后将三个传抄本凑起来，终于得到了完整的《沁园春·雪》，并不顾友人的劝说，在 1945 年 11 月 14 日《新民报晚刊》第二版副刊“西方夜谭”上发表，标题是《毛词·沁园春》：

北国风光，千里冰封，万里雪飘。
望长城内外，惟馀莽莽；大河上下，顿失滔滔。
山舞银蛇，原驰蜡象，欲与天公试比高。
须晴日，看红妆素裹，分外妖娆。
江山如此多娇，引无数英雄竞折腰。
惜秦皇汉武，略输文采；唐宗宋祖，稍逊风骚。
一代天骄，成吉思汗，只识弯弓射大雕。
俱往矣，数风流人物，还看今朝。

吴祖光在发表该词时还加写了一段按语：“毛润之先生能诗词，似鲜为人知。客有抄得其《沁园春·雪》一词者，风调独绝，文情并茂。而气魄之大乃不可及。据毛氏自称，则游戏之作，殊不足为青年法，尤不足外人道也。”

毛泽东《沁园春·雪》的发表，轰动了重庆，包括国民党《中央日报》在内的重庆十多家报纸连续发表了对“咏雪”词的步韵唱和之作，尽管各报的声音不同，但毛泽东不仅是政治家、军事家，而且还是文学家、诗人的美名迅速传遍了全国。

新中国成立后，吴祖光主要从事戏曲的创作、研究和舞台艺术电影的拍摄工作，尤其是《梅兰芳的舞台艺术》一片，使梅兰芳、俞振飞、言慧珠等著名艺术家留下了宝贵的音像艺术资料。

吴祖光以剧作名世，但他也长于诗词创作，现存诗词作品 200 余首，出版有诗集《枕下诗》。

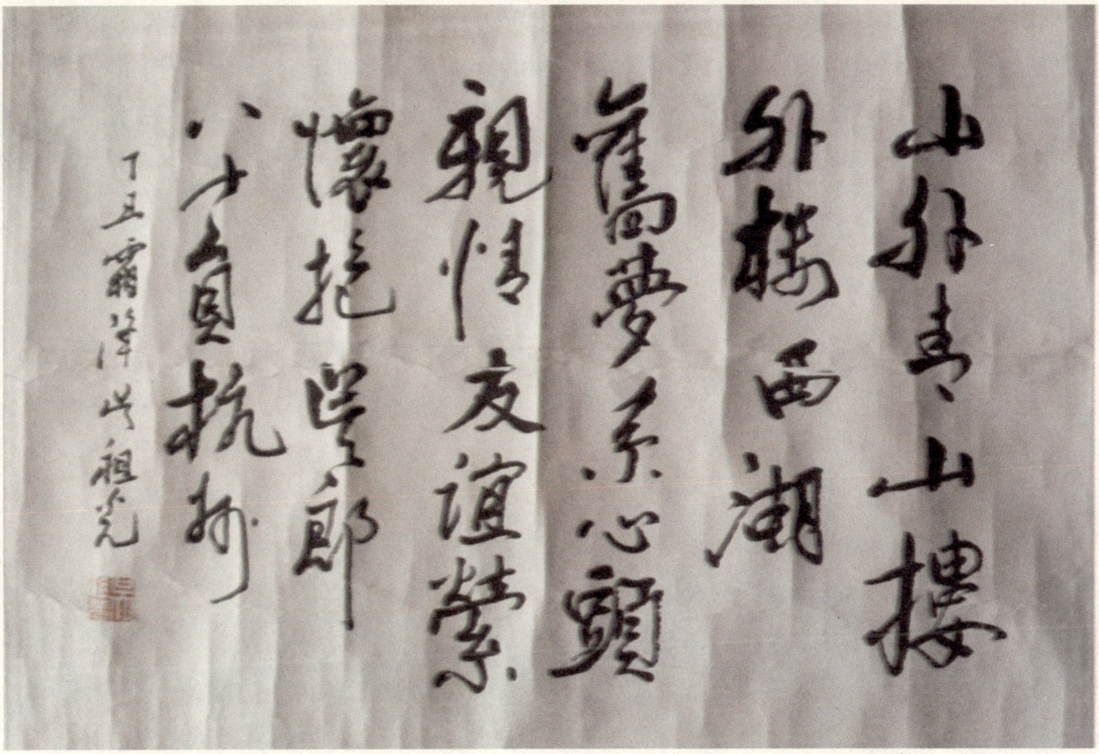

图 2　吴祖光手书自作诗横幅（48cm × 38cm）

吴祖光还是书法家，幼年受其父影响，后拜沈尹默为师，从学王羲之、欧阳询入手，其体式取宋明各大书家真髓，创造了洒脱、劲健的吴氏书风。他在书法上修炼了几十年，临摹古人而不拘泥于古人，加之他极高的文学、戏剧等艺术修养与书法精神相融汇，形成了自成一体，幽俊、飘逸、沉雄、大度的书法风格，是典型的文人书法家。图 2 便是吴祖光的书法横幅：

山外青山楼外楼，西湖旧梦系心头。

亲情友谊萦怀抱，吴郎八十负杭州。

丁丑霜降　吴祖光

这首诗曾被吴祖光用在他 1997 年出版的《游戏人间》一书自序“情系杭州”的结尾，此后他就再无诗作发表，可以说，这是诗人吴祖光的谢幕之作，而这幅书法作品又是吴祖光手书的自作诗，其珍贵之处不必言表。

吴祖光性格开朗，乐于交友、助人，齐白石、郭沫若、阳翰笙、茅盾、赵丹、洪深、老舍、梅兰芳、黄苗子、郁风等都是他的好友。当别人有困难时，他都会伸出援手积极帮助，“文革”后，政界失意的钱浩亮出狱后找到吴祖光，请他帮忙安排工作，吴祖光即替钱向上反映，使他被安排到河南戏校工作。

吴祖光还是一位公认的好丈夫，1951 年，他娶评剧演员新凤霞为妻，逐步把新凤霞这位出身贫寒、20多岁还是文盲的女演员引导、培养成了著名表演艺术家、画家和作家。他们风雨同舟，共同经历了“反右”、“文革”的浩劫和苦难，共同携手走过了40多年的人生历程，他们不离不弃的恩爱故事被新凤霞记载在洋洋18万字的《我和祖光四十年》一书里，这本书里记述的故事感动了许多人。

吴祖光（1917—2003），原籍江苏武进，出生于北京一个官僚家庭。中法大学文科肄业，任南京国立戏剧专科学校讲师，重庆中央青年剧社、中央剧艺社编导，《新民报》编辑、《清明》杂志主编，香港大中华影片公司、香港永华影业公司导演。新中国成立后，任中央电影局、北京电影制片厂导演，执导了《梅兰芳舞台艺术》、《洛神》和《荒山泪》等影片。“反右”中被错划成右派，“文革”中受到迫害。平反后任牡丹江文工团编导，中国戏曲学校、中国戏曲研究院北京京剧院编剧，中国戏剧家协会副主席。创作有《正气歌》、《风雪夜归人》、《牛郎织女》、《林冲夜奔》、《三打陶三春》、《三关排宴》、《闯江湖》等剧作，出版有《吴祖光戏剧选》、《风雪集》、《海棠集》，散文集《艺术的花朵》等。

张仃

（1917 — 2010）

当代美术大师

张仃自幼热爱绘画，1933 年到北平进入张恨水任校长的北华美术专科学校并开始美术创作，先中国画、后漫画。抗战爆发后加入漫画宣传队，创作了大量的抗日漫画，并成为“全国漫画界抗敌协会战时工作委员会”成员之一。张仃 21 岁到延安，经毛泽东主席特批，在鲁迅艺校学院美术系任教，后随军北上到哈尔滨并主持召开年画座谈会，推动东北新年画运动。奉命入关后，成为“中华全国美术工作者协会”成员之一，设计全国政协会徽，负责开国大典会场美术设计，设计改造怀仁堂、勤政殿以及设计新中国第一批纪念邮票。作为五人（另四人为胡一川、王朝闻、罗工柳、王式廓）接管小组成员之一接管旧国立北平艺专。1950 年参与创办中央美术学院，任实用美术系主任、教授，领导国徽设计小组并参与国徽设计。后出任中央工艺美术学院副院长、主持创建壁画专业，他参与了建国十周年十大建筑工程，“文革”中受冲击，被下放农场劳动改造，在劳改中坚持水墨写生和焦墨写生。1978 年，复任中央工艺美院第一副院长、教授，后担任动画片《哪吒闹海》美术总设计，主持首都国际机场大型壁画群设计，创作壁画《哪吒闹海》。中央工艺美术学院并入清华大学后，张仃欣然复出，担任美术系第一工作室博士生导师。2005 年，“张仃艺术成就展”在中国美术馆举行，《张仃画室》（13 卷）及《它山画语》出版。

图 1 是张仃亲笔填写的中国画研究院《画家简历表》。普通的 16 开油印表格上，写下了籍贯、年龄、

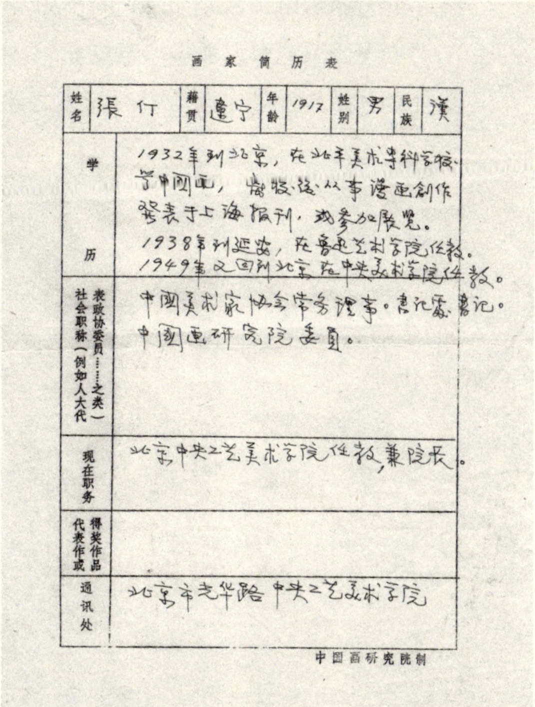

画家简历表

姓名	張仃	籍贯	遼宁	年龄	1917	姓别	男	民族	漢
学历	1932年到北京，在北平美术专科学校学中国画，离校后从事漫画创作发表于上海报刊，或参加展览。1938年到延安，在鲁迅艺术学院任教。1949年又回到北京在中央美术学院任教。								
社会职称（例如人大代表政协委员……之类）	中国美术家协会常务理事。书记处书记。中国画研究院委员。								
现在职务	北京中央工艺美术学院任教，兼院长。								
代表作或得奖作品									
通讯处	北京市光华路中央工艺美术学院								

中国画研究院制

图 1　张仃填写的《画家简历表》（26.3cm × 19.3cm）

学历、社会职称、现任职务和通讯处等内容，从现任职务栏所填写的“北京中央工艺美术学院任教兼院长”上判断，此表填写于1981年后，因为张仃于1981年开始任中央工艺美院院长一职，是当时中国最权威的艺术院校的掌门人，而该表的“代表作或得奖作品”一栏却是空白。也许是清高，也可能是谦虚，因为他的“代表作”可谓尽人皆知：开国大典的美术设计者之一、中华人民共和国国徽的设计参与者之一、新中国第一批纪念邮票的设计者……每一个作品都可谓是一个时代的标志，这些“代表作”写在每一位中国人的心中，真的无须在表格中填写，更无须用文字表白。

图2是张仃《它山画语》签名钤印本。在扉页上，有他的毛笔行书“张仃 丁亥春”，并钤白文“张仃”印章，彼时的张仃已八十高龄，但笔力苍劲、自如，配以朱红印章，令签名钤印本精美之至。《它山画语》是张仃对艺术人生的总结和感悟，作为在漫画、年画、宣传画、壁画、中国画、书法、艺术设计、艺术教育与美术史论等领域颇有独特建树的艺术大家，从事艺术创作70多年后才整理出自己的艺术语录，而且全书字数不过二万多字，可谓大音稀声。正如张仃在“自序”中所说：“作为一个艺术劳动者，我并不热衷谈论艺术，尤其自己的艺术。我以为，一个艺术家，总是凭自己的作品说话，艺术上过不去，说的再好也没用。夸夸其谈，反而妨碍对艺术的认识。”

张仃是中国传统艺术的守望者，他说：“我宁可欣赏一块民间的印花布，而不喜爱团龙五彩锦绣”。他是中国当代装饰漫画的创始人之一、中国当代装饰绘画的开拓者之一和中国当代壁画运动的主要领导人。他注重从中国民间艺术中汲取营养，同时，也因早年受恩师张光宇的艺术影响，特别是20世纪50年代，在考察了意大利等欧洲国家的古典艺术并在巴黎与西方现代派艺术大师毕加索见面后，张仃成为国内唯一一位个人藏有毕加索真迹的艺术家，也使他开始走上了中西合璧的探索之路。张仃对毕加索推崇备至，他说：“嘲笑毕加索不懂绘画，好比精于加减乘除的人，认为爱因斯坦与数学无关。”他在临摹了大量的毕加索作品之后，在宣纸上用毛笔创作出了许多洋溢着西方印象派色彩与诗意盎然的东方艺术有机结合的绘画作品，奠定了他“中国毕加索”的艺术地位。然而，使张仃登上艺术顶峰的则是他的焦墨山水画和书法艺术。

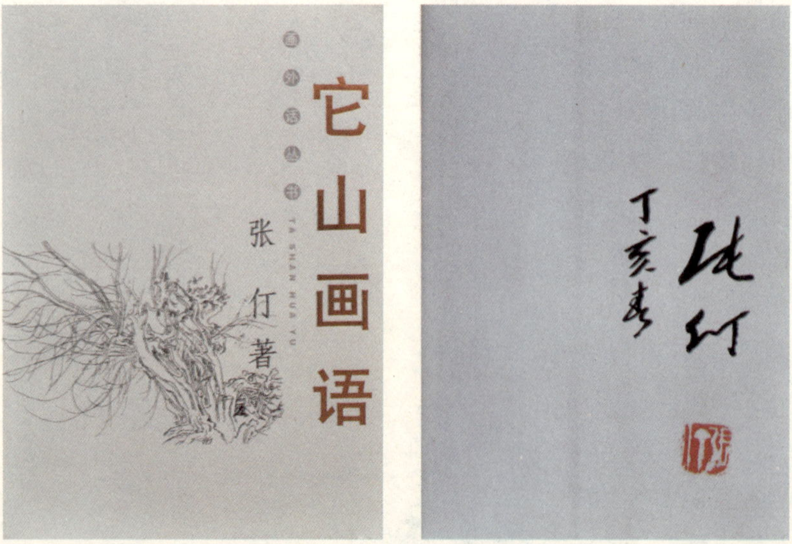

图2　张仃《它山画语》签名钤印本

张仃的焦墨山水源于他1954年从荣宝斋购藏到的

《黄宾虹焦墨写生山水册页》，从此开始了长达半个多世纪的焦墨写生，先后创作出了《房山十渡焦墨写生》、《兴坪渔家》、《巨木赞》、《孟母林》等，形成了他独特的焦墨艺术体系。2009年，故宫博物院收藏了他10幅焦墨山水精品。在焦墨山水的创作过程中，张仃严守中国画的笔墨底线，他曾说：我宁可看八大山人的几根线，也不愿看郎世宁画得那么圆满。20世纪90年代，他直言批评吴冠中的那篇著名长文《守住中国画的底线》，至今影响着中国画坛的争鸣。

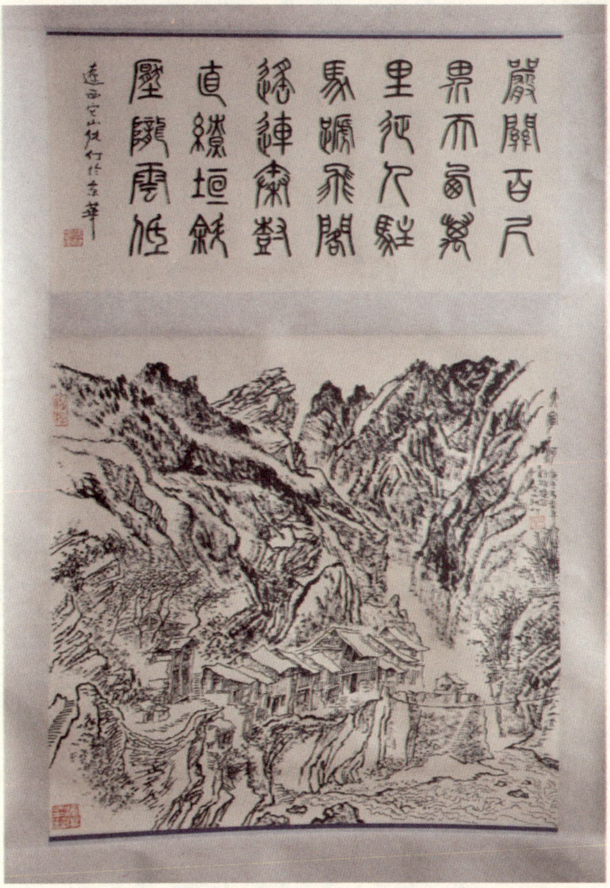

图3　张仃焦墨山水画《大宁河》画心（109cm×60.5cm）

图3是张仃的焦墨山水画《大宁河》，这幅作于1990年的画作是他去有“巫山小三峡”之称的大宁河下游龙门峡、巴雾峡、滴翠峡写生归来后，凭记忆创作的，画面上峻岭奇峰下大江奔流，悬崖峭壁之上一根缆绳横亘两山，沟通彼岸，树林之中小路崎岖，山脚下坐落着几户人家。其焦墨运笔纵横涂抹，近看山峰悬崖似乎一团漆黑，退几步观，山峰、树林、屋舍、流水，玲珑剔透，处处见笔、笔笔有情，气象万千，仿佛使人又看到了黄宾虹焦墨山水黑密厚重的气韵和法度；也让人想起石涛所说的“黑团团里墨团团，黑墨团中天地宽”的境界。此幅画作的锦上添花之处是张仃的篆书诗堂，题的是清朝民族英雄林则徐的《出嘉峪关感赋》诗的前四句：

严关百尺界天西，
万里征人驻马蹄。
飞阁遥连秦树直，
缭垣斜压陇云低。

此外，书画上钤白文“张仃书画”、朱文“它山”、朱文“神游”和白文“浑厚华滋”四枚印章，诗、书、画、印浑然一体，堪称张仃的书画妙品。

张仃的书法艺术在他的晚年进入了化境，尤其是篆书，凝聚了他的阅历、修养和功力，他用绘画的方法写字，骨力深透纸背，用笔如锥画沙，书法上溯甲骨钟鼎，有秦大篆的严谨浑厚、

图 4　张仃巨幅篆书《说文篆法皕韵歌》（363cm×144cm）

汉魏碑的典雅端庄，气魄伟壮、笔笔如凿，拙朴率真，犹如邓石如、齐白石、黄宾虹书法精髓再现。图 4 是另一件张仃的墨迹，是长 363 厘米、宽 144 厘米，约 48 平方尺的巨幅篆书《说文篆法皕韵歌》（节选），正文 11 行 44 字：

奉奏舂秦泰，篆来首不倖。
方言交永主，文市都不犹。
并兼殊前首，美益异弇酋。
（全異）糞身翼，（亦）差首殊羞。
夾非来字。
落款：它山张仃于中央工艺美术学院

这里需要指出的是，可能因为记忆方面的原因，此作品的第 8 行和第 9 行的个别字在书写顺序上与《说文篆法皕韵歌》原文有些出入（见括号内的 3 个字），但这只是白玉微暇而已。整幅作品充分体现了张仃喜欢用大纸创作、喜欢巨制的艺术风格，堪称其篆书精品。

晚年的张仃因年龄原因不出去写生，也就不画画了，主要是写字，看鲁迅和毕加索的书。2006 年，清华大学美术学院设立“张仃励学金”，张仃捐赠 60 万元奖励优秀生并扶助贫困学生，2010 年 1 月，“清华大学张仃艺术研究中心”成立。张仃逝世后，按照他生前的愿望，不举行遗体告别仪式。

大象无形，他留给当代中国艺术界的思想和作品，无疑是最美的……

张仃（1917—2010），号它山，辽宁北镇（今北宁市）人。1933

年到北平进入张恨水任校长的北华美术专科学校并开始美术创作。抗战爆发后成为“全国漫画界抗敌协会战时工作委员会”成员之一。1938年投奔延安，在鲁迅艺校学院美术系任教，后任鲁迅研究会艺术顾问、联防军政治部宣传部美术组组长。1945年任《东北画报》社总编辑。1949年成为“中华全国美术工作者协会”成员之一。1950年参与创办中央美术学院。1957年任中央工艺美术学院副院长。1959年在中央工艺美院主持创建壁画专业。1960年当选中国美术家协会第二届理事会常务理事、书记处书记。1978年复任中央工艺美院第一副院长、教授。1981年任中央工艺美术学院院长，当选中国工艺美术学会副理事长。

石鲁

（1919 — 1982）

以书抒情的“长安画派”创始人

著名作家贾平凹曾说：“在陕西，有两个人会长久，那就是石鲁和路遥。”

石鲁因敬慕清初画家石涛和现代作家鲁迅，而把自己的号称为“石鲁”。投身革命后他奔赴延安，开始从事美术创作，革命圣地、黄土高原、陕北风情给了他无尽的灵感和素材，使他创作出了《打倒封建》等一批版画和《侦察》等国画。新中国成立后，他提出了“一手伸向生活、一手伸向传统”的创作原则，并于 1959 年，在北京创作了巨幅国画《转战陕北》，从而奠定了他在中国画坛的地位。

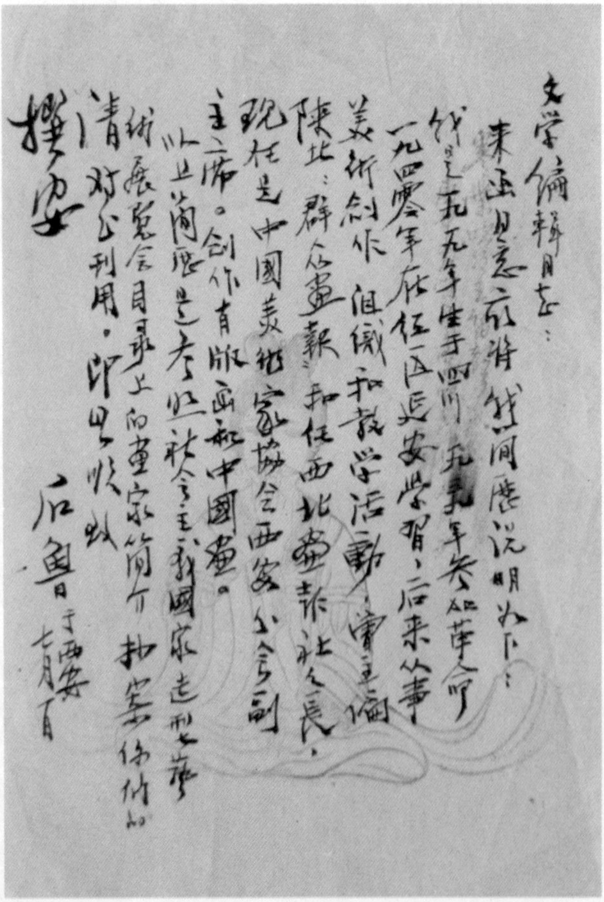
文学编辑同志：
来函具悉，前将我的简历说明如下：
我是一九一九年生于四川，一九三九年参加革命，
一九四零年在延安学习，后来从事
美术创作、组织和教学活动，曾主编
陕北《群众画报》和任西北画报社社长。
现在是中国美术家协会西安分会副
主席。创作有版画和中国画。
以上简历是参加社会主义国家造型艺
术展览会目录上的画家简介和案作如
请对照利用。即此收此
撰安
石鲁 七月十日 于西安

图 1　石鲁致文学编辑简历（23.1cm × 15.1cm）

石鲁“野、怪、乱、黑”的绘画风格犹如威力巨大的“热带风暴”，强烈地冲击着读者的视觉器官，给人以巨大的震撼，是对传统中国画的挑战。石鲁虽以画名世，但其书法也同样引人注目。他的书法之源是颜体和魏碑，厚重是其基本风格，而他“瘦金体”书法所表现出的刚硬和浪漫则彰显了画家书法的特征，这些特点在图 1、图 2 两通信札中体现得较为突出。“我文写我心，我书抒我情”正是石鲁借书法表达心声的真实写照。两通信札中，图 1 是他写给文学编辑的简历：

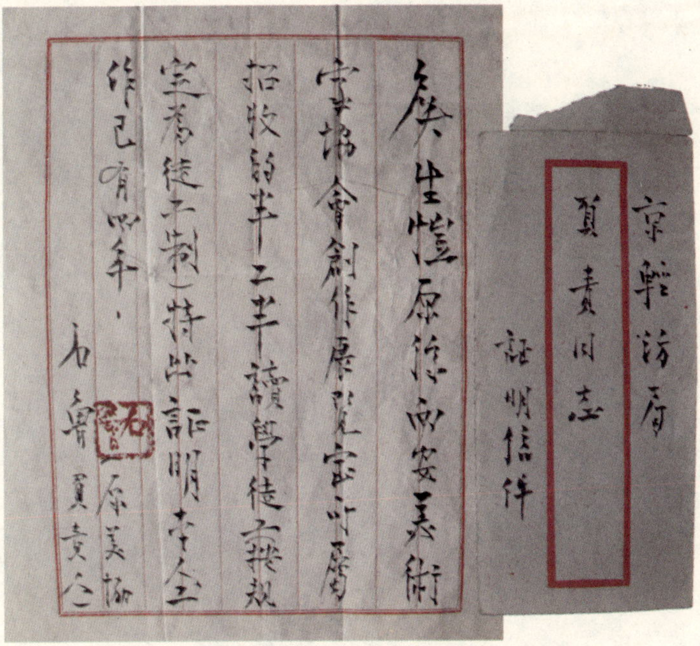

图 2 石鲁开具的证明信（26.5cm × 18.9cm）及送达封

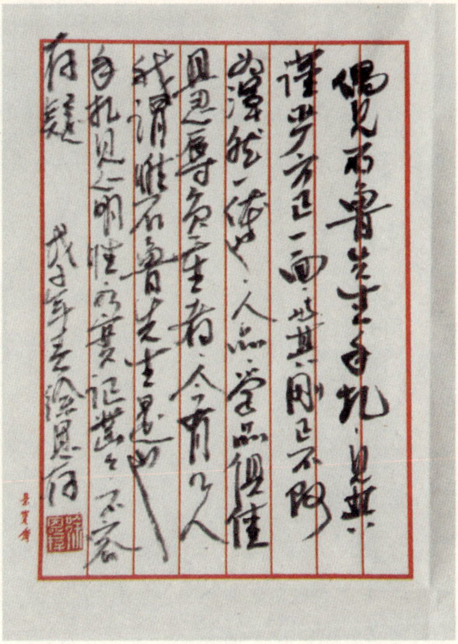

图 3 徐恩存题跋

文学编辑同志：

来函同意。兹将我的简历说明如下：我是一九一九年生于四川，一九三九年参加革命。一九四零年在红区延安学习，后来从事美术创作、组织和教学活动，曾主编陕北《群众画报》和任西北画报社社长，现在是中国美术家协会西安分会副主席。创作有版画和中国画。

以上简历是参照社会主义国家造型艺术展览会目录上的画家简介抄寄你们的，请对正刊用。

即此顺致

撰安

石鲁于西安七月一日

图 2 是石鲁为别人开具的证明信：

侯生恺原系西安美术家协会创作展览室所属招收的半工半读学徒工（按规定为徒工制），特此证明，本人工作已有四年。

石鲁（原美协负责人）

这两通信札一通是写自己的，另一通则是为别人写的，从字体的演变看，年代跨度较大，但两通手札的内容朴素无华，表里如一。

评论家、画家、《中国美术》主编徐恩存看了石鲁的手札后题跋（见图3）：

偶见石鲁先生手札，见其谨严方正一面与其刚正不阿为浑然一体也。人品学品俱佳，且忍辱负重者今有几人，我谓惟石鲁先生是也。手札见心明性，乃实证凿凿，不容存疑。

戊子年春 徐恩存

新中国成立后，石鲁与同在西安定居的赵望云不断深入生活，研究中国画笔墨，创作出了《拓荒者》、《疲劳》等一批既有传统又有新意的国画。1961年10月，赵望云、石鲁、何海霞、方济众、康师尧、李梓盛在北京等地进行了一次名为“国画习作展”的巡回展览，6位画家以表现黄土高原质朴倔强为特征的山水画和淳朴、勤劳陕北人形象的人物画，既有传统又有创新，在中国画坛引起了巨大轰动，被称为“长安画派”。后经黄胄、刘文西、王西京等一大批画家的传承与发展，使之成为与海上画派、岭南画派、金陵画派、京津画派齐名的中国五大画派之一，这其中石鲁功不可没。如果说赵望云是长安画派的奠基者，那么石鲁则是长安画派的灵魂。是石鲁开创了以传统山水画的形式表现重大历史主题的新格局，也是他用传统绘画的技法开创了“黄土高原皴法”用以表现西北独特的风土人情，从而也开拓了中国画的一个新的水墨领域，石鲁认为：“画有笔墨则思想活，无笔墨则思想死。画有我之思想，则有我之笔墨；画无我之思想，则徒作古人和自然之笔墨奴隶矣。”他的《南泥湾途中》、《转战陕北》、《东方欲晓》、《峨嵋积雪》等画作使他成为中国画的巨匠。

石鲁的一生可谓悲欣交集。青年投身革命；中年创立画派；十年浩劫连续的批斗、毒打、游街、挂黑牌，残酷的身心摧残甚至被判死刑，使他备受屈辱；晚年重病缠身却成就大师般辉煌，百年之后其书画成为收藏界追捧的最具价值潜力的珍品，他的作品不断为世人所认可，中国美术界也给予了他高度评价。在中国公选的13名现代国画大师中，石鲁与齐白石、傅抱石、黄宾虹、吴昌硕、林风眠、李可染、潘天寿、徐悲鸿、张大千、蒋兆和、刘海粟、黄胄共同分享了这一殊荣。而他的人生磨砺则给后人留下了关于人格精神和学品风范的诸多启示。

石鲁（1919—1982），原名冯亚衡，四川仁寿人。15岁考入成都东方美术专科学校图画系。1938年投身抗日救亡运动。1940年投奔延安，后调入陕甘宁边区文协美术工作委员会任创作员。新中国成立后，到美协西安分会工作，先后担任西北美协副主任、《西北画报》社社长、西安美协副主席。“文革”后重返画坛，担任中国画院研究院院务委员，陕西美协、书协主席，陕西国画院名誉院长等。

王光美

（1921 – 2006）

中国第一位原子物理学女硕士

提起王光美，人们更多地会想起她是前国家主席刘少奇的夫人。然而，很少有人知道，她是中国第一位原子物理学女硕士，一位曾考上美国斯坦福大学和芝加哥大学物理系全额奖学金博士的才女。

王光美出生时，她的父亲、身为北洋政府代理农商总长的王魁青正在美国华盛顿参加九国会议，得知女儿在北京出生的消息后，他为女儿取名光美。在中学读书时，王光美是有名的“数学三王”之一，辅仁大学理科研究所毕业后获科学硕士学位并留校任物理系助教。后来又考上了美国斯坦福大学和芝加哥大学原子物理系全额奖学金博士，至今在荷兰的图书馆里还保存有王光美的学习成绩单，上面写着“数学女王”。国共和谈破裂后，王光美毅然投奔延安，并在那里结识了刘少奇，并于1948年与刘少奇结为夫妻。王光美是刘少奇的第六位夫人。刘少奇的第二位夫人何宝珍（贞）1934年牺牲在南京国民党的监狱里，对何宝珍烈士，王光美十分尊敬，1951年和1958年曾两次与刘少奇一起去南京雨花台凭吊何宝珍烈士。图1是一通王光美致中国共产党元老、曾任中组部副部长的帅孟奇大姐的信札，谈的便是有关何宝珍烈士的情况：

敬爱的帅大姐：

来信收到。知您在外地工作，身体很好，甚慰。

关于何宝珍烈士的情况，我知道得很少。少奇同志工作繁忙，很少向我和允斌、爱琴、允若三个孩子详谈她的事迹。因而，我曾多次要孩子们去看您，请您向他们介绍他们的母亲在狱中的斗争情况。

何宝珍同志，湖南省道县人（有人说她1921年入团SY）1923年（？）入党，曾在安源工人夜校教书，先后在上海、天津、沈阳、哈尔滨作党的地下工作。少奇同志1925年在长沙,1929年在沈阳被捕后，她曾积极参加营救。1932年少奇同志

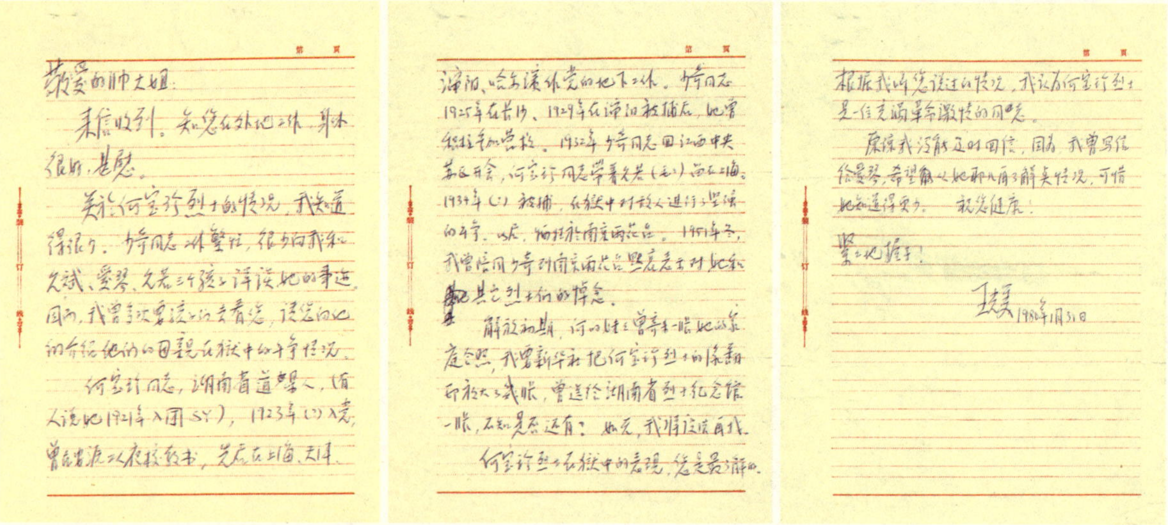

敬爱的帅大姐：

来信收到。知您在外地工作，身体很好，甚慰。

关于何宝珍烈士的情况，我知道得很少。少奇同志工作繁忙，很少向我和允斌、爱琴、允若三个孩子详谈她的事迹，因而，我曾多次要孩子们去看您，请您向她们介绍她们的母亲在狱中的斗争情况。

何宝珍同志，湖南道县人，（有人说她1921年入团SY），1923年（?）入党，曾在安源工人夜校教书，先后在上海、天津、沈阳、哈尔滨做党的地下工作。少奇同志1925年在长沙、1929年在沈阳被捕后，她曾积极参加营救。1932年少奇同志回江西中央苏区开会，何宝珍同志带着允若（毛毛）留在上海。1934年（?）被捕，在狱中对敌人进行了坚强的斗争。以后，牺牲于南京雨花台。1951年冬，我曾陪同少奇到南京雨花台默哀表示对她和其它烈士们的悼念。

解放初期，何的妹妹曾寄来一张她的家庭合照，我要新华社把何宝珍烈士的像翻印放大了几张，曾送给湖南省烈士纪念馆一张，不知是否还有？如无，我将设法再找。

何宝珍烈士在狱中的表现，您是最了解的。根据我听您说过的情况，我认为何宝珍烈士是一位充满革命激情的同志。

原谅我没能及时回信，因为，我曾写信给爱琴，希望从她那儿再了解点情况，可惜她知道得更少。祝您健康！

紧紧地握手！

王光美 1980年1月31日

图 1 王光美致帅孟奇信札（26.2cm × 19cm × 3）

回江西中央苏区开会，何宝珍同志带着允若（毛毛）留在上海。1934 年（？）被捕，在狱中对敌人进行了坚强的斗争。以后，牺牲于南京雨花台。1951 年冬，我曾陪同少奇到南京雨花台默哀表示对她和其它烈士们的悼念。

解放初期，何的妹妹曾寄来一张她的家庭合照，我要新华社把何宝珍烈士的像翻印放大了几张，曾送给湖南省烈士纪念馆一张，不知道是否还有？如无，我将设法再找。

何宝珍烈士在狱中的表现，您是最了解的，根据我听您说过的情况，我认为何宝珍烈士是一位充满革命激情的同志。

原谅我没能及时回信，因为，我曾写信给爱琴，希望从她那儿再了解点情况，可惜她知道得更少。祝您健康！

紧紧地握手！

王光美

1980 年 1 月 31 日

这封信写于 1980 年 1 月 31 日，距该年的 2 月 29 日中共十一届五中全会作出《关于为刘少奇同志平反的决定》还有不到一个月的时间，对王光美来说正处在迎接“黎明”到来的前夜。她复信给帅孟奇谈何宝珍烈士的情况是因为：帅孟奇曾因叛徒出卖被捕，于 1932 – 1937 年间被关押在南京“模范监狱”，此间，何宝珍烈士也被关押在此。信中，王光美对何宝珍烈士充满了感情：“我认为何宝珍烈士是一位充满革命激情的同志。”

王光美的一生充满了喜怒哀乐、悲欢离合。她出身名门，父亲是朝廷大臣，母亲是大家

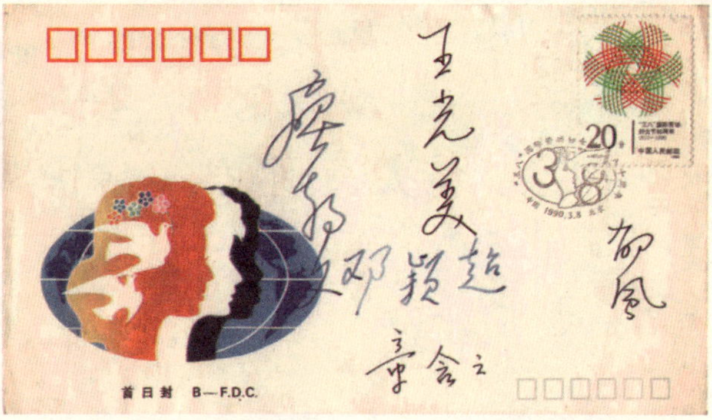

图 2 王光美等签名首日封

闺秀，她从小受到良好的家庭和学校教育，尔后又毅然投身革命，成为第一夫人。王光美美丽照人、气质优雅，许多人认为，她与刘少奇年龄相差 24 岁，对他们的婚姻不理解，但王光美至死没有半点后悔。她以博大的母爱接受了刘少奇前妻留下的多个孩子，加上自己的 4 个孩子组成了拥有 10 个成员的大家庭，令人羡慕。在黑白颠倒的“文革”中，深陷囹圄的刘少奇曾劝王光美和他划清界限，王光美断然拒绝，并坚持认为丈夫无罪，还竭力保护刘少奇。毛泽东一行“刀下留人”的批示使王光美免于一死，尔后她被关进秦城监狱达 11 年，受尽非人的折磨，但她坚信丈夫说过的话:“历史是人民写的。”为此她有尊严地活了下来。晚年的王光美致力于帮扶农村贫困妇女，帮扶农村贫困母亲的“幸福工程”，并担任这项工程的组委会主任，她忍痛拍卖掉了母亲留给她的珍贵古瓷器，所得钱款全部捐给“幸福工程”。在她的奔走呼号下，这项工程已惠及近百万的农村人口。

1990 年 3 月 8 日，中国邮政发行了纪念三八国际妇女节八十周年纪念邮票和首日封，图 2 是王光美在这枚首日封上的签名，在这枚首日封上签名的还有：邓颖超（周恩来夫人、全国政协主席），章含之（乔冠华夫人、国务院发展研究中心国际部主任），廖静文（徐悲鸿夫人，徐悲鸿纪念馆馆长），郁风（黄苗子夫人，中国美术家协会书记处书记），都是中国妇女界的名人。

王光美善良宽厚，开朗豁达，高风亮节。即便对在“文革”中有负刘家和她的人也给予了极大的宽容和谅解。最令人称道的是，她亲自或责成子女关照生活上有困难的毛泽东、林彪的后人。她还召集了毛泽东、刘少奇两家后人聚会，共叙毛、刘两家的友情，两位伟人的后代拂去历史的尘埃，泯去历史的恩仇，告慰毛、刘的在天之灵，此举再次彰显了王光美这位伟大女性的博大胸怀，赢得了更多人的敬重。

王光美（1921 — 2006），曾用名董林，祖籍天津，生于北京。1945 年于辅仁大学理科研究所毕业获科学硕士学位并留校任物理系助教。1946 年成为北平军事调停处中共代表团的英文翻译。1947 年国共和谈破裂后，毅然投奔延安，并于 1948 年与刘少奇结为夫妻。新中国成立后，任刘少奇秘书。“文革”中遭迫害，入狱长达 11 年。1979 年后任中国社会科学院外事局局长、全国政协常委和“幸福工程”组委会主任等。

管桦

（1922 – 2002）

作家、诗人、画家

作家里能写诗的有之，而能画画者不多，管桦就是一位能诗善画的作家，画作以墨竹最为有名。

管桦的艺术创作可归纳为四个方面，一是小说，家喻户晓的著名中篇小说《小英雄雨来》，后来拍成了电影，还有长篇小说《将军河》。二是诗歌，出版有《管桦儿童诗歌选》等。三是歌词创作，有《听妈妈讲那过去的事情》、《我们的田野》、《快乐的节日》等传世。四是绘画，出版有墨竹画册《苍青集》、《管桦墨竹》。管桦在迷恋绘画、学习绘画、勤奋画画的过程中，与著名画家许麟庐成为好友，收藏了多幅许先生以管桦在北京石板房胡同住所内景物为题材的画作，后来这批由许麟庐作画、陈大远配诗并书的管桦藏画，集成《板房墨韵》出版。图 1 就是当时管桦为该画集所写的《后记》手稿：

后　记

由于我对国画的迷恋，在北京结识了许多当代著名画家，许麟庐兄从我三十岁相识，渐渐成为很亲密的朋友。我爱麟庐奔腾矫健的绘画，更爱其助人为乐、豪放豁达的心胸。十年动乱，许麟庐因画了一幅白菜柿子，“四人邦”以“黑画家”论罪，他虽然并不停留一己之悲叹，却很少出门了。我便常常把他请到西单石板房胡同我的家里闲话古今。我知道他善饮，但那时酒类品种尚少。茅台我是买不起的，便打发孩子到街上买一瓶二锅头来。麟庐亲自下厨房炒一盘黄瓜肉丁，我俩便开怀畅饮，饮罢麟庐乘酒兴，展纸挥毫，泼墨作画。我住在四合院西北角落的小院里。一大一小两间北房，窗前豆棚瓜架，底下兰草盆花，麟庐作画时除了他原有的腹稿，大多是通过对窗前小院里真实景物的细致观察而即兴创作，但它比原物更加鲜明更加突出了。麟庐泼墨具有那种元气淋漓的力量和气概。笔力雄壮，气象浑厚。那倏忽之间变化无常，疾风骤雨不可遏制的情态，有如怀素的狂草。可裱成轴卷的，我早已装裱起来。而给我们夫妻画的廿幅册页，因为裱金昂贵，今年才由丰润县“大和斋”裱画店装裱成册，但每幅的另一半册页，均为空白。我的老伴李婉说：“请大远每幅画作一首诗，再用他的书法写在这空白册页上，不好吗？”陈大远是写旧体诗词的著名诗人和散文作家，又是著名书法家，他的诗才烂漫、书法厚重而又飘逸。在我把画册拿给大远同志观赏时，试探着说出我们夫妻的希望。大远欣然应允，不到十天，廿首全部完成，还写了一篇序文，并以其独具特色的行草，分别书于每

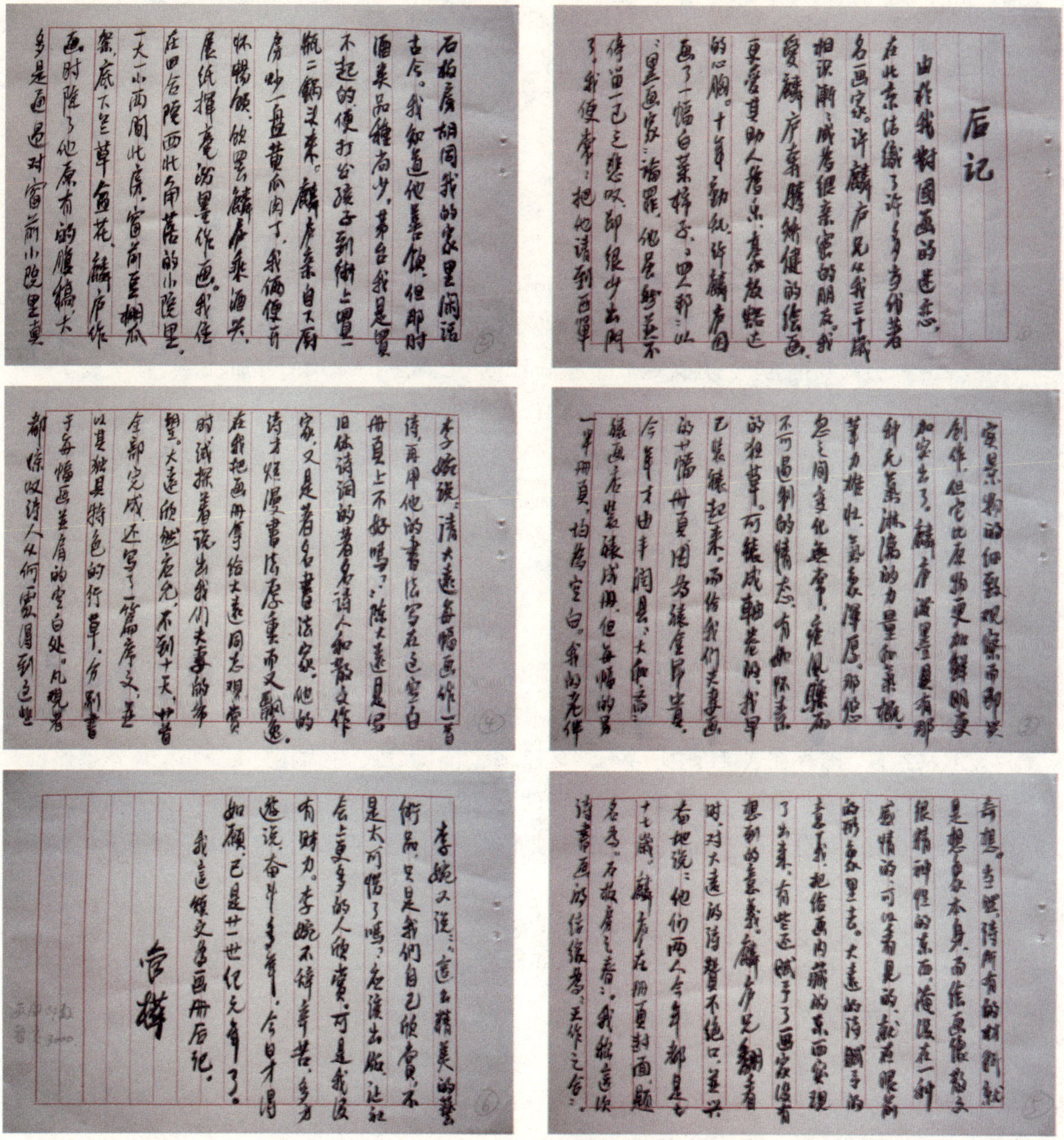

后记

由于我对国画的迷恋，在北京结识了许多名画家。许麟庐兄从我三十岁相识渐成为很亲密的朋友。我爱麟庐兄豪爽矫健的绘画，更爱其助人为乐，豪放豁达的心胸。十年动乱，许麟庐因画了一幅白菜蜂子，四人帮以“黑画家”论罪。他艰难异不停笔，已到悲叹，即很少出门了。我便常常把他请到西单石板房胡同我的家里闲话古今。我知道他喜饮，但那时酒类品种尚少，茅台我是买不起的，便打发孩子到街上买一瓶二锅头来。麟庐兄自己下厨房炒一盘黄瓜肉丁，我俩便开怀畅饮。饮罢麟庐乘酒兴展纸挥毫泼墨作画。我住在四合院西北角落的小院里，一大一小两间北房，窗前巨树成荫，底下生草、鱼花。麟庐作画时除了他原有的腹稿大多是画我窗前小院里真实景物的细致观察而即兴创作，但它比原物更加鲜明，更加突出了。麟庐泼墨是有那种元气淋漓的力量和气概。笔力雄壮，气象浑厚。那些忽而间变化无常，纵横驰骋而不可遏制的情态，有如怀素的狂草，可能成轴卷的，我早已装裱起来。而给我们夫妻画的廿幅册页因为装金昂贵，今年才由丰润县“大和斋”裱画店装裱成册，但每幅的另一半册页，均为空白。我的老伴李婉说：“请大远每幅画作一首诗，再用他的书法写在这空白册页上不好吗？”陈大远是写旧体诗词的著名诗人和散文作家，又是著名书法家。他的诗才烂漫，书法厚重而又飘逸。在我把画册拿给大远同志观赏时试探着说出我们夫妻的希望。大远欣然应允，不到十天，廿首全部完成，还写了一篇序文，并以其独具特色的行草，分别书于每幅画旁的空白处。凡观者都惊叹诗人从何处得到这些新颖、生动，诗所有的材料，就是想象本身。而作画很犯忌一种很精神性的东西，淹没在一种感情的，可以看见的，就在眼前的形象里去。大远的诗赋予的意象，把绘画内涵的东西完现了出来，有些还赋予了画家没有想到的意义。麟庐兄翻看时，对大远的诗赞不绝口，并兴奋地说：他们两人今年都是七十七岁。麟庐在册页封面题名为“石板房墨韵”，我就这次诗书画的结缘为，互作之合。

李婉又说：“这么精美的艺术品，只是我们自己欣赏，不是太可惜了吗？应该出版，让社会上更多的人欣赏。”可是我没有财力。李婉不辞辛苦，多方游说，奋斗多年，今日才得如愿，已是廿一世纪元年了。

我这短文为画册后记。

管桦

图 1　管桦为《板房墨韵》所作后记手稿（26.5cm × 19cm × 6）

幅画并肩的空白处。凡观者都惊叹诗人从何处得到这些奇想。当然，诗所有的材料就是想象本身，而绘画像散文很精神性的东西，淹没在一种感情的、可以看见的、就在眼前的形象里去。大远的诗赋予的意义，把绘画内藏的东西实现了出来，有些还赋予了画家没有想到的意义。麟庐兄翻看时，对大远的诗赞不绝口，并兴奋地说：他们两人今年都是七十七岁，麟庐在册页封面题名为“石板房之春”。我称这次诗书画的结缘为“天作之合”。

李婉又说：“这么精美的艺术品，只是我们自己欣赏，不是太可惜了吗？应该出版，让社会上更多的人欣赏。”可是我没有财力。李婉不辞辛苦，多方游说，奋斗多年，今日才得如愿，已是廿一世纪元年了。

我这短文，为画册后记。

管 桦

这篇900多字的《后记》写在6页栏格纸上，毛笔行楷，工整大方，十分精美。俗话说：“书画同源。”从这6页手迹上可以看出画家深厚的书法功底。

管桦的父辈是英烈，其父鲍子菁是冀北20万工农抗日暴动的参加者，曾任国民革命军第九路军第七师师长，1944年在与日军的作战中壮烈牺牲。管桦本人也曾参加过抗日战争、解放战争，去过抗美援朝的前线。战争年代，他用笔描写战争，用笔歌颂抗击列强的人民。和平时期，他用笔描绘美好的生活，而且他酷爱画竹，以竹的气节作为自己的人品追求和人生寄托。20世纪90年代，文艺界掀起一股“争议浩然”的波澜，某些人对浩然及其早期代表作《艳阳天》、《金光大道》大泼污水，刻意诋毁。这些人中有的根本就没有读过这两部作品，甚至连它们的成书年代和写的是哪个历史时期的事都不清楚，就在报刊发表批评谩骂文章，大讲不负责任之语。浩然一概未予回应。为澄清是非，避免以讹传讹，管桦于1999年6月24日给中共北京市委领导写了一封信，阐述了对文化界“争议浩然”现象的看法，为浩然仗义执言。管桦在这封信中还说，浩然任北京市作家协会主席，是北京市全体作家代表大会民主投票选举出来的，是北京市委认可的。他们攻击浩然当北京市作协主席是极左，这是否定我党对知识分子的正确政策。通过这封信，人们看到了这位正直的老革命作家实事求是的勇气和坚持真理的高尚情怀，也看到了他如竹般的气节。

管桦的这篇《后记》，细读起来，简直就是一篇专业的画评和诗评，他形容许麟庐的画作“泼墨具有那种元气淋漓的力量和气概。笔力雄壮，气象浑厚。那悠忽之间变化无常、疾风骤雨不可遏制的情态，有如怀素的狂草。”如此专业的评说，如没有一定的绘画美学基础是难以评论到位的。而更精彩的是作为诗人的管桦对诗人、书法家陈大远诗作和书法的评说则更具有专业水准：“他的诗才烂漫，书法厚重而又飘逸……”“诗所有的材料就是想象本身，而绘画像散文很精神性的东西。淹没在一种感情的、可以看见的、就在眼前的形象里去，大远的诗赋予的意义，把绘画内藏的东西突现了出来，有些还赋予了画家没有想到的意义。”如此精到的语言只有诗人才能阐释得出。

管桦热心于儿童读物的创作，旨在启迪少年儿童的情操、心智，使之成人后对社会有所贡献。图2就是管桦儿童作品集《童话·神话·传说》签名本。

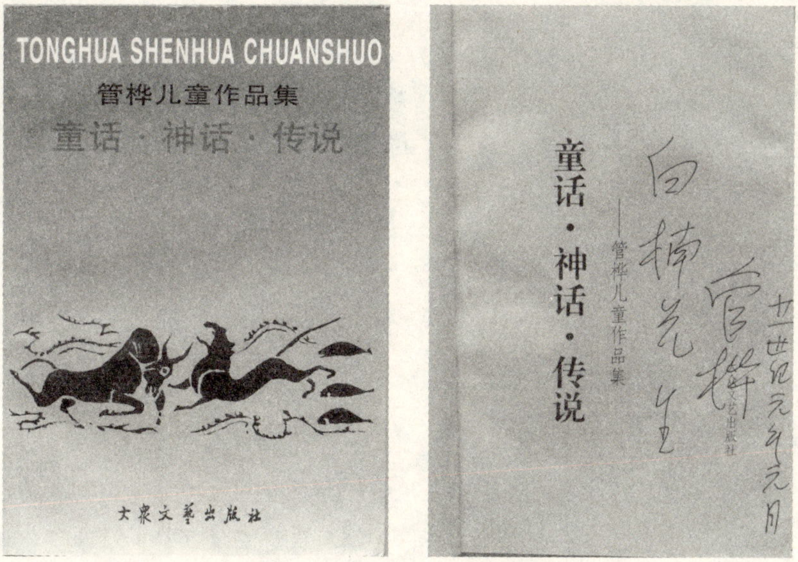

图2　管桦儿童作品集《童话·神话·传说》签名本

晚年的管桦，画名盖过了作家、诗人之名，他画的竹子粗竿大叶，被人称为“管家竹”，他的画作被瑞典、丹麦等国的博物馆收藏，家乡丰润为纪念他建立了“管桦园”。

管桦（1922—2002），原名鲍化普，曾用名愚公后人。河北丰润人。1940年参加革命，在冀东抗日部队担任过宣传干事，军区文工团副团长等。曾就读于华北联合大学文学系，新中国成立后，历任中央乐团创作员，北京市作协驻会作家、副主席，北京市文联副主席，北京老舍研究会会长。著有中篇小说《小英雄雨来》，长篇小说《将军河》，以及《管桦儿童诗歌选》等。创作有《听妈妈讲那过去的事情》等脍炙人口的歌词。出版有画册《管桦墨竹》等。

史树青

（1922 — 2007）

鉴定大师，文博专家

史树青与启功、杨仁恺、徐邦达一起曾被称为我国“四大文物鉴定专家”。

史树青 8 岁时随父到北平读书，后进入琉璃厂附近的北师大附中学习，放学没事就去琉璃厂各店铺看古董字画，从此与文物鉴定结下不解之缘，史树青鉴定的文物达百万件，为国寻宝无数。

图 1 是他鉴定宋磁州窑“仁和馆”双耳瓶写下的鉴文手稿：

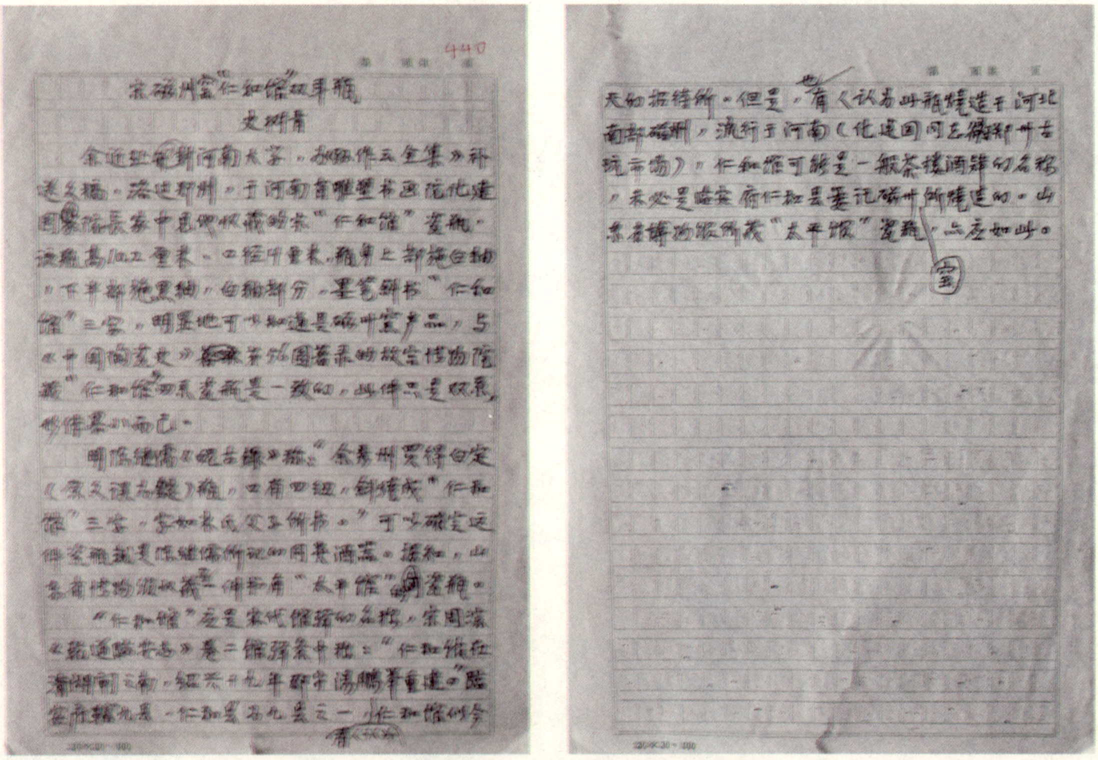
宋磁州窑"仁和馆"双耳瓶

史树青

余近[illegible]河南大学《[illegible]全集》补送文稿，路过郑州，于河南省[illegible]书画院[illegible]建国[illegible]院长家中看见他收藏的宋"仁和馆"瓷瓶。该瓶高10.2厘米、口径4厘米，瓶身上部施白釉，下半部施黑釉，白釉部分，墨笔斜书"仁和馆"三字，明显地可以知道是磁州窑产品，与《中国陶瓷史》[illegible]图著录的故宫博物院藏"仁和馆"四系瓷瓶是一致的，此件只是双系，形体略小而已。

明代陈继儒《妮古录》称："余秀州买得白定《宋文[illegible]》瓶，口有四纽，斜烧成"仁和馆"三字，字如米氏父子所书。"可以确定这件瓷瓶就是陈继儒所说的同类酒器。据知，山东省博物馆收藏一件带有"太平馆"字瓷瓶。

"仁和馆"应是宋代馆驿的名称，宋周淙《乾道临安志》卷二馆驿条中称："仁和馆在[illegible]，绍兴廿九年郡守汤鹏举重建。"临安府辖九县，仁和县为九县之一，仁和馆似今天的招待所。但是，也有人认为此瓶烧造于河北南部磁州，流行于河南（[illegible]古玩市场），仁和馆可能是一般茶楼酒肆的名称，未必是临安府仁和县委托磁州窑所烧造的。山东省博物馆所藏"太平馆"瓷瓶，亦应如此。

图 1　史树青鉴定宋磁州窑“仁和馆”双耳瓶手稿（26.6cm × 18.6cm × 2）

宋磁州窑“仁和馆”双耳瓶

史树青

余近赴河南大学，为《孙作云全集》补送文稿，路过郑州，于河南省雕塑书画院化建国院长家中见他收藏的宋“仁和馆”瓷瓶，该瓶高10.2厘米、口径4厘米，瓶身上部施白釉，下半部施黑釉，白釉部分，墨笔斜书“仁和馆”三字，明显地可以知道是磁州窑产品，与《中国陶瓷史》第56图著录的故宫博物院藏“仁和馆”四系瓷瓶是一致的，此件只是双系，形体略小而已。

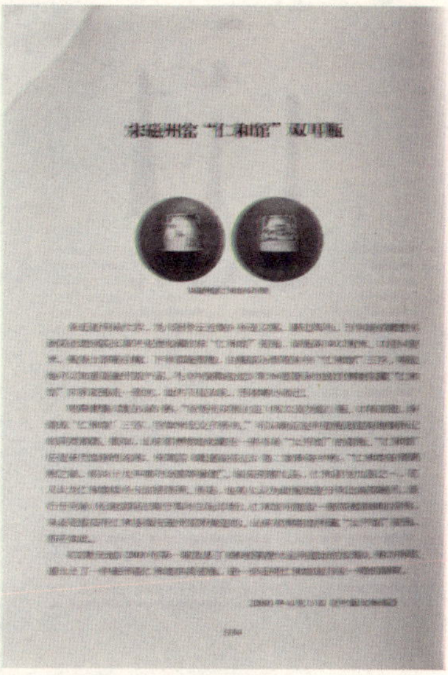
宋磁州窑“仁和馆”双耳瓶

图2 史树青《鉴宝心得》封面及书中所收鉴文

明陈继儒《妮古录》称：“余秀州买得白定（原文误为锭）瓶，口有四纽，斜烧成‘仁和馆’三字，字如米氏父子所书。”可以确定这件瓷瓶就是陈继儒所记的同类酒器。据知，山东博物馆收藏另一件书有“太平馆”的瓷瓶。

“仁和馆”应是宋代馆驿的名称，宋周淙《乾道临安志》卷二馆驿条中称：“仁和馆在清湖闸之南，绍兴十九年郡守汤鹏举重建。”临安府辖九县，仁和县为九县之一，有人认为仁和馆似今天的招待所。但是，也有人认为此瓶烧造于河北南部磁州，流行于河南（化建国同志得于郑州古玩市场），仁和馆可能是一般茶楼酒肆的名称，未必是临安府仁和县委托磁州窑所烧造的。山东省博物馆所藏“太平馆”瓷瓶，亦应如此。

史树青的这篇鉴定文章用黑色硬笔写在两页绿格纸上，共400多字，对宋“仁和馆”瓷瓶的大小、颜色、题字等进行了描述；对“仁和馆”瓷瓶的年代、产地等进行了考证，尤其对“仁和馆”的地理位置、性质进行了充分的考证，最后将其锁定为：茶楼酒肆。全文短小精悍，言简意赅，论点鲜明，论据充分，论证精到，不愧出自大家手笔。

该文曾发表在2001年4月1日的《中国文物报》上，2007年，史树青出版《鉴宝心得》一书时又收录了此文（见图2），而且在文尾又加了一段文字：

《文物天地》2001年第一期发表了《柳枝隋唐大运河遗址的发现》，称汴河故道出土了一件磁州窑仁和馆四系瓷瓶，进一步证明仁和馆是汴京一带的酒肆。

图 3　史树青在汉代古砖拓片上的题跋

这一段文字再次以考古发现的事实证明了史先生对仁和馆瓷瓶的鉴定和对仁和馆性质判定的正确，也从另一个角度反映出了史树青作为文物鉴定大家对文物的高度负责精神和精益求精的学术态度。

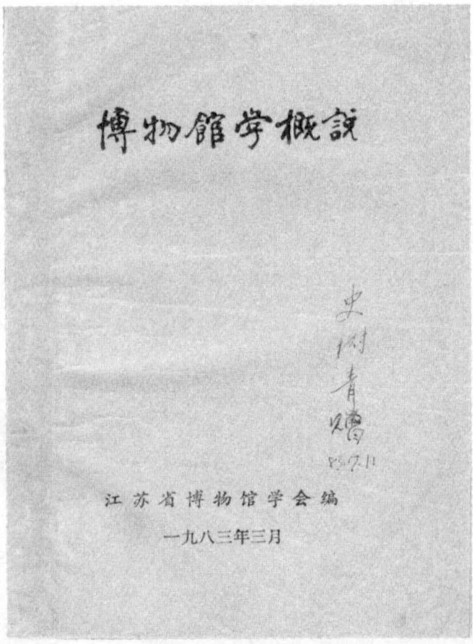

图 4　史树青《博物馆学概说》签名本

图 3 是史树青在汉代古砖拓片上的题跋：

> 原物陕西西安汉城址出土，盖宫殿建筑护壁之用也。墙多夯筑，以砖包镶，既牢且美，在出土古砖中殊为罕见。
>
> 壬午二月
>
> 史树青

该题跋为楷书，用笔严谨、工整洒脱、端庄秀劲、典雅而富于韵味，是典型的文人书法，堪称史先生楷书中的精品。

史树青在文博领域辛勤工作了 60 多年，是中外闻名的文博专家。图 4 是他《博物馆学概说》的签名本，在该书的封面上用硬笔签字：

史树青赠

83.7.11

史先生将此书赠予何人，无法考证，但有一点可以肯定，他对博物馆学是情有独钟的，这也是他一生为之倾心的事业，他不仅为国家博物馆征集了包括成吉思汗皇帝圣旨金牌、赵孟頫书法册页和成吉思汗画像等在内的众多珍贵文物，晚年还担任南开大学历史系、北京大学考古系的兼职教授、导师，致力于文献、目录学研究，致力于培养文博人才和著书立说，他参与编写的《中国大百科全书文物卷》、《中国文物精华大全》等许多著作为我国的文物界留下了宝贵的遗产。

史树青(1922 — 2007)，河北乐亭人。1938 年考入辅仁大学中文系，获硕士学位。1947 年在中央博物院北京历史博物馆(中国历史博物馆前身)任秘书、后做文物编目，新中国成立后，历任中国历史博物馆文清陈列组副组长、研究员，出国文物展览工作室业务组副组长、国家文物鉴定委员会副主任委员，中国收藏家协会会长等。著有《长沙仰天湖出土楚简研究》、《书画鉴真》等，主编《中国历史博物馆藏书法大观》（15 卷本）等。

黄胄

（1925 — 1997）

光明磊落的大师

黄胄的人物画风格以及他的艺术成就，使他成为20世纪杰出的天才型画家。他刻苦勤奋的治学态度，“必攻不守”的创新精神和光明磊落的端正人品铸就了一座不朽的丰碑。图1是一通黄胄致书画大师刘海粟助手袁志煌的信札：

袁志煌同志：

二月二十三日信悉。我非常荣幸地参加了刘海老从事艺术活动七十年的盛会。刘老为一代宗师，十分敬佩。只是我从未写过文章，请您谅解是盼，并请转告刘老，衷心祝愿他健康长寿。

此祝

艺安

黄胄拜

三月四日

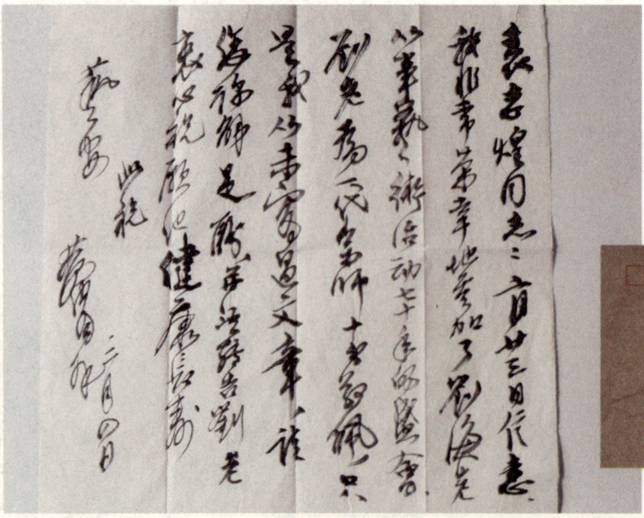

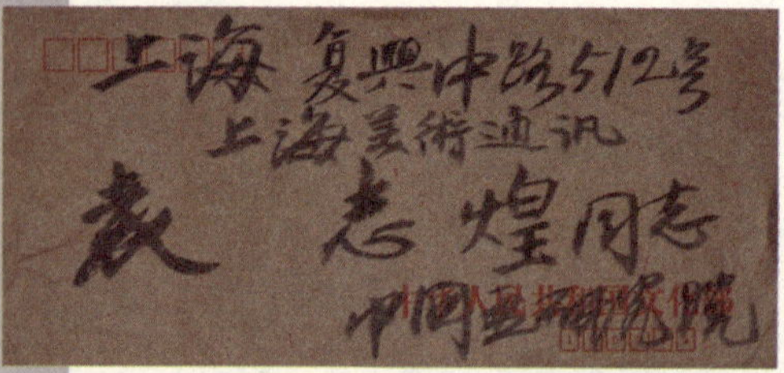

图1　黄胄致袁志煌信札（34.4cm × 34cm）及送达封

在这通信中，身为中国画院副院长的黄胄称身居上海的刘海老为“一代宗师”，并“十分敬佩”，这是对刘海粟的充分肯定，两句话，八个字，恰如其分、情真意切。

黄胄的这通手札，从书法艺术角度而言，堪称其书法精品。以行草书写在一尺见方的宣纸上，结构布局精美，笔墨粗细均匀，用笔奔放，提按顿挫明显，线条热烈、夸张而富有激情。可以领略到大画家速写、绘画的风采和书法家宽厚大气、挥毫自如的法度，尤其是那特有的“黄胄”署款，与画家在画作上的落款一样，有异曲同工之妙，加之以行书体写在牛皮纸信封上的收信人地址、姓名和自己的供职单位“中国画研究院”，信封和信札两件作品放一起，可谓章法气象万千，简直就是一件完美的艺术精品。这是20世纪80年代黄胄书法艺术的完美体现。

图2　由黄胄题写馆名的炎黄艺术馆外景

然而，又有谁知道，20世纪60年代前，黄胄虽画作突出，可是书法却不怎么好，其画作上最多签一个“黄胄”便罢。他在任解放军军人俱乐部美术组组长时，遵照陈毅元帅的指示，下苦功专攻书法。据黄胄夫人郑闻慧在《回忆我的丈夫黄胄》一书中所载，黄胄认真钻研和收藏字帖，有《爨宝子》、《魏碑》、《郑文公碑》、《鲜于璜碑》、《张黑女墓志》、《张迁碑》、《圣教序》等，下决心读帖、临帖。他学习书法的悟性很高，进步也快。到1961年以后逐渐地敢于在画上题跋了。以后又碰到陈毅元帅，陈毅一见他就高兴地说：“你这个战士还是挺聪明的，看得出也是很用功的，字愈写愈好有进步。”黄胄说：“首长这样忙，能关心到我的进步，我得更加努力练才行。”陈毅元帅愈夸奖他，他愈勤奋地努力练字，背诵字帖，收集书法，这是他刻苦研习书法的一段佳话。

黄胄因少年时参加体育比赛得过一面写着“炎黄之胄”的锦旗，在弄清其意是中华民族炎黄子孙后，便取其中“黄胄”二字为笔名，一直延用下来。17岁时，他跟随曾在法国学习油画的朝鲜族画家韩乐然学习绘画；后又跟“长安画派”的创始人之一赵望云学习。25岁时，画作《爹打老蒋去》入选全国美术作品展，受到美术界特别是徐悲鸿的称赞。32岁时创作的《洪荒风雪》获“第六届世界青年与学生和平友谊联欢节”金质奖章，并在国际上产生一定的影响。后又创作了《苹果花开的时候》、《打马球》、《赶集》、《广阔天地大有作为》等大量的人物画和以驴为题材的《百驴图》等动物画，被称为中国人物画的领军人物和天才型画家。

黄胄晚年受命筹建中国画研究院，后又在政府和友人的支持下建成了中国第一个公办民助的炎黄艺术馆，为后人留下了一座不朽的艺术殿堂（见图2）。

黄胄的绘画作品以素描为基础，突出写实，这种绘画方法在中国画坛产生了巨大的影响，促进了人物画的发展，其手法简练、概括，去掉了许多繁琐的细节，弱化了明暗和体积感，突出了人物的生动性和笔墨的自由流畅，弥补了严格写实给水墨人物画带来的弊端。其对画坛最重要的贡献就是使笔和墨活了起来，使笔和墨的独立价值大为提高。这给当时的人物画家们一个非常重要的启示，为水墨人物画开辟了一条新的发展之路，为20世纪60年代之后水墨人物画的繁荣，起到了重要的作用。后来涌现的一些有影响、有成就的画家，大部分是在经过学院的严格训练后又吸收了黄胄灵动、随意的笔墨的基础上发展起来的。黄胄在中国绘画史上也应是一位标志性的人物。他的作品与中国古代绘画有血脉相联的传承关系。他使五四以后被破坏、搁置、中断的中国画传统又涌动起新鲜的风，在新中国的绘画和中国的传统文化之间建立起了精神上的联系。他的作品又明显不同于古代的绘画，全新的精神、意境和手法，开辟了水墨人物画的新时代。

黄胄（1925－1997），原姓梁，名淦堂，字映斋，河北蠡县人。17岁开始学习绘画。1942年任蠡县中学美术教员。1946年任陕西省西安雍华图书杂志社主编。1949年，参加中国人民解放军，从事部队美术工作，曾任西北军区战士读物出版社编辑、政治部文化创作员，美术组组长。1955年任解放军总政治部文化部创作员。1959年任中国人民革命军事博物馆美术创作员。1981年任中国画研究院副院长。曾任第六、七届全国政协委员，第八届全国政协常务委员，轻工业部工艺美术公司顾问，中国美术家协会常务理事。在政府和友人的支持下建成中国第一个公办民助的炎黄艺术馆并任馆长。

浩然

（1933 — 2008）

中国文坛的高产作家

20世纪六七十年代，中国文坛万马齐喑，唯有一位作家的小说《艳阳天》、《金光大道》等成为当时贫瘠土地上的精神食粮，深受读者、特别是农民读者的喜爱，他的小说也使人们在压抑的社会氛围中寻求到了一丝乐观主义。这位作家就是一生出版各类作品80余种、总字数超过1300万、被称为中国文坛最高产作家的浩然。

浩然少时读过三年小学。16岁加入中国共产党，1949年起从事共青团工作，当过8年村、区、县基层干部，22岁时发表短篇小说《两千块砖》和《探望》。出版有短篇小说集《喜鹊登枝》、《苹果要熟了》、《珍珠》、《蜜月》、《杏花雨》、《老支书的传闻》、《彩霞集》和散文集《北京街头》，1965年，出版了他的代表作——长篇小说《艳阳天》（3卷本），并被改成同名电影；1972年，又出版了另一部长篇小说《金光大道》，此后发表了中、短篇小说《西河儿女》和《白花川》等。1976年后，浩然离开北京去河北省三河市任文联主席，创作了长篇小说《米陈》、《乐土》和《苍生》，被称为“乡俗三部曲”，获中国大众文学奖。其作品被译成日、法等国文字出版。他还出版了《幼苗集》、《机灵鬼》等多种儿童文学集。图1是一通浩然致作家叶延滨的信札，谈的就是其儿童文学作品出版的事：

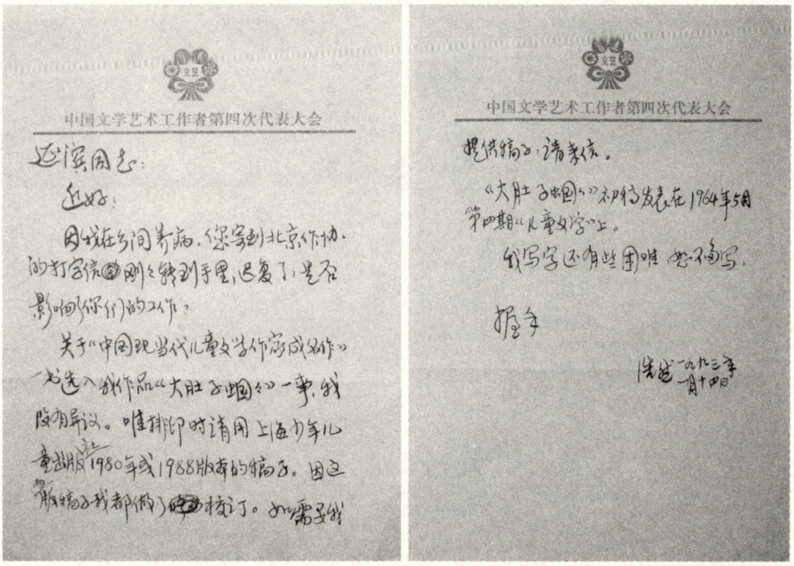
中国文学艺术工作者第四次代表大会

延滨同志：

近好！

因我在乡间养病，您寄到北京作协的打字信刚刚转到手里，迟复了，是否影响你们的工作？

关于《中国现当代儿童文学作家成名作》一书选入我作品《大肚子蝈蝈》一事，我没有异议。唯排印时请用上海少年儿童出版社1980年或1988版本的稿子。因这一版稿子我都做了校订。如需要我

中国文学艺术工作者第四次代表大会

提供稿子，请来信。

《大肚子蝈蝈》初稿发表在1964年5月第四期《儿童文学》上。

我写字还有些困难，恕不多写。

握手

浩然 一九九三年一月十四日

图1　浩然致叶延滨信札（26cm × 18.9cm × 2）

延滨同志：

近好！

因我在乡间养病，您寄到北京作协的打字信刚刚转到手里，迟复了，是否影响了你们的工作？

关于《中国现当代儿童文学作家成名作》一书选入我作品《大肚子蝈蝈》一事，我没有异议。唯排印时请用上海少年儿童出版社 1980 年或 1988 版本的稿子。因这两版稿子我都做了校订。如需要我提供稿子，请来信。

《大肚子蝈蝈》初稿发表在 1964 年 5 月第四期《儿童文学》上。

我写字还有些困难，恕不多写。

握手

浩 然

一九九三年一月十四日

浩然的这通两页信札用毛笔写在“中国文学艺术工作者第四次代表大会”的专用信笺上，小楷字体，工整而流畅，精美而随意，作家书法的特点突出，尤其是作家独特的落款，名字与日期平行，尽显作家的签名风格。“中国文学艺术工作者第四次代表大会”于 1979 年 10 月召开，浩然作为文学界的代表参加了这次会议。1976 年后，由于受“四人帮”的影响，浩然受到审查，并被解除了职务。最后，有关方面作出了如下结论：浩然不是帮派分子，在“文革”中摔了跤，但没有完全陷进去。有关人士肯定他说：没有借此踹别人，还能把握住自己，是个好人。据当时同在北京作协共事的著名作家杨沫回忆：“文革”中在炮轰《青春之歌》最凶猛的时刻，浩然挺身而出，为杨沫说话，浩然对人说：杨沫历史上政治上都没有问题。当造反派要揪斗杨沫时，浩然出面拦阻，使造反派没有得逞。杨沫感叹道：浩然为我担着风险和正在势头上的郭开（造反派）斗争。在危急关头，他甚至还对我女儿说过准备牺牲的话，这种患难之交，我是永远不会忘的。正是浩然的保护，才使杨沫免遭批斗，这在全国知名作家中是不多见的。

图 2　浩然《苍生》签名本

浩然半个多世纪的写作生涯始终以“写农民、给农民写”为创作宗旨，从《艳阳天》到《金光大道》再到《苍生》，他紧随时代的步伐，以乡土作家特有的质朴写下了记录时代风云的史诗般的作品，塑造了一系列特色鲜明的中国新时代农民形象。他的作品对土地、对农村、对农民饱含感情，是当代描写农村、农民的一流作品，也是一个时代的绝唱。

图 2 是浩然送给时任河北省省长岳岐峰的小说《苍生》签名本。硬笔竖书：

岳岐峰同志指正

浩然 一九八八年七月十五日 三河

浩然的晚年是在河北省三河市度过的，并在那里完成了 3 卷本自传体小说《乐土》、《活泉》和《圆梦》。创办了《苍生文集》季刊。浩然还在三河市推进他所提倡的“文艺绿化”工程，筹建了县文联，培养和扶持农村业余作家和文学新人，在贫瘠的土壤上播撒下绿色的文化种子。他用自己一生的创作践行了“深入一辈子农村、写一辈子农民、给农民当一辈子代言人”的誓言。

浩然的主要作品被译成多种少数民族文字，在日本、法国等国家翻译出版。有人说，浩然的作品是我国当代农村特别是北方农村社会主义巨大变革的历史记录，是有关农村的一部形象的政治经济学。1992 年，浩然获英国剑桥世界传记中心世界名人“二十世纪成就奖”；1999 年，《艳阳天》位列香港《亚洲周刊》二十世纪中文小说 100 强排行榜第 43 名。加拿大的嘉陵转述马森的文章说：“就凭《艳阳天》的成绩，也未尝不可以获得一项诺贝尔文学奖。”2005 年 12 月，中国文史出版社隆重推出 18 卷本《浩然全集》，共 1000 多万字。又有人说，《浩然全集》的出版，为政论家、经济学家和文艺理论家提供了研究中国农村土地改革前后的风云变幻和农业合作化那段历史的宝贵资料。

浩然（1933—2008），原名梁金广，笔名白雪、盘山。祖籍河北宝坻（今天津市宝坻区），生于河北唐山。少时读了三年小学。22 岁时发表短篇小说《两千块砖》和《探望》。1954 年后任《河北日报》、《友好报》（俄文）记者，《红旗》杂志编辑。后在北京市文联专事创作，历任北京市作协副主席、主席，北京市文联副主席，《北京文学》主编，全国作协理事，河北省三河市文联主席等职。著有长篇小说《艳阳天》、《金光大道》和《苍生》等。

刘绍棠

（1936 — 1997）

乡土文学大家

在中国现代文学史上，刘绍棠是一位重要的作家。他不仅是“荷花淀派”的代表，而且是“大运河乡土文学体系”的创立者。他少年时即被称为“神童作家”，一生高举乡土文学的大旗，留下了 600 多万字的乡土小说和乡土文学理论著述。图 1 是一通刘绍棠致《新文学史料》主编牛汀先生的信札，谈的是对两位前辈的评价：

牛汀同志：

沙汀、艾芜同志是我非常敬重的前辈。1951 年，沙汀同志担任《人民文学》编委、中国作协创作委员会副主任，多次找我谈话，使我深受教益。我有两篇小说是在他指导下定稿的。

艾芜同志的小说，对我致力乡土文学创作影响至深极大。

他们的一生，无愧鲁迅先生的教诲和指引。

刘绍棠

1984.4.4

刘绍棠出生在大运河岸边儒林村一户

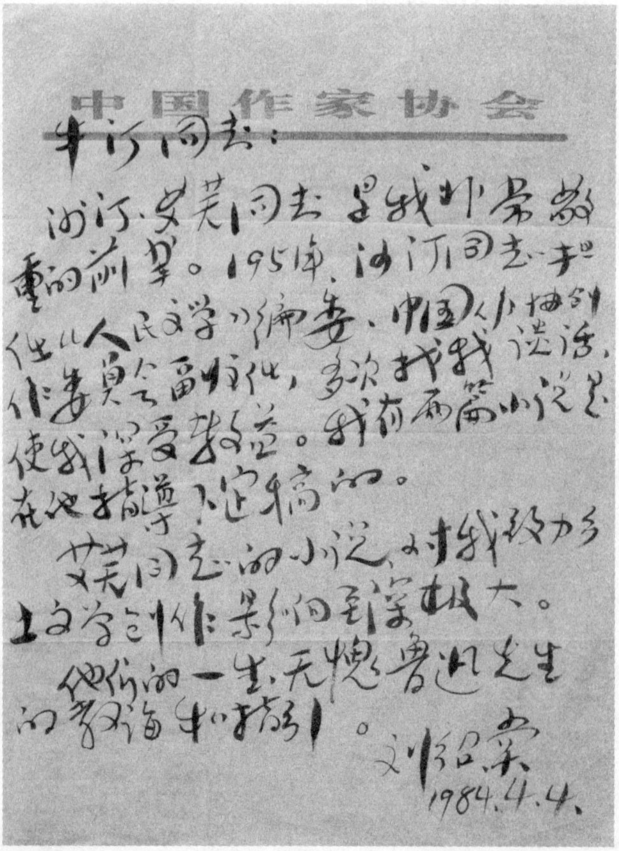

图 1　刘绍棠致牛汀信札（25.9cm × 18.6cm × 2）

图 2　刘绍棠《我的创作生涯》签名钤印本

普通农家，13 岁开始发表作品，深受“荷花淀派”创始人孙犁的影响。20 岁时成为中国作家协会最年轻的会员，22 岁时被错划成“右派”。出版有《山楂村的歌声》、《运河的桨声》、《敬柳亭说书》、《京门脸子》等短、中、长篇小说;《我与乡土文学》、《我的创作生涯》等散文、论文集，后有《刘绍棠文集——大运河乡土文学体系》出版。

刘绍棠在中国现代文学史上占有重要地位。他走的是一条写家乡、写乡亲的乡土文学之路。早在 1952 年，他就在《中国青年报》上发表了小说《红花》，为此，时任团中央书记的胡耀邦曾找他谈话，希望他多写农村青年题材。刘绍棠 18 岁时出版了短篇小说集《青枝绿叶》。其中《青枝绿叶》一篇还被编入中学教材。在被错划成“右派”的 20 年里，他坚持创作，写出了《地火》、《青春》、《狼烟》等长篇小说；从 1979 年平反到病逝的近二十年里，他写出了《蒲柳人家》、《瓜棚柳巷》等 27 部散发着浓郁田园牧歌气息的乡土小说，他的作品被译成英、法、德、俄、日等多国文字。刘绍棠的文学成就曾鞭策过无数文学青年，其创作经验更是向往步入文坛的广大文学青年的借鉴，图 2 是中原农民出版社出版的刘绍棠的《我的创作生涯》签名钤印本，刘绍棠在书的扉页上毛笔手书：

马志信同志存念

刘绍棠 1990 年元月 27

马志信是不是文学青年我们不得而知，而这本 1988 年出版的《我的创作生涯》签名钤印本，已有 20 多年的历史，十分珍贵。

刘绍棠在北大中文系读书时就十分喜爱苏联作家肖洛霍夫的作品，并把肖洛霍夫树为自己的榜样，写出了被称为“新中国田园牧歌”式的作品，并将中国乡土文学定位为：中国气派、民族风格、地方特色、乡土题材。他与沈从文一脉相承，其小说不仅深受普通百姓的欢迎，而且文学大家也对其赞赏有加。钱锺书就曾说过：阅读欣赏刘绍棠的小说，就好比坐在各种名贵佳肴样样俱全的盛大宴会的餐桌旁边，每样菜都吸引你吃，使你不知如何下筷子才好。（引自：郑恩波、张明主编《刘绍棠纪念文集》）。能得到钱锺书如此之高评价的，在当代中国作家中可谓寥寥无几。

在刘绍棠的作家生涯中得到了政界领袖和许多知名作家的提携，这既是“神童作家”的幸运，也是“乡土文学大家”的不幸。刘绍棠16岁写的小说被叶圣陶收入高二语文课本，使其一举成名，上述致牛汀的手札中，他对前辈作家沙汀、艾芜的教诲深怀感激之情。刘绍棠上高一时就被团中央列为重点培养对象，然而就是这样一位颇有天赋和才华的作家，却在他一生最美好的时期被剥夺了20年的写作权利。如果不是这样，也许他真的会成为“中国的肖洛霍夫”，这不能不说是中国文学的遗憾。

刘绍棠（1936—1997），河北通县（今北京市通州区）人。13岁开始发表作品。1951年到河北文联工作，1954年入北京大学中文系学习。1958年被错划成右派。1979年后担任中国作协副主席、北京市作协副主席等。

后记

李勇　闫巍

小时候，我们的家在东北的一个小镇上，我们两家的情况很相似。慈祥的母亲对我们的学习要求很严。那时，我们最高兴的事就是父亲出差，因为父亲每次出差回来都会给我们带回几本最新出版的小人书，我们是从小人书上知道了李四光、竺可桢、华罗庚、钱学森等科学家，知道了叶圣陶、老舍、沈从文、巴金、梁斌、丁玲、杨沫、聂绀弩等作家；知道了帅孟奇、吴运铎等革命家的。他们的学养、他们的建树、他们的浩然之气令我们仰止。也是从那时起，我们养成了读书的习惯，遗憾的是，那个时候能读到的书并不多。

上大学后，学校给每个班级的班长、学委各办一张红色的图书借阅卡，凭着这张“红卡”可以进到校图书馆书库的架子上选书，而且借阅书籍的数目不受限制。我们都有一张这样的“红卡”，一下课便去图书馆的书库，站在一排排的书架中间选书、读书。那时，图书馆的老师几乎都认识我们，有的老师至今还与我们有联系，那是我们一段十分难忘的读书时光。

在读书的过程中开始接触一些作者手稿、书信等墨迹的影印件，尤其是一些随意而书，而非为书而书的名人手札影印件，其灵动的字迹和那些或通情愫，或叙事实的片言只语无数次地打动过我们，使我们发生了兴趣，于是逐渐开始了名人手札、墨迹的收集和学研。然而，参加工作后，繁重的事务和生活使我们的名人手札、墨迹收集只能处于初级水平。令人欣慰的是，我们没有因环境的变迁、生活的变化而中断、放弃名人手札、墨迹的收集和研究。每当闲暇或心境不顺时，我们都会翻检出多年来收集的名人手札、墨迹，或捧在手上，或挂在墙上，或铺在书桌上用心阅读，仔细品味，轻轻嗅着遗存在旧纸上的墨香，聆听先人的箴言，对话贤人的人生，向故人倾述自己的喜怒哀乐，并在其中丰富生命，怡养性情。

也许人类文化传承的魅力就在于回忆过去和展望未来，我们把收集、研读名人的手札、墨迹当做回忆过去的一种方式，视为展望未来的一个基点。在主张无纸无笔化替代手写的当代，书卷气似乎已成久违。然而，在每每展阅名人手札、墨迹的时候，其笔墨的隽秀、境界的高远、意趣的雅致，如行云流水、如雷震空山，贤者之风常令我们感动，沧桑之感也油然而生；由于许多名人本身就是书法家或作家，他们的手札、墨迹往往出手不凡，或是一件极具唯一性的艺术精品，或是一篇独家奉献的优美短文，如无形大象、如希声大音，常使我们充满敬畏，勾起我们无尽的遐想。

在师长、友人的鼓励下，我们开始尝试着研读名人手札、墨迹的写作。在这里，要感谢评论家、画家、《中国美术》主编徐恩存先生，作家、诗人、原《中国作家》常务副主编杨匡满先生，书法家、评论家、浙江美术馆副馆长、原《美术报》总编辑斯舜威先生等，是他们在看了我们收集的部分名人手札、墨迹后，鼓励我们整理、研究名人手札、墨迹，并要我们写出文章来与大家分享；要感谢朋友们鼓励我们将研读名人手札、墨迹的拙文投给权威的《书法报》、《书法导报》和《中国书画报》等报刊，并在李桂华、焦利生、孔祥祥、潘娅男、樊利杰、张波、唐陌楚、袁水清、李挺、何东、尧小峰等大多素昧平生的编辑老师斧正下，将拙文不断地刊载；要感谢国务院参事室文史司副司长耿识博博士和国务院参事室文史司吴著友先生，老同学郭春涛先生及其夫人李文清女士，好友于永君、赵晓明、张林江和作家、书法家张瑞田先生等给予我们的支持；要感谢同事卢家乐、孙岩将我们的一篇篇潦草的文稿变成了电子文本；要感谢东方出版中心将零散的文字编成了现在的《流淌的人文情怀——近现代名人墨记》；要感谢作家、画家、中央文史研究馆馆员、原中国现代文学馆馆长舒乙先生，舒乙先生、徐恩存先生能在百忙中为拙作作序，令我们倍受鼓舞；要感谢翻译家、作家、人民出版社编审、萧乾先生夫人文洁若先生，83岁高龄的文先生能为拙作赐墨，使我们深受感动。还要感谢书法家、《中华书画家》主编、原国务院参事室文史司司长刘松林先生等对拙作的厚爱。

书中的60多篇名人墨记是我们用业余时间断断续续写成的，在编辑成书时按所记名人的出生年月先后排了个顺序。所记手札、墨迹和文字也是笔者的浅见，难免有不尽如人意之处，诚望方家哂正。其中，借鉴、引用前辈、学者的研究成果较多，未及加注，在此深表谢忱。

收集和研究名人手札、墨迹是一件十分枯燥的事情，需要忍受孤独和寂寞，需要不辞艰辛地在故纸堆中探寻，需要占去许多闲暇时间。感谢家人多年来给予了我们极大的宽容，使我们能在坎坷的人生道路上与那些孤寂却是性情的上等文字相伴、同行。

在研读名人手札、墨迹的过程中，面对先哲的文字，我们有一种战战兢兢、如履薄冰之感。多年的坚持，只是想努力用简洁、平实的语言记叙名人的人生轨迹和鲜为人知的轶事，以此补白历史、启迪人文。我们所作的一切，只是怀着感恩的心，向曾为我们生活着的这个社会奉献了身心的先哲们致敬！向关爱、支持、鼓励我们的师长、同事和友人们致敬！向和我们一起感知着文明脚步的读者朋友致敬！

回忆是美丽的，

生活是美好的。

2011年1月于躬行斋

图书在版编目（CIP）数据

流淌的人文情怀：近现代名人墨记 / 李勇，闫巍 著.
—2版.—上海：东方出版中心，2013.6
ISBN 978-7-5473-0376-4

Ⅰ.①流… Ⅱ.①李… ②闫… Ⅲ.①名人—手稿—中国—近现代 Ⅳ.①K820.5

中国版本图书馆CIP数据核字(2013)第087134号

流淌的人文情怀：近现代名人墨记

出版发行：东方出版中心
地　　址：上海市仙霞路345号
电　　话：021－62417400
邮政编码：200336
经　　销：全国新华书店
印　　刷：上海书刊印刷有限公司
开　　本：787×1092毫米 1/16
字　　数：300千
印　　张：16.5
插　　页：1
印　　数：3251－6350
版　　次：2013年6月第2版第1次印刷
ISBN 978-7-5473-0376-4
定　　价：42.00元

东方出版中心邮购部 电话：52069798